高中语文有效教学系统构建

何国跻　王亚生　陈姝睿／主编

吉林大学出版社

长　春

图书在版编目（ＣＩＰ）数据

高中语文有效教学系统构建 / 何国跻，王亚生，陈姝睿主编.—长春：吉林大学出版社，2019.4

ISBN 978-7-5692-4620-9

Ⅰ.①高… Ⅱ.①何… ②王… ③陈… Ⅲ.①中学语文课—教学研究—高中 Ⅳ.①G633.302

中国版本图书馆CIP数据核字(2019)第071492号

书　　　名	高中语文有效教学系统构建
	GAOZHONG YUWEN YOUXIAO JIAOXUE XITONG GOUJIAN
作　　　者	何国跻 王亚生 陈姝睿 主编
策划编辑	刘佳
责任编辑	张鸿鹤
责任校对	刘佳
装帧设计	郭少飞
出版发行	吉林大学出版社
社　　　址	长春市人民大街4059号
邮政编码	130021
发行电话	0431-89580028/29/21
网　　　址	http://www.jlup.com.cn
电子邮箱	jdcbs@jlu.edu.cn
印　　　刷	长春市昌信电脑图文制作有限公司
开　　　本	880mm×1230mm　　1/32
印　　　张	12.25
字　　　数	300千字
版　　　次	2019年4月　　第1版
印　　　次	2019年4月　　第1次
书　　　号	ISBN 978-7-5692-4620-9
定　　　价	45.00元

前　言

　　课堂是实施教学的主要场所,更是学生进行语文知识学习的主阵地。有效教学的理念自 20 世纪 80 年代开始在中国兴起。时至今日,经过越来越多的研究者和实践者的努力,有关有效教学的理念也呈现出一派繁荣之势,并展现出强大的生命力。作为一名一线语文教师,笔者能够真切地体会到让自己的课堂教学"有效"起来是多么重要,能够做到"有效"教学又是多么幸福。课堂教学中的教与学是密不可分的,在教学过程中,教师教的有效行为,与学生学的有效行为,不仅同等重要,更要有机结合。课堂教学的有效性既包括了学生的进步与发展,更重要的是要求教师在课堂教学过程中自身的各方面综合素养的发展与完善。因此,本书以普通高中的学生为研究对象,结合笔者工作实践中对有效课堂教学的探索与反思,主要从转变教学的思想观念、提升教师的综合素质、优化课堂的教学过程等方面提供策略方法,并以此反思普通高中语文课堂有效教学的相关情况,希望与教育同仁们共勉。

　　自 20 世纪 90 年代后期开始,我国掀起了新一轮的基础教育课程改革,课程改革的核心环节就是课程实施,而语文课程实施的基本途径就是课堂教学。这就需要教师关注课堂教学效果和学生的语文学习效果。因此,社会上应运而生了大量的教学方式改进、教学方法更新等新的教学系统的尝试,其真正目的都是为了提高语文课堂教学的有效性,并在此基础上,尽可能地降低教学消耗、增加教学产出。所以,笔者在提倡素质教育的今天,探讨语文课堂有效教学系统的构建,就是十分必要且具有重要实践指导意义的。

伴随着新课程改革的积极推进,笔者与众多语文教师一样,开始摆脱陈旧的教学思想,并重新审视自己的教学方式。笔者发现,当教师以传统的、较为死板枯燥的教学方式来展开语文教学时,学生往往会丧失学习兴趣,无法跟随教师的教学步骤去学习。同时,这种学习现象往往会大大降低教学质量,长此以往,学生将丧失对于语文学习的兴趣和积极性。那么,这就需要教师结合新课程标准来积极提高语文教学的有效性。作为一名一线高中语文教师,在语文教学实践中笔者感受到,课堂教学是学校教学活动的基本组织形式,是教育教学活动的主要渠道。语文教学的有效性是教学的生命,高中语文课堂的有效教学是当前深化语文课程改革的关键,也是提高高中语文教学质量的必然选择。

但是,不论是学校的竞争压力,还是学生的升学压力、教师的授课压力,都在随着社会竞争的日趋激烈而愈加严重。因此,我们所看到的一个普遍而突出的事实:教师在教育过程中每天拼时间、拼题海、拼消耗,靠延长时间、增加习题总量来提高教育教学质量,学生学得痛苦,教师教得辛苦,家长无法参与学生的学习过程,只能在旁边心疼又抱怨。同时,学生学习语文的兴趣不浓,在课堂热闹的表象之下,教学质量并没有得到提升。再者,有些教师在教育过程中过分强调基础知识、基本技能,忽略了对学生人文素养和良好语文学习习惯的培养。这些低效的教学模式不断蚕食着学生的潜能,消磨了学生对于语文学习的兴趣,对学生的身心发展产生了极大的负面影响。以上情况是语文教学新课程改革必须面对的一个事实。

　　上述的语文教学状况绝不是个例,而是当下语文教学的状态。笔者结合自身教学经验发现,教师的教学行为主要取决于教师的教学思想。当教师仅仅将语文教学当作一项需要完成的"教学任务"时,整堂课以灌输为主,而不考虑教学的有效性,很显然这样理解语文课堂的有效教学,是片面的、不正确的。那么,在新课程背景下,有效教学的内涵是什么、有效教学有着怎样的特征、怎样实现语文课堂的有效教学就成为笔者探究的主题。

目 录

第一章　高中语文有效教学系统　　　　　　　　　　1

第一节　时代的需求　　　　　　　　　　　　2

第二节　有效教学系统　　　　　　　　　　　8

第三节　有效教学系统基本策略　　　　　　　14

第四节　有效教学系统构建的意义　　　　　　44

第二章　有效的教学筹备　　　　　　　　　　　　59

第一节　教学筹备现状　　　　　　　　　　　60

第二节　教学筹备问题产生的原因分析　　　　65

第三节　建立有效教学筹备的策略　　　　　　69

第四节　有效教学筹备的意义　　　　　　　　89

第三章　有效的知识预习　　　　　　　　　　　　93

第一节　有效预习的理论基础　　　　　　　　94

第二节　高中预习现状及问题　　　　　　　　108

第三节　有效预习培养策略　　　　　　　121

第四节　有效预习的意义　　　　　　　　155

第四章　有效的课堂导入　　　　　　　　166

第一节　有效的课堂导入　　　　　　　　167

第二节　课堂导入环节的重要意义　　　　175

第三节　课堂导入环节的分类　　　　　　181

第四节　有效课堂导入环节的构建　　　　227

第五章　有效的教学方法　　　　　　　　241

第一节　有效教学方法的理论研究及意义　242

第二节　高中语文教学设计现状　　　　　246

第三节　有效教学方法的设计与实践　　　260

第六章　有效的教学评价　　　　　　　　314

第一节　有效教学评价的概述　　　　　　316

第二节　教学评价分类及有效性研究　　　327

第三节　高中语文教学评价现状　　　　　339

第四节　提高教学评价有效性的策略　　　345

第七章　有效的复习机制　　　　　　　　359

第一节　高中语文复习现状与分析　　　　360

第二节　有效复习机制的概述　　　　　　364

结束语   375

参考文献   378

第一章　高中语文有效教学系统

　　20 世纪 80 年代，语文有效教学的理念在中国兴起，虽然时间不长，但短短 30 多年的研究过程中形成了诸多流派、理念及研究方向，盛大繁荣的改革景象形成了靓丽的风景。时至今日，关于有效教学的研究仍然是教育界的一个热点话题。但是，具体针对普通高中语文课堂，针对课堂教学具体措施的研究以及在国家新媒体新技术的倡导下如何提高课堂有效性的研究还相对较少，因此笔者结合教学实践中得来的语文有效教学理念进行合理梳理和整合，并结合语文课堂教学进行归纳和总结，最终形成了系统化的语文有效教学方法。

第一节　时代的需求

时代在更迭,教学方式与手段也需要不断进步和推陈出新。在高中语文教学过程中,教师不仅要帮助学生增长文学知识、建立文学素养,更需要帮助学生把握时代的脉络,积极地以最新的教学方式进行知识的获取。同时,现如今是一个创新和进步的时代,因此教师应该在语文教学过程中注重提高语文课堂的有效性,并通过不同的教学步骤和过程不断增强语文教学有效性,使学生在学习过程中,变成通诗书、懂礼节、知荣辱并不负社会使命的优秀青年。

一、时代进步下的语文教育

在高中语文教学中,教师不仅要培养学生的文学素养,还需要帮助学生完善语文学习框架,并以此帮助学生建立正确、科学的语文知识学习步骤。因此,在课堂上建立有效教学系统就显得尤为重要和不可或缺。在课堂实践过程中,很多教师都会疑惑:课堂教学一直按部就班,为什么学生就是无法提起学习兴趣呢? 并且自己对所有的教学内容都是积极教授,为何学生的语文学习成绩总是不理想? 其实,这些教学问题和学生的学习问题都可以归结于课堂教学缺乏有效性。也就是说,课堂教学没有系统的框架,并且在教学过程中,每一项教学任务都缺乏有效性,也就无法调动学生的学习积极性。因此,不论是提高学生的学习兴趣,还是提升学生的语文学习有效性,都需要教师从教学过程中的每一个细节入手,将"有效教学"融入每一个教学步骤。

笔者本身就是一位从教多年的高中一线语文教师，在本书创作过程中秉持着对教育研究严谨认真的态度，力求全面收集、整理、分析学校的基本情况、学生的个体表现和小组活动及教师的授课、课堂教学的各种现状后，从教师的理论观念转变、个人教学综合素养的提升、教学过程的优化等角度寻求实现提升有效课堂教学的策略，并对当前高中课堂的有效教学进行了反思。

随着语文教学改革的不断深化，语文课堂教学效率低下的现状一直广受关注，"教什么"和"怎么教"两个问题一直都没有得到彻底解决。教师授课意识偏弱，相关素养能力有待强化，语文学科的特色难以凸显，学生在课上及课后对所学知识的消化吸收、理解感悟也难以大幅提升。而这一现象在普通高中尤其突出，就更加迫切要求我们教师，尤其是普通高中的教师能够更加尽心尽力，提高教学的课堂效率，提升高中语文的课堂教学质量。因此，进行本课题的研究，随着探讨的深入，会十分有利于促进教师的专业成长，帮助教师改进教学方法、优化语文课堂教学，更有助于调动教师教学的积极性，激发学生学习的热情，提高课堂的效率，提升教学成绩，进而达到真正实现"教学相长"的效果。

当前社会正在进行着一场旷日持久的新课程改革，广大教育工作者都参与其中。这场改革的重点关注在"课堂"，强调学生要改变原有的学习方式，要成为课堂教学过程中的主体，还要树立科学的语文学习效益观，减轻学生的课业负担，将先进的教育理念最大化地转化为教师的教学行为，优化教学过程，改进教学方法。在高速发展的当今社会，如果教育无法跟上时代进步的脚步，那么学生就可能被时代所抛弃。但是，帮助学生紧紧跟随时代的发展脚步，并不是要求以重于泰山的学习任务施压于学生身上，而是选取科学的教育方法，提高教学效率，帮助学生使用最少的学习时间来达到最好的学习效果。

我们都能够看到，虽然素质教育已经提出了很多年，但是学校和教育机构及学生家长还是比较重视学生的考试分数，可以说当前的高考成绩依然是高校选拔人才、社会用人单位用人的重要标准，所以学生还是将大部分的时间用在学习上，尤其是高中，只有短短三年时间，直接决定高考成绩，决定能否进入好的大学。从进入高中校门开始，学生就开始了机械性的学习，从早到晚，课与课之间只有十分钟的休息时间，每门学科都有大量的课堂作业、课后作业，大多学生每天忙到后半夜，第二天还要接着上课、写作业，既影响了身体的健康，而且取得的成效非常低。那么，复习巩固该怎么做? 教师繁重的教学任务该怎么完成? 靠熬时间、拼体力是得不到理想效果的，所以提高课堂效率、构建有效的课堂教学模式才是首要之选。

同时，从学生的角度来看，现在社会的发展日新月异，各种思想思潮不断出现，学生的视野也变得特别开阔，如果还采取以往教师讲、学生听的教学模式，"填鸭式"的课堂教学方法，没有新意，激发不了学生的学习兴趣。学生渴望在课堂上能够自主学习、自由发表言论、合作探究，他们想要表现自己，渴望与教师站在平等的地位对话，而课程改革正好要求课堂能够提供学生日常语文学习和思考的巨大空间，最大限度地激发学生的学习热情，转变教学的重心和立足点，使学生能够积极主动地学、快乐地学、高效地学。

二、语文素养是其他学科知识学习的基础

语文学科基础性地位是毋庸置疑的，由于语文学科的内容包罗万象，能够涉及社会发展的方方面面,所以在众多学科中,语文成为一门综合性非常强的学科,这是其他学科不能替代的。就学校教学而言,学生经过大量而广泛的语文知识学习,可以获得对事物的基本认识,掌握语言表达的基本规则,训练基本的理解能力和思维能力,由此形成基本的学习能力,这种能力对提升其他学科素养有重要价值。钟启泉教授认为:"语文是工具学科,它的教学目标是帮助接受和理解、发展其他学科所必需的知识、技能。"换言之,学生学习其他学科知识需要以语文知识为基础,各学科之间的学习、表达与交流都离不开语文知识的参与。如果说一个学生缺乏基本的语文素养,那么很有可能导致学生难以理解其他学科的知识内容,最常见的就是对核心概念理解不清楚或发生概念混淆的现象。单纯地学习语文学科知识并不能实现其价值,只有通过听、说、读、写训练才能实现其基础性价值,语文知识教学所培养出来的分析理解能力和表达能力对于其他学科知识的学习有直接关系。

新课程改革中语文课程的目标十分明确,就是致力于培养学生的语文素养,从而实现学生的全面发展。学生的发展是同个人能力的提高联系在一起的,语文课程是一门效果周期长的课程,语文课程的学习与语文能力的提高更需要厚积薄发。我们不能忽视语文知识的教育价值,学界一致认为语文知识对于学生的发展具有中介性作用。"语文素养的中介性是指语文教学须借助语文知识来促进学生的发展,但不以学习系统的语文知识为目的。"如果不借助语文知识,那么学生的发展就如同空中楼阁。语文教学更多的是学生理解和运用母语知识、培养语感、发展语文思维并获得语文能力的过程,这个过程还伴随着情感态度的涵养,对学生的发展有着潜移默化的影响。在教学中,教师应该突破常规教学的局限,通过形式多样的学习活动,将陈述性知识、智慧技能和认知策略转化为学生个人的语文能力,积极推进语文知识教学与语文素养培养的协调统一,从而促进学生的全面发展。

知识的价值意义可以分为两个方面:一方面是知识的本体价值,知识运用于实践,能够帮助人们解决问题的价值;另一方面是知识所具备的附加价值,知识是人类文化宝库中积淀下来的财富,经过时间的打磨,知识内在承载着人类思维发展的结晶,具有促进人的思想发展、提升精神境界和能力的功能价值,这种价值关系是连接知识与人的发展的核心。在语文课程中,古今中外的艺术经典和语文课程本身所潜藏的深厚的人文底蕴,构成了语文知识的价值意义。在语文课程目标中,语文知识的价值意义常常被阐述为情感态度价值观目标,教学中多以核心价值观的传承为主。

可见,不论是从时代的大方向来看,还是以学生的发展角度来思考高中语文教学,都必须以提高课堂教学有效性作为最迫在眉睫的教学发展重点。因为时代的发展速度日新月异,整个社会都在以高速向前发展。而教育理念与教学系统往往关系着学生的学习效果,也会直接影响学生的知识掌握水平。因此,只有提高语文教学系统的有效性,才能保证学生在学习中学有所得、学有所成。同时,当教师将语文教学变得系统化,并且在实践中不断提高教学有效性,就可以帮助学生在有限的课堂教学过程中汲取更多的文学知识,掌握更多的语文学习技巧。这对于提高学生的学习成绩和语文综合素养都是行之有效的方式。

同时,语文有效教学系统的构建还需要结合课堂教学模式的建设来加以努力。课堂教学模式的构建与改动也需要结合时代进步的脚步,将现代科技与知识加入语文教学过程中。我国最早的教学模式是孔子提出的

"学""思""习""行"的语文课堂教学模式,对后世影响深远。到近代,最典型的语文教学模式是"讲授—接受"式,传授式的教学模式采取的是"满堂灌"的教学方法,把教师作为教学活动的中心,学生只是被动地接受知识,学生的学习主要是靠背诵和重复。近现代以来,我国的语文教学从照搬西方现代教学方法到反思中国近现代语文教学模式,从 20 世纪 50 年代完全移植其他国家的教学方法到 20 世纪 60 年代继承和发展中国传统的教学方法,语文教学模式不断发展。随着经济的发展,社会越来越需要人才,国家逐渐开始重视教育。为了紧跟时代发展的步伐,提高教学质量,越来越多的新的语文教学模式不断涌现。教学模式的更迭和变迁,不仅提高了教师的教学效率,也在为创建语文有效教学系统添砖加瓦。

在教学过程中,教师往往会以"教无定法,因材施教"作为自己的授课准则,觉得教学模式的设定往往会限制课堂教学的自由与延展,殊不知,教学模式的设定是教师语文课堂教学质量的有力保障,也是完善语文教学系统有效性的必要手段。因此,教师应该在教学过程中按需设定每一堂语文课程的教学模式,使学生在语文学习过程中有序学习知识,并结合合理安排的教学模式,积极参与课堂学习与知识探索。

有效教学系统的构建既是语文教育的需要,也是提高学生学习效果的重要方法。同时,为了将语文教育与时代相结合,有效提升语文有效教学系统的构建,教师应该着力通过丰富的教学实践、教学方法的引入、不同教学环节的设置来增加学生的语文学习效率,并真正实现语文有效教学系统的构建。

第二节　有效教学系统

　　有效教学系统是指在语文教学过程中，经过大量教学实践得出的有效教学方式的系统组合。为了提高语文教学有效性，就必须了解语文有效教学系统的原理，并结合这一理论来构建语文有效教学系统，以期在完整的教学系统的帮助下，实现学生语文课堂的高效学习效果，并有效提高学生的语文学习水平与文学素养。

一、有效教学的含义

　　首先，教学是指以课程内容为主要交流内容的师生双方的互动行为。在这一课堂活动中，教师和学生都是不可或缺的活动主体，也是有效教学顺利开展的基础元素。而有效教学则与单纯的教学活动有所差别，有效教学是指教师在课堂教学活动中，可以调动学生的学习兴趣、促进学生积极认知和主动探究知识的教学活动。也就是说，有效教学是普通教学活动的"升级版"，也是提高教学效果最重要的武器。因此，教师应该结合语文课堂教学，积极推进有效教学在课堂教学中的实施。

　　有效教学是指师生遵循教学活动的客观规律，以最优化的速度、效益和效率促进学生在知识与技能、过程与方法、情感态度与价值观上获得整合、协调、可持续的进步与发展，从而有效地实现预期的教学目标，满足社会和个人的教育价值需求而组织实施的教学活动。这一定义，主要包含三层含义：第一，有效教学的评价标准是学生的学习效果。教学是否有效，关键看学生取得了怎样的进步和发展，看有多少学生在最大程度上实现了有效学习，以及是否引发了学生继续学习的愿望。第二，有效教学的基本内涵是实现教学的三维目标。课堂是否有效，要看学生在教师的引导下在知识与技能、过程与方法、情感态度与价值观三维目标上是否获得了全面、可持续的进步与发展。第三，学生的进步与发展是通过合规律、有效果、有效益、有效率的教学获得的。课堂教学是否有效，既要考察课堂教学目标的合理有效性及其实现程度，也要看这种教学目标的实现是以怎样的方式取得的。本书所讨论的有效教学，侧重于教学行为的范畴。所谓有效，侧重指单位时间内学生素养在课程标准意义上获得的发展与进步。也就是说，有效的语文课堂教学是有一定的衡量指标的，笔者经过大量教学实践，最终得出其相关标准。具体包括三个方面：第一，关注学生的进步和发展。教师目中有"人"，教学有对象意识，能因材施教，有"全人"概念，教学旨在努力促进学生科学素养和人文素养的和谐发展。第二，关注教学效益。教学有时间与效益的观念，教学目标尽可能具体明确，其完成的学习程度力求能够检测，并以此体现教学效益的优劣。同时，笔者反对简单的量化和过度量化，因为这种教学方式容易起到适得其反的教学效果，使学生心生厌烦。第三，关注教师的问题意识和反思品质。倡导教师在教学过程中持续追问"什么因素是学生素养形成最基础的因素""什么样的教学是最有效的教学"以及"同一教学内容的处理在众多的选择中是否有最佳路径"等教学自检问题，以期对新课程背景下的语文教学形成基本的准备、实施、评价策略。

语文有效教学并不是一句空喊的口号，而是笔者结合大量语文教师日常教学进行的教学总结和思考概括出的适用于绝大多数语文课堂教学的教学效果提升手段,主要是从不同的教学阶段入手,结合有效的教学手段进行教学,主张以"各个击破"的教学理念面对不同的教学阶段,使学生无论在哪个语文学习阶段,都可以积极参与课堂学习,并从中获得足够的语文知识。

二、有效教学系统的构建

语文教学系统是整个高中教育系统中的一个分支,也是其重要的子系统。同时,语文教学系统与其他教学系统一样,都是为了实现教学目的,由多种教学手段和教学要素有机结合而成的富有教学功能的整体。可以说,有效教学系统存在的方向主要基于三个方面,分别是教师、学生、语文课程。也就是说,语文教学系统的探究需要从这三个方面进行详细阐述。

(一)教师

教师作为教学系统中的指导者与组织者,承担着最为主要的教学任务。同时,有效教学系统构建主要依赖教师来进行架构和设置。依据教师的日常教学活动,教师教育层面的有效教学系统主要包括设定教学目标、规划教学活动、查找教学材料、组织教学活动、进行教学评价五个方面。也就是说,教师的教学系统原理主要围绕着语文教学任务展开。

教学目标是开展有效教学的根本出发点,也是语文教学的重要教学目的。在语文教学过程中,教师首先应该明确本课的教学目标是什么,这篇课文的教育目的是什么。同时,教学目标还是提升语文教学有效性的重要基础,因为教学目标的存在,教师才能在达成这一教学目标的过程中积极进行教学尝试,通过不同的教学手段来实现教学目标,并提升教学质量。

教学活动的规划主要是指教师通过实际课堂上的教学方法规划、学习环节规划、教学活动规划来进行教学预演。教学活动的安排不仅要围绕着教学内容积极展开，还需要以学生的课堂接受程度作为最主要的考核标准。例如，在学习《沁园春·长沙》时，笔者结合"朗诵大会"这种教学活动来进行教学活动规划，以期使用朗诵这种教学形式来帮助学生感受诗词的气韵和磅礴的气势。

同时，教师需要在教学前进行教学资料的收集和查找，并将可利用的教学资料进行整合，将这些教学资料应用在后续的教学活动组织过程中。仍以《沁园春·长沙》一课的教学为例，笔者找了大量的现代诗歌和其他毛泽东同志的诗作来与学生一起分析和朗诵。结合不同的语文学习资料，学生感受到了不同风格的现代诗歌，也在"朗诵大会"的课堂教学活动过程中，掌握了《沁园春·长沙》诗作大气恢宏的精神内核，并在朗诵过程中体会到了创作者的情感。

最后，教学评价对于有效教学系统的构建是十分重要的，也是语文教学系统中十分容易被忽视的一个环节。其实，教学评价不仅仅是几句点评，而是教师帮助学生建立学习自信、了解学生在学习中遇到的问题、帮助学生解决知识难点的有效方式。因此，教师应该善用教学评价，并在教学评价环节中积极推进师生互动，使学生充分把握这一环节，解决遗留的语文学习问题。

(二)学生

学生既是语文教学过程中的主体之一，也是有效教学的配合者和受众。同时，现代语文教育主张"以生为本"，也就是将学生作为教学的出发点，以提高学生的综合语文素养作为最主要的教学培养方向。因此，笔者结合本校的语文教学，总结出学生在有效教学系统构建过程中的重要作用，主要有三个方面：首先体现在预习过程中；其次体现在教学练习过程中;最后体现在复习与学习效果反馈过程中。学生作为教学过程中的主体之一,也是教师施行有效教学系统的执行对象。

在预习过程中,学生会在课下结合多种多样的信息获取渠道,从语文知识的背景故事、作者的创作目的、语文课文中设计的重难点知识和思想感情等方面进行充分的了解和认识,并将预习中获得的语文知识应用到实际课堂学习过程中,反作用于教师的教学系统,使教师的教学效果大大提升。

在语文练习过程中,学生需要练习教师在课堂上讲述的语文知识,积极地将知识应用到语文练习过程中,并在练习过程中完成知识的掌握和检验。同时,知识练习过程不仅可以提高学生的知识掌握能力,还可以帮助学生完成查漏补缺的学习过程。因此,练习过程是教学系统的有效补充,可以大大提升语文课堂的教学效果。

在语文复习过程中,学生可以借助教师提供的复习方式与内容,积极发现自己在学习过程中存在的知识漏洞与基础知识的欠缺之处。同时,复习课可以转变学生对语文复习的看法,改变原有的不科学的学习方法,使学生更自信地参与复习课的全过程,最终形成师生互动、生生互动的良好氛围;可以对学生已学的语文知识起到一定的修正、巩固作用;有利于培养学生的质疑精神和创新意识;学生在掌握分析问题和解决问题的方法后能自主总结规律,提高自己的学习能力,最终形成终身受益的语文素养。语文复习课的开展过程还能引起教师对教学薄弱环节的重视,推动教师运用多种教学理论研究复习课的复习内容,探索更多的复习课教学策略,提高复习课教学的质量与效率。另外,复习课的开展有利于帮助教师加深对教学理论的理解、提升教师的专业素养,最终达到构建语文有效教学系统的目的。

由此可见,学生对于构建高中语文有效教学系统也可以起到重要的推动作用,并可以在与教师的教学配合过程中,积极推动教师的课堂教学效果的改进与提高。同时,学生的学习效果也会在有效教学系统的构建过程中得到提升和增强。

(三)语文教材

语文教材是构建有效教学系统的核心,也是语文教育中最不可或缺的内容。语文课程中的内容是基于高中语文课本教学资源的分析和利用,将教师的教学与学生的学习紧密联系,达到"取之于教材,应用于课堂"的语文教材应用理念。语文课本是教师和学生进行教和学的载体。高中语文课本的各个版块,在编排结构和编排内容方面都凸显了"以生为本"这一教学理念。面对高中语文教学中教学方式较为混乱、教学有效性低下的局面,"立足课本,稳扎稳打"的教学策略能够指导语文教师充分利用课本资源,充分发挥语文教材的作用,进而实现师生课堂互动的良性循环,促进学生语文学习与应用能力的共同提高。

课内语文学习与课外语文学习是互为补充、相互促进的,正所谓"得法于课内,受益于课外"。语文课外知识的学习有利于开阔学生的视野,但是语文课外阅读需要进行临别甄选,才能促进学生阅读能力的提高,盲目地进行课外阅读而不得其法只是徒增学生的阅读负担。语文课堂上学习的文学甄别和鉴赏知识,会对课外阅读起到指导作用,学生会更高效地进行课外阅读,进而拓宽自己的视野。"立足课本,稳扎稳打"是指充分利用课本资源,在扎实掌握课本知识的基础上适量扩充课外阅读内容,而并非是对课外阅读的一种淡化。教师应指导学生将课内学习的读写结合技巧迁移运用到课外阅读中,从而提高语文课外阅读的效率和学生的读写综合能力。

同时,语文教材作为教育部精挑细选的文章汇总,代表着全世界范围内从古至今优秀的文学养料。因此,教师应该积极利用语文课本中涉及的文章,将系统化的教学方式应用在语文教学过程中,这样不仅可以提高学生的语文学习效果和学习能力,还能构建有效的语文教学系统。同时,教师还可以在语文教材的基础上,寻找更多的教育资源,并以此来深化语文教学系统的使用,以期在此基础上建立完善的语文教学系统,使语文教学系统的教学效果更加完善和明显。

第三节　有效教学系统基本策略

无论是语文课堂教学,还是其他学科课堂教学,都需要教师结合各种教学资源来帮助学生完成知识的学习和综合能力的提升。很多教师都在教育过程中不断探索,希望总结出一套最行之有效的教学系统。笔者结合多年的语文教育经验,总结出几点基本策略,也是教师在语文教学过程中必须加以重视的教学策略。同时,只有教师在教学过程中积极实践有效教学系统的基本策略,才能不断提升语文课堂的教学质量,并帮助学生建立良好的语文学习习惯和学习兴趣。高中语文教学并不是一成不变的知识灌输,而是利用教学道具和学生感兴趣的教学方式,提高课堂教学效率,并建立语文课堂有效教学系统。

一、以生为本

"以生为本"是教育的出发点，也是教师进行语文教育的根本方向。也就是说，教师的教学活动必须以学生为最重要的考虑对象。无论是教学内容、教学节奏还是教学方法，都需要围绕学生展开，并以学生的知识接受程度和学习效果作为最主要的教学有效性的考察方向。同时，"以生为本"还需要教师在语文教育过程中关注学生的学习体验，积极处理学生的学习反馈，并及时将学生在学习过程中遇到的问题和重难点知识进行细化和梳理，以便从学生的角度出发，攻克难点知识，从而使学生顺利完成语文知识的学习。

例如，在学习《奥斯维辛没有什么新闻》这一课时，笔者考虑到学生对于这段历史并不熟悉，或许会导致学生难以理解课文。因此，笔者选取了第二次世界大战期间奥斯维辛的相关图像和新闻，结合多媒体设备在投影幕布上进行展示，同时笔者告诉学生，在第二次世界大战爆发期间，全世界的人民都在承受着苦难和战争的摧残。同时，笔者还使用多媒体资源向学生展示《安妮日记》中的部分内容，以学生的真正理解为主要教学目的，用实际例子来加深学生对《奥斯维辛没有什么新闻》这一文章创作背景的理解，并通过课堂引导和讲述，使学生切身感受到作者的创作情感和对于战争的厌弃与无奈。笔者选用多种教学资料为学生建立课文背景相关的知识体系，并以这种方式来增加学生对课文的理解和认知，使学生通过多种资料和多媒体资源的展示，充分理解作者的创作目的。这种教学方式就是"以生为本"的充分体现。

"以生为本"就是以学生对语文课程的理解作为最基本的授课目的，教师在课堂上讲述的一切内容都需要以提高学生的语文知识与文学素养为前提,并使用丰富多样的教学手段和方式来增加学生对语文知识的接受程度。

二、注重课堂

课堂上积极有效的师生言语互动,有利于达成多维立体教学目标,并促进师生的共同发展。但是,笔者通过研究发现,很多教师传授知识时更倾向于对学生的单向言语传递,忽略了师生之间的双向言语交流。在这种教学模式下,学生处于被动状态,思维和能力的发展受到了限制。课堂教学中,教师要以学生为主体,使学生积极参与到课堂言语互动行为中来,促进学生的全面发展。课堂教学是教育中最主要的形式,直接影响着学生的成长与发展。而言语行为又是课堂教学的主要方式,对学生知识的掌握与能力的培养起到了重要的作用。师生双方有效的言语互动能够激发学生的思维、培养学生的兴趣,引导学生主动建构知识体系。

课堂永远是语文教学的主战场,也是学生提高语文学习能力最主要的学习地点。如果把语文学习比作一场登山运动,那么语文课堂教学就是学生攀上文学顶峰的必经之路。因此,课堂教学不仅可以帮助学生掌握语文知识的学习方法,还可以建立学生的语文学习系统,同时还可以有效进行师生互动和生生互动,使学生不仅可以在课堂学习过程中收获语文知识,还可以在交流过程中收获新鲜的观点与看法,这对于提高学生的综合文学素养、拓宽眼界都能起到巨大的积极作用。因此,在语文课堂教学过程中,教师应该从教学内容、课堂氛围和师生互动三个方面进行课堂教学安排。有很多教师会着重将教学注意力放在课堂内容安排上,却忽略了师生互动环节的课堂安排。其实,这是不妥的。因为课堂内容的安排属于知识性的内容安排,而课堂氛围和师生互动则是学习情感方面的内容安排,只有当学生在良好的师生互动中感受到和谐的课堂氛围,进而积极参与到课堂教学内容的学习过程中,才能收获良好的学习效果。

（一）把握教材重点

在高中语文教学过程中,教师必须结合最新的课程标准来综合把握语文教材中的重点知识,并在教学过程中有的放矢,重点讲述课本中的重难点知识,对于较为简单的知识可以一带而过或减少教学时间。同时,对于教材的充分把握可以帮助教师开展有效课堂教学活动,使教师的教和学生的学都可以收到较好的效果。

高中语文教材中的重点主要存在于字词、古代文学重点语句或段落、现当代文学主旨把握等方面,这三个方面都是语文教材中的重点知识,也是需要教师在课堂教学过程中重点讲述的学习内容。同时,如果教师在语文课堂上注重培养学生这三个方面的知识掌握能力,对于构建有效教学系统是十分有利的。

首先,字词是语文学习的基础,也是高中学习阶段容易被学生忽略的基础知识。很多学生往往认为经过多年的学习积累,自己对于字词等基础知识的掌握已经相当牢靠和丰富,殊不知正是由于大意才导致考试过程中基础题的错误。也就是说,将字词等知识作为语文学习的重点,并不是因为难度,而是因为重要性。字词类知识不仅是语文学习的基础,也是考试过程中基础题的出题方向。

其次,古代文学重点语句或段落是高中语文教材中的重点之一,因此在教学过程中,教师往往会要求学生背诵古文段落或全篇文章。教师应该帮助学生明白重点语句的含义,并了解古文创作的时代背景和作者生平,以期帮助学生在理解的基础上进行古文记忆。古代文学知识的获取对于培养学生的语文综合素养是十分重要的,也是高中语文有效教学系统构建过程中的重要组成部分。

最后,现当代文学不同于古代文学的晦涩、难懂,是学生易于接受的学习内容。现代文作为考试阅读过程中的重点题材,学生却往往面对"会而不对""对而不全"的语文解题障碍,这主要是因为在日常教学过程中,教师不注重培养学生寻找文章主旨的原因。教师应该注重培养学生寻找文章主旨和作者创作目的的学习能力,帮助学生通过阅读全文、寻找重点语句和段落等方式来提升自己的文章主旨总结能力,并在后续的语文学习或应试过程中,积极发挥自己的总结能力,这对于提高学生的阅读能力可以起到重要的推动作用。

通过上述三个方面的语文教材重点内容的梳理,教师就可以在日常教学过程中注重培养学生的相应能力,并以此构建和完善语文教学过程中的有效教学系统。

(二)良好的课堂氛围

良好的课堂氛围是语文课堂教学中重要的教学效果保障,也是提高学生课堂参与度的重要教学环境。良好的课堂氛围可以促进学生的积极参与和用心学习。良好课堂氛围的构建主要由三个方面组成,即教师良好的教学心态、合适的教学方式以及丰富多样的教学活动。

教师作为语文教学的引导者、组织者,理应承担良好课堂氛围构建的重大责任。教师在教学过程中,必须充分考虑从教学设计到教学结束的整个过程,建构良好的课堂氛围。要使教学设计更为合理、教学效果更加明显,教师首先要在教学过程中秉持积极的教学心态。积极的教学心态不仅包括教师和蔼可亲的教学态度,还包括在教学过程中全身心的投入状态。

因为在实际教学过程中,学生十分容易被教师的课堂教学态度所影响,如果教师的态度可亲,学生会受到积极的影响,在接下来的学习过程中积极参与、用心思考;但是,如果教师将生活中的不良情绪带入语文课堂教学中,那么学生就很容易受到教师情绪的不良影响,不能集中注意力去听讲,并逃避教师的不良情绪。因此,教师需要在教学过程中以专业的态度去对待教学工作,以热情和平和的心态进行语文教学,并帮助学生在学习过程中同步建立良好的学习心态。

同时,教师在课堂教学过程中切忌一心二用,而应该专注于语文教学,并以专注的态度带领学生梳理知识和进行学习。因为,与教师的教学态度一样,教师在教学过程中专心致志也是可以影响学生的,可以帮助学生建立正确的学习态度,使学生在独立进行语文学习的过程中可以全心投入。

笔者在教学实践中发现,学生在课堂上的参与往往不足,造成这种课堂现象的影响因素是多方面的。观察学生在课堂上的学习效果不难发现,课堂中有时会出现仅仅表面热闹的现象,或者是课堂活动单一无趣等情况,这些都不能充分地调动学生的积极性。因此,教师应该结合教学实际,开展多种具体、实在的活动,逐步培养学生参与的热情。那么,我们应主要从形式与内容两个方面来思考如何设置有效活动。有效活动,从形式上来讲,形式新颖,让学生眼前一亮,能够吸引学生参与活动;内容上又十分丰富,学生依据自身情况能够积极参与,并主动投入语文知识的学习过程中。

形式与内容的问题在语文教学的方方面面都有着重要地位,因此教师在设置教学活动时也要充分考虑活动的内容与形式,将二者结合,达到最佳效果。语文课堂活动的设定需要秉持趣味性和可执行性这两个原则。同时,活动内容也十分重要,设置内容要实实在在,考虑到学生的接受程度,能够让学生积极地参与。

同时,教学活动的开展不仅要结合课堂教学内容,还要针对学生的兴趣点来不断进行丰富。

例如,在学习《我有一个梦想》这一课时,笔者结合马丁·路德·金的演讲内容,为学生筹备了一场演讲比赛。演讲比赛的主题不限,但是演讲时间必须控制在三分钟以内。学生通过互联网、书籍等途径找到了很多演讲材料,并在课堂上争相进行演讲。最后,很多学生都积极参与了语文课堂演讲比赛,并由学生集体投票选出大家心目中的演讲新星。演讲活动仅仅是语文课堂活动的一种,笔者在班级实践中,还进行了其他的课堂活动。主要有六种,包括讲授式活动、谈话式活动、研讨式活动、实践式活动、竞赛式活动和自由学习式活动。

综上所述,教学活动的实施并不是一成不变的,其形式多样、内容丰富,可谓教师教学过程中的有力帮手,也是提高学生学习兴趣的有力武器。教师应该在语文教学过程中,积极将课堂教学与教学活动相结合,使学生在趣味横生的课堂活动中吸收语文知识,并激发学习兴趣。

(三)和谐的师生互动

师生之间进行言语互动交流是课堂上师生进行交往的主要形式。师生言语互动的深度和广度直接影响教学效果的好坏。课堂上知识的传递、情感的表达、教学目标的达成都离不开师生之间积极的言语互动。教师的引导、学生主体性的发挥都依靠言语交流来实现。因此,提高师生言语互动的质量对提升课堂效率、促进学生的全面发展、培养学生的核心素养起到至关重要的作用。为学生设计教育,为学生设计课程,为学生设计语言,是最朴素的教育观。课堂教学中的师生言语互动并不是纯粹的信息交换,而应该发挥其更巨大的作用和力量。

现如今,高中语文课堂上的师生言语互动行为正在由"教师主动—学生被动"的课堂言语互动模式向"教师引导—学生主动"的双向师生言语互动模式转变。未来的高中语文课堂将成为以学生为主体,师生积极互动、共同发展的舞台。但是,纵观当前的语文课堂,师生言语互动还存在一系列不利于学生发展的问题。有很多时候,教师为了达到教学目标而过分侧重于向学生传授知识,课堂气氛沉闷,教师讲授得过多,导致学生说话少,因此无法调动学生的积极性,言语互动大多都是教师提问、学生回答的单向言语流动,提出的问题都是封闭性的、缺乏思考的问题,很少会有学生主动发问,提出自己的观点与见解,学生的主动言语相对较少。另外,教师的课堂评价方式单一,评价语言不够丰富,忽略了对学生课堂上的形成性评价,学生课堂表达的积极性受到抑制。在这种情况下,容易忽视学生主动思考的能力,无法调动学生的学习兴趣和发展他们的思维。因此,作为教师,应该打破这种陈旧的教学模式,师生互动中引导学生主动参与,尊重学生的主体地位,促进学生的全面发展。

1.师生的言语互动能够激发学生的学习兴趣

教育心理学指出,学生自觉学习的动力是靠学习兴趣来维持的。师生言语互动的意义在于构建良好的教学互动氛围,促使学生主动自发地参与学习、探究、知识建构,形成学生学习的内驱力。有了兴趣,学生可以更加积极主动地与教师进行言语互动,促进师生关系的和谐发展。同时,和谐融洽的师生关系亦能更大程度地激发学生的学习兴趣,形成良性循环。

针对枯燥范围的教学内容,教师可以通过言语互动为课堂注入活力,将学科知识的奥秘与特点展现给学生,引导学生专注地对新知识进行思考;将枯燥的知识转变为生动的内容,引发学生学习探究的欲望;通过游戏与真实情境,让学生融入课堂;采用独特的教学方式,用艺术性的语言调动学生的积极性,维持学生的学习兴趣与热度。

2.师生的言语互动可以提高教学质量

课堂教学是以学生为主体,强调以学生的"学"为主的学习活动,课堂上通过师生互动这种教学模式,可以改变传统的以教师的"教"为主的"填鸭式"教学模式,尊重学生的主体地位,变被动学习为学生的主动学习,使学生真正成为学习的主人。在教师有效的言语引导下,学生自我建构新知识。教师只是担当指导者和引导者的角色,为学生答疑解惑,使学生掌握良好的学习策略。把课堂真正地还给学生,师生之间能够建立起一种平等与尊重的关系,拉近了师生之间的距离,并且能够创设一种良好的、和谐的课堂学习氛围。在这样的师生言语互动式的环境影响下,学生的潜能可以得到最大程度的开发。并且,在发展学生的知识与技能的同时,语文课堂的教学质量也会得到显著的提高。

例如,在学习课文《飞向太空的航程》时,笔者选用提问的方式进行语文课堂的师生互动。在课堂进行中,首先询问学生是否了解全世界范围内对于太空的探索,并请学生结合自己掌握的知识,进行太空探索知识相关的课堂发言。然后,笔者又请学生结合我国的太空探索进行发言和梳理,并结合这部分知识与笔者进行讨论。最后,由学生在黑板上进行板书,进行我国航天大事记的知识科普。通过"提问—回答"这种师生互动的开展,学生不仅可以紧紧跟随课堂的教学步骤,还可以根据笔者的问题积极进行思考和回答。可见,师生互动不仅可以使学生熟练掌握语文课本中的知识,还可以提高语文课堂教学的质量。

师生互动不仅可以显著改善课堂教学氛围、提高教学质量,并且可以增加课堂上学生的学习参与,还可以提高学生的专注度,使学生专心听取教师的课堂授课内容,并积极投入教师的提问和互动问题解答的过程中,并从中获益。

3.师生的言语互动可以改善师生关系

良好的师生关系主要是在课堂活动中培养和发展的,而高效的课堂教学能够帮助师生建立一种相互信赖的师生关系,提高学生对教师的认同度和教师的信度。课堂上教师认真组织教学以及与学生保持愉快和谐的言语互动都能激发学生的学习积极性,使学生主动思考、积极获取知识,达到良好的教学效果,促进学生的全面发展。教师对学生来说更值得尊重与信赖,教师的认可能够提高学生的自信心与归属感。学生也更加愿意跟教师亲近,拉近彼此的距离,建立更稳定和谐的师生关系。教师课堂上鼓励性的、关爱的话语会使学生更加自信,在这种外驱力的促使下,学生将更加热爱学习与生活,同时以尊敬和爱戴回报教师。学生对教师的信赖与认同也会激发教师强烈的责任意识,在教学上更加精益求精。综上所述,课堂上师生之间融洽有效的言语互动能锻炼学生的思维,激发学生的学习热情,引导他们主动学习、积极探究,从而促进学生的全面发展。

中国自古以来信奉儒家思想,而儒家思想中关于"天地君亲师"的解释更使得教师的权威意识根深蒂固。在学校里,教师是学生的表率,是知识与权威的代表,有些教师的权威意识使得课堂呈现出一种自上而下的服从与被服从的不平等关系。这种关系体现了教师主宰课堂、学生被动参与的过程,不利于学生的成长与发展。同时,如果课堂上教师过多地使用批评、命令等方式来维持课堂秩序、维护教师权威,而教师认为自己的真理性和权威性无可辩驳,学生服从教师也是天经地义的事情,长此以往,将会造成学生消极被动的心理状态以及悲观倾向,这与现代教学与改革所提倡的"民主、平等、和谐"的师生关系是背道而驰的。在这种权威意识影响下的师生言语互动,也不可能是民主、平等与和谐的,必定大部分的语言互动会变成教师单向牵引、学生被动响应。面对教师的权威,学生迫于压力而只能选择接受,那么师生之间的言语互动则大部分变成了一种教师对学生的单向流动,教师垄断话语权。这种师生言语交流上的不平等剥夺了学生作为学习主体的地位和权利,缺乏课堂应有的生机与活力,师生之间达不到真正意义上的言语互动。还有很多教师利用提高分贝、大声呵斥等方式控制课堂,这样的管理方式对学生来说没有说服力,反而增加了学生对教师和这门课程的反感,达不到好的效果。同时,这样的教学环境会增加学生的心理负担,不利于学生的健康成长。

课堂中互动的双方既是信息的传递者,也是信息的接收者。师生在课堂言语互动中能够呈现出一种民主、和谐的氛围,尊重了学生的话语权和主动权。教育家苏霍姆林斯基说过:"课堂上所产生的一起失败与困惑的因子,大多数情况下都在于教师忘却了上课是教师和学生的共同劳动,这种劳动的成功取决于师生的相互交往与活动。所以课堂上不是教师一个人言语行为的展示,而是师生的相互交往与活动。因此,有效的师生言语互动必须追求互动的民主性,能够引导学生积极参与课堂,引发他们质疑,发展他们的思维,保证在有限的时间内完成基本的教学要求,并能获得更高的课堂质量。学生的年龄特征决定了学生的自律意识比较差,教师要充当好引导者的角色,主动地参与到与学生的互动交流中去,探索最优的互动交流模式,以期保证言语互动的高质与高效。

三、教学模式选择

教学模式是指在一定的教学思想和教学理论的指导下建立起来的多种类型教学活动的基本结构或框架,也是程序化表现教学过程中的理论体系。可以说,教学模式的选择对教师的语文教学而言是十分重要的,教学模式的选择可以直接影响到教师的授课方式以及学生的课堂接受程度,因此教师在选择教学模式时,必须紧密结合语文课程,并将学生的接受程度作为重要考量对象。同时,教学模式是多种多样的,教师必须结合语文课程的实际内容,选取最合适的语文教学模式并加以开展。需要注意的是,如果教学模式的选取不合适,则会导致课堂教学推进困难、学生无法集中注意力等情况的发生。因此,教师应该结合课程与学生的兴趣、接受程度等,选取最合适的课堂教学模式来加以应用。笔者筛选出的较为适合语文教学过程中使用的教学模式包括以下七种。

(一)传递—接受式

这种教学模式是最为传统的教学模式,是以教师讲授—学生接受为主的教学方式,使学生在教师授课过程中,完成知识的梳理和认知。这种教学模式的最大优势是不论何种语文课程都可以采用,并且不受课程难度的影响。同时,这种教学模式可以减少教师的准备时间,而以课本和课后练习作为最主要的教学素材。但是,这种教学模式也存在一定的缺陷,即学生往往会在这种缺乏乐趣的教学过程中丧失学习兴趣,不知不觉脱离教师的授课思路。因此,传递—接受式教学模式虽然可以节省教育资源,但是不利于学生接受语文知识。如果在传统教学模式的应用过程中加入学生感兴趣的教学活动,就可以抓住学生的注意力,使学生积极跟随教师的教学脚步,主动完成知识的学习。

例如,在学习《我有一个梦想》这一课时,笔者采用的就是传统的传递—接受式教学模式,在教学过程中为学生安排了一场别开生面的朗诵比赛,使学生在传统的教学模式中感受到了新颖的教学活动安排。可以说,教学模式是一种教学选择,而教学模式下的细节安排才是影响整个课堂教学走向的最重要问题。传统的教学模式可以顺利开展语文教学,并保证语文课堂的秩序,而演讲课堂活动则可以调动学生的学习积极性,并提高学生的课堂参与度。

传递—接受式教学模式是最基础与传统的教学模式,也是应用最为广泛的教学模式。它不受教学内容的影响,适用于各种语文文体教学,也可以在各种各样的语文学习阶段使用。只要教师将新颖、易于被学生接受的教学内容加入这种教学模式中,就可以帮助传统的教学模式恢复生机,并焕发出耀眼的光芒。

(二)自学—辅导式

这种教学模式是指学生在教师的指导下,结合正确的学习方式进行独立思考、自主学习的教学模式。这种教学模式可以充分调动学生的学习自主性,充分发挥学生的学习能动性,积极投入语文知识的学习过程中。同时,这种自学—辅导式教学模式的主要教学程序是学生自学、集体讨论、教师启发、学生反思、总结练习。在这种教学模式的教学过程中,教师需要弱化自己的教育职能,将学生的自我教学作为最主要的教学方式,并结合课文中的问题和科学的学习方法对学生进行积极的引导和点到为止的知识梳理。这种教学模式最大的优势是可以让学生自己进行知识学习,使学生结合自己的学习情况来解决问题,而且还可以在自学的过程中充分调动学生的学习积极性与创造力。但是,这种教学模式也存在缺点,因为学生的学习能力有限,因此这种教学模式应用的课程需选取较为容易理解和消化的课文,而像文言文这种理解起来较为晦涩的文章则不适用于这种教学模式,否则学生在学习过程中很容易出现理解偏差和错误。

例如,在学习《祝福》这一课时,笔者运用的就是自学—辅导式教学模式。因为这篇文章是鲁迅先生的作品,立意深刻,但文章篇幅较长,因此笔者请学生结合课后的问题进行自学。同时,在经过自学的课堂流程后,请学生以小组为单位进行课后问题讨论,在学生通过讨论得出"造成祥林嫂悲剧的原因有哪些"这一相关问题的答案后,又引导学生针对文中的重点语句进行分析和反思,并从这些重点语句中感受祥林嫂的生存环境与人生三个阶段的变化过程。最后,由学生进行课程学习总结,并结合练习题目来完成《祝福》这篇文章的学习。

自学—辅导式教学模式可以帮助学生自主进行知识探究,并通过语文课本中的文章进行知识梳理和学习。这种教学模式可以将教师的教育权力下放到学生身上,使每一位学生都可以充当自己的老师,也可以使学生的思想和看法在小组讨论的过程中得到释放和抒发。因此,教师应该结合课文的内容来实行自学—辅导式教学模式,并以此来帮助学生提高自学能力和语文知识梳理总结能力。

(三)探究式

探究式教学是学生在教师设置的情境中,在教师的指导下,以一种主动的态度去探索问题,进而获得新知识的一种教学模式。学生通过参与探究活动,可以自主获得知识与技能,同时发展探索精神、培养创新能力、提升综合素质等。探究式教学模式能弥补传统教学模式的不足,在提升学生综合素质方面起到积极的促进作用。

探究式教学模式以教师提出教学问题为开端,进而伴随着学生的答案假设和推理、验证来获取知识,最终由教师进行知识的总结和提炼。这种教学模式可以帮助学生建立探究精神,使学生具备自主探究知识的能力,并在探究过程中收获语文知识,构建课堂有效教学系统。

语文课堂上探究式教学的基本流程,具体包括以下六个方面。

1.创设情境,提出问题

在创设情境时,尽量不要直接用教材的情境或数据,防止学生提前看课本而形成定式,难以发散思维。同时,教师在探究式教学模式中创设的情境需要结合课程展开,并能激发学生的学习和参与兴趣。

2.学生独立思考,尝试解决问题

学生自己思考,尝试解答问题。教师巡视,了解学生的解法及思维状态,并对其给予相应的指导。在这一学习阶段,学生不仅可以通过独立思考得出课文中的主旨,还需要结合课后问题进行知识的总结和探究。对探究式教学模式而言,这一学习步骤是最为重要的,也是探究式教学优势的集中体现。同时,学生还可以在思考过程中进行推理和怀疑,并用辩证的思想进行知识判断,最终学生将通过知识验证,获得正确问题的答案,同时有些问题将会得到妥善解决。

3.汇报交流解决方法

不同解法的学生代表进行汇报交流。在这一阶段,学生可以结合自己通过探究和独立思考验证的语文知识经验进行知识分享和交流。这一学习过程可以开拓学生的语文思维,帮助学生建立多种语文思考角度,拓宽学生的语文思考范围。

4.梳理提炼知识点

教师对学生的汇报内容进行梳理,同时将重难点突出。本学习环节可以由教师重点主持和把握,使学生在教师的帮助下实现知识的梳理和提炼。

5.课堂练习及检测

一般情况下,探究的时间较长,所以做练习的时间相对不多。因此,需要教师精心选择一些典型的题目进行练习。教师可以选取有代表性的问题对学生进行提问,还可以选取课文中的基础知识进行检测,使学生在把握语文课文主旨的同时,还能掌握细节知识与基础知识。

6.课堂总结

学生可以总结本节课学会的知识,也可以说一说自己在探究过程中的想法和感悟。同时,教师要适时帮助学生进行知识总结和学习效果评判,以便在下次的学习过程中提高学习与课堂探究效率。

教师在探究式教学模式的执行过程中,需要秉持一定的指导原则,主要有三个方面:首先,教师应该预留给学生充分的思考时间,学生先自己思考,再交换意见进行讨论,学生思考和实践体验的时间要充足。目前,小组合作和讨论是比较流行的学习方法之一。笔者认为,小组合作和小组讨论不能随意进行,它们有其出现的时机,即学生的想法独立、思考成熟之后。否则,学生没有思考成熟就听取别人的意见,容易受到他人观点的影响,难以形成自己的想法,影响其思考的深度和广度。学生有充足的时间思索,思考才能深入,才能进入探究的状态。其次,教师应安排学生亲身经历探究与思考的过程。教师在指导学生时,不用急着下结论,也不要否定学生,要信任学生,下放教育权力,使学生在实践中发现自己的错误,并进行相应的调整。在指导学生实践时，"试试吧"是对学生最大的尊重与鼓励。个人体验的收获大于被告知的收获。有时学生的某些想法难以实行，教师鼓励学生尝试后，学生会发现想法的不可行性和问题所在，并试图换一个可行的方法。这样做既能保护学生的自尊，又能保护学生探究的积极性。教师在指导学生探究时，不急于评判，给学生充分的时间，让学生经历探究的过程，学生会在这个过程中收获很多。最后，教师应灵活运用指导技巧。第一，教师可以通过提问或追问的方式引导学生思考。学生在探究时，有时会想法模糊、表达不清楚或表述过于概括，这时就需要教师通过追问，将学生的想法一步步地具体化。第二，以遇到的困难为切入点解决难题，支持学生将探究进行下去。学生按照探究思路展开实践操作或推理论证时，会遇到很多困难。如何指导学生将探究活动进行下去，对教师来说也是一个考验。通过指导实践，笔者发现当学生遇到困难时，以学生遇到的困难为切入点指导学生解决难题，可以引导学生将探究顺利进行下去。第三，教师可以提示学生随时记录想法及探究过程，为汇报和探究报告做好准备。一般情况下，学生在做汇报或写探究报告时遇到的学习问题主要有两个，一个是说得或写得太过简略，三言两语就概括了整个探究过程；另一个是表述不清。所以，教师要在探究之初就提示学生随时做好记录，将探究过程中闪现出的每一个想法与做法都详细记录下来，这样在做汇报或写探究报告时才有素材。对于仍不能将探究过程介绍具体的学生，可进行提示，如某一想法是怎样想出来的、为什么改变想法、某一环节是怎么操作的等；对于表述不清的学生，最好的方法是直接指出表述不清的语句，让学生解释说明其本意，同时让学生体会表述不清与表述清楚的差别。

探究式教学模式可以使学生沉浸于知识的探究过程中，通过积极思考和验证来完成语文知识的掌握。因此，教师应该结合课堂教学内容来执行探究式教学模式，使学生掌握语文探究的方式方法，将这种学习模式积极应用在语文知识学习过程中，并以此来提升学生语文学习的有效性。

（四）合作学习式

合作学习式教学模式主要是指通过小组的形式来组织学生进行语文学习的教学模式。小组作为学习过程中的整体，取得的学习成果离不开小组中每一位学生的努力。这种教学模式可以提高学生的合作能力，还可以让学生在小组探究语文知识的过程中积极掌握不同学生的学习和思路。俗话说："三个臭皮匠，顶个诸葛亮。"群体的智慧总是大于一位学生的学习能力。但是，需要注意的是，这种学习模式也存在一定的不足，即小组合作学习模式会以绝大多数学生的学习节奏为准，而忽视个别学习能力较强的学生。在这种情况下，教师应该通过合作学习来帮助成绩好的学生建立团队意识，通过辅导和帮助来建立该生的学习兴趣；对于基础和成绩稍差的学生，可以通过刺激学习兴趣来增加该生的合作参与度。

古人云："独学而无友，则孤陋而寡闻。"就是倡导合作的学习方式。换句话说，个人成功应该基于团队合作。目前，我国大部分学校的教学采用班级教学制度，这种教学组织形式有一定的优越性，但它却在培养学生的合作意识和能力、增强学生的主观能动性等方面具有局限性，尤其在知识经济快速发展的现代社会，各行各业的竞争相当激烈，个人的能力非常有限，只靠个人单枪匹马上阵，成功的概率必然很低，不少工作必须基于团队的协作才能顺利完成。所以说，合作精神在竞争激烈的当今社会中的地位越来越高。此外，教育的目标在于实现个人全面发展的基础上，为社会培育更多符合其需求的人才。因此,让学生在学习中建立合作意识,对学生日后的发展多有裨益。

所以,让学生树立合作意识并逐步提升他们的合作能力,是教育工作的一大重任。合作在今天具有越来越重要的作用,学会合作是 21 世纪教育最重要的基础,也是新世纪的人类生存必须具备的个人素养。

小组合作学习已经成为高中语文课堂教师教学的一种重要形式。如何让它发挥出巨大的作用,取决于大多数教师对小组合作学习更为深入的探讨与尝试。教师必须对小组合作学习有正确的认识,并为每个活动都做好准备,才能减少小组合作学习效率低的现象,从而提高语文教学系统的有效性。同时,小组合作教学模式不仅能使学生获得必要的语文基础知识,而且能够培养学生的合作和竞争意识以及创新能力,同时对于建立新型的师生关系、促进良好品质的发展等方面也有显著的成效,因此开展小组合作学习有效性的研究是十分必要的。

目前合作学习教学模式仍存在一定的问题,主要有三点:第一,教师分组的随意性大。大多数教师根据学生的座位而就近分组,既没有考虑学生之间的搭配,也没有考虑小组内的分工合作。这种情况往往会形成一种课堂资源的浪费。其实,教师作为与学生日常接触较多的角色,应该是最为了解和清楚学生的语文学习情况的。教师应该在日常就帮助学生按照学习情况进行学习小组的分配,结合语文学习基础较好的学生帮扶语文学习效果较差的学生进行小组分配,并在分组学习实施时,让学生按照这种既定小组进行语文学习。同时,教师可以针对小组成员的进步和配合情况来进行调整,以期将教学资源最大化利用,使学生的学习能力得到最大限度的开发。第二,教师不明确小组合作学习的目的。对于在什么情况、什么时间以及如何展开合作等问题,教师其实并没有弄清楚。教师讲累了也许会让学生"合作一下",讲公开课也会让学生"合作一下",把合作学习当成了调味品和装饰品。其实,这种情况往往是教师忽视了合作学习的重要教学意义。殊不知,合作学习教学模式不仅可以提高学生的课堂参与度,还能使学生在交流和学习过程中建立缜密的语文思维,解决课堂上遇到的问题。第三,学生不知道怎样合作。现在绝大多数学生都是独生子女,从小就缺乏合作和交流的意识。甚至有些学生把合作学习当作非常尴尬的事,讨论时不能不说,说又不清楚该说什么,或者讨论时很热闹,展示交流时却没有达成共识,只能表达自己的观点。

综上所述,笔者认为小组合作学习方式并没有真正落实到高中语文教学中。新课程改革极力提倡的教学组织形式与教学策略之一就是小组合作学习,若将其引入高中语文课堂中并有效地开展,那么必然会大幅度提升教学效率。

笔者结合语文课堂教学,总结出合作学习教学模式的有效开展步骤包括三个:首先,合作学习的任务分配。开展小组合作学习前,教师必须将其重要意义、内容与目标以及如何达到目标、评估标准包括哪些(如小组任务完成情况、个人学习收获大小等)告知学生。此外,借助创设情境或设置充满趣味与挑战的问题等方式,能够有效激发学生的学习热情,从而引导学生懂得如何学以致用,推动学习成果的成功转移。其次,合作学习的问题探究。在学生的小组学习目标确定后,按照学习任务进行合理的分工,各组开始进行合作探究,每个成员按照自身不同的理解展开沟通与探讨,由此为小组的学习成果添砖加瓦。在合作探究过程中,教师必须做好深入观察,一旦发现问题,应在第一时间做好指导。如此一来,学生的合作效率才能更有保证。同时,教师应密切观察学生的学习与人际交往等相关表现,从而对每个学生的语文学习能力和合作探究能力了如指掌。对于那些反应较慢、学习较差的学生,应为他们创造更多思索与发言的机会,以免其被落下太多;此外,针对那些头脑聪明、学习较好的学生,应为他们创造能够展现自我潜力的机会,以推动其实现更大更快的进步。最后,全班交流。每个小组选出自己组的发言代表,由发言代表为全班师生展示本小组的学习成果,这样既有利于教师掌握各小组的学习状况,更重要的是也能让教师对各小组内学习较差的学生有更多更深入地了解,从而寻找帮助对策。若有小组提出问题,教师能够让其他小组成员共同参与到讨论与解决的过程中,全体学生共同寻求最佳的解决方法。

在合作学习教学模式的实施过程中,最后也是最重要的环节就是学生自身的反思,教师在课堂上可以将其设定为三种形式,即本节课的收获、学习心得、学到的内容等,学生可以畅所欲言。这一环节既是学生反思学习成果的过程,也是教师检验课堂效果的过程。在课下,学生可以将学习反思写成学习笔记,以便查缺补漏,或在下次学习时查阅,持之以恒,养成良好的学习习惯与科学的语文知识学习素养。

合作学习教学模式的选择,是提高学生学习参与度的重要教学手段,也是应用甚广的教学模式。但是,合作学习并不是不需要任何准备的教学模式,相反,合作的小组安排、学生语文知识的讨论议题、总结的环节设置和反思的总结反馈等都需要教师做到心中有数,并在语文课开始前就做好充分的准备。同时,合作学习教学模式可以显著提升学生对于语文知识探求的积极性,这对于构建有效语文课堂教学系统是十分有利的。教师可以结合教学内容,积极开展语文合作学习教学模式的尝试和应用。

（五）抛锚式

近年来，随着建构主义思潮的广泛影响及其教学研究的不断深入，抛锚式教学模式吸引了越来越多人的目光。在知网上搜索国内关于抛锚式教学的文章，其中大致从理论研究和教学实践这两个方面进行阐述。理论研究探讨的是关于这种教学模式的简介，适用性和可行性的分析探讨、抛锚式教学与支架式教学和随机进入式教学的并列简述。教学实践是在高中教育教学过程中将抛锚式教学运用于生物、数学、语文、化学、信息等科目的教学过程中。

抛锚式教学指教育教学工作者在进行教学时创设了真实或贴近学生生活实际的情境，想要学生解决的事情就隐藏在这样的情境中，通过各种学习方式，最终达到收获新知和锻炼各种能力的一种教学模式。在这个学习过程中，主要的学习方式是学生的自主学习，把自主学习能力定义为"学习者对自己的学习负责的能力"。在创设情境中所说的问题是个模糊的问题，也就是一个宏问题，然后在教师的引导帮助下确定本节课要解决的子问题，人们把这个过程称为"抛锚"。"锚"一旦固定下来，整个教学内容也就确定了。就像一艘船，锚一确定，整个船就稳定了。

抛锚式教学最鲜明的特点是创设一个真实的教学情境，使本节课要解决的问题产生于这样真实的情境，而不是为了学习而学习。随后在教师的引导下，师生共同确定本节课要解决的一个个小问题，学生通过各种学习方式来解决问题，最后师生共同总结、反思、评价。在整个过程中，学生亲身体验从识别问题到提出问题再到解决问题的过程。通过这样的学习过程，一方面学生学到的知识都是自主建构的，另一方面学生能把所掌握的知识迁移到日常生活的真实事件中。抛锚式教学是使学生适应日常生活,学会独立识别问题、提出问题、解决真实问题的一个十分重要的方法。

1.设锚

设锚是指在语文教学活动开始前,教师的教学筹备工作。在这一阶段的教学工作进行中,教师应该结合语文课程来创设情境。抛锚式教学的开展是建立在一个预设好的真实的问题情境上的。锚的设定是抛锚式教学模式的首要环节,学习中的问题不是直接呈现的,而是蕴含在特定的情境中,此模式强调的情境往往与日常生活现象、实事或需要解决的问题密切相关,并以此作为学生调查和探究的出发点。

例如,在学习《林黛玉进贾府》这一课时,笔者首先使用多媒体设备为学生播放了一段新版《红楼梦》电视剧的节选片段,视频中展示的内容就是林黛玉拜别父亲进入贾府的情境。学生通过在情境中感受主人公的情感与状态,进而产生了感同身受的情感体验和共鸣。同时,这种情境创设教学活动的开展可以帮助学生建立基础的知识认知,也可以帮助学生完成课本知识的迁移。

设锚是抛锚式教学模式的第一个步骤,也是吸引学生进入语文学习过程的重要步骤。因此,教师应该积极发挥各种教学工具的作用,通过不同的教学手段来增加学生关于情境创设的兴趣和接受程度,使学生积极投入教师创设的情境中去,并从中建立对语文知识学习的热情和兴趣。

2.抛锚

抛锚这一教学过程是指在情境创设中进行问题的界定,也就是确定师生共同合作、积极探讨并最终确定要解决的问题。这就需要教师在创设情境后引导学生确定问题,并结合问题进行具体分析。

例如,在学习《林黛玉进贾府》这一课时,结合前期创设的情境,笔者提出了问题："本文的中心事件是什么？贾府有何特点？作者对于不同人物出场的描写有哪些异同与特点？"抛锚作为抛锚式教学法的第二个步骤，是教师提出和确定问题的步骤。可以说，只有教师将学习问题界定和设立出来，才能保证学生的语文学习充分围绕着"抛锚"的问题而展开。因此，教师应该及时帮助学生提供问题的界定，并引导学生在确定的问题中积极分析问题。

在抛锚式教学模式中，"抛锚"可谓教师为学生提供教学帮助的重要学习阶段。因为，教师需要借助设锚阶段的情境创设来帮助学生积极抛出问题，并让学生在情境中围绕着问题进行分析。

3.解锚

解锚的含义是解决问题，也就是在教师的教学引导下，学生通过各种学习方式，最终解决语文学习过程中的问题，对所学的知识形成结构体系并实现知识的迁移。解锚的最理想状态是能够促进学生知识的迁移，迁移是在一种情境中参与一种活动的学习能够影响其在新情境中参与另一活动的能力。同时，教师引导学生进行学习成果展示，师生共同总结，形成一个相对完整的抛锚式学习结论。

可以说，解锚的重点不仅仅是对问题的最优解答，而是将解答语文问题的能力进行总结和提升，并将这种解答能力上升到一种理论和系统的高度，以便在日后面对相关和相近的语文知识和问题时，可以借助迁移而来的问题解答经验来得出问题的最优解答。因此，教师应该注重这一学习阶段学生总结和概括学习经验的过程，并帮助学生建立完整的语文知识解答系统，以便提高学生的语文学习能力。

4.起锚

起锚的教学重点主要集中在语文教学的反思与评价上。在这个环节中,一方面是引导学生对解决问题过程中存在的不足进行反思,通过反思消化,力争下次能做得更好,无形中也提高了学生的反思能力。另一方面是评价,要以形成性评价为主,也可以结合其他评价,如学生的自评、小组内互评、教师的评价等综合多方面的因素给学生一个相对公平的发展性评价。通过"起锚"后,学生又有了新的知识储备,这些新的知识又成为继续学习的知识基础,然后继续开启下一次新知识的学习。可以说,高中语文学习是个螺旋上升的过程,学习过程中不论是基础知识还是学习方法都需要一定量的积累,才能在后续的学习过程中体现出来。

教学反思可以从教师和学生两个角度同时进行,学生只需要针对本课程的抛锚式教学法实施过程中的学习收获进行反思即可,而教师则需要进行完整的教学反思。其中需要包括但不限于情境创设反思、问题设定反思、学习过程反思、教学成果反思等方面。这种反思不仅可以帮助学生提高语文学习的有效性,还可以促进教师改进教学方法,完善语文课堂教学体系。同时,学生的反思过程可以帮助学生查找课程学习薄弱环节,并进行有针对性的知识学习和调整。

教学评价主要是指教师对于学生的学习情况进行的评价。教师需要从教学的学习参与和问题解答等方面进行评价。同时,教师还可以让学生进行互相评价,这不仅可以帮助学生提高语文学习水平,还可以帮助学生提升欣赏他人的社交能力,可谓一举两得。

抛锚式教学模式有利于提高学生学习语文知识的兴趣和学习能力。应用抛锚式教学模式增强学生对语文学习的认知,提高了学生的知识掌握能力,促进知识的迁移,提高学习成绩。

（六）范例式

范例,即"典型的例子",是可供人们借鉴的有参照意义的具体典型例子。范例教学,是指教师选取蕴含本质要素的典型例子,使学生依靠特殊例子来掌握"一般",并借助这种"一般",独立地进行迁移运用。范例教学并不是为了举例子而举例子,而是为了让学生从个别到一般,进而掌握规律性的知识与方法,达到启迪学生思维、培养学生独立思考与解决问题的能力,这种方法可以把传授知识与培养能力融合在一起。

20世纪50年代,是世界科技水平发展迅猛,知识到达爆炸时代,这导致人们开始思考如何去吸收和消化这些几乎呈指数增长的新知识。为了解决这一难题,政府对教育进行了干预,提出了提高教学质量的要求。然而,这种要求被错误地理解了。原德国教育主管部门决定发动"百科全书式"的教育,把认为对学生有用的知识都"塞"进教材中去。学生的学习压力和学习负担可想而知,结果导致学生每天如机器般死记硬背书本知识,根本没有时间去参与活动,忽视了积极思考,从而导致智力发展水平急剧下降,扼杀了学生的创新精神,学校课程也变得庞杂。这一现象持续了一段时间后,再次引起了德国教育界的重视。到底该如何解决获取大量知识的同时又不增加负担呢？为了解决这一难题,1951年,德国的大学与中学的代表在蒂宾根大学召开会议,主张"为了培养出具有真才实学、有教养的人,首先要改革教材内容,要从最基本与本质的内容入手,体现'范例',试图让学生从繁杂的教材内容中解脱,训练独立思考能力的同时能够掌握更多知识,进而学会独立地进行学习,从问题出发,形成判断能力和社会适应能力"。会议提出要彻底改变现状,教学大纲应该精选对于透彻了解事物本质的、最具范例性的、典型性和启发性的内容,使学生通过对这些典型范例的学习和理解,掌握规律性的东西,训练学生的独立思考能力。海姆佩尔就是在这次会议上着重提出了"范例教学"的设想。之后,很多知名教育学者不断探索范例教学理论,部分学者结合教学实践,发表大量的论文和专著,逐步使范例教学的主张形成比较完整的教学理论体系。瓦根舍因、克拉夫基等教育专家影响力最为广泛。直到今天,我们探索范例教学,依然会从他们的思想和实践中获取灵感和研究方向。从范例教学理论的发展背景与历程来看,是科技的发展与社会的进步推动着人们对教学方法变革的探讨,推动了范例教学理论的产生与完善。当时的德国政府完全以社会环境作为教育改革的标准,虽然出发点没有问题,但是在实施时却过于激进,最终导致学生学习压力大、教师教学质量降低,因此范例教学方法的产生与应用变得理所当然。我国目前的基础教育改革背景也与范例教学产生的时代背景相似。因此,范例教学理论可以为我国的基础教育改革提供一定的理论支持,对教学者来说具有积极的借鉴与应用的价值。

范例教学也被称为"示范性教学""范畴教育",主要是指教师在语文教学过程中,结合教材与生活中的经典案例来帮助学生掌握语文知识和规律的教学模式。范例教学模式适用于规律性知识的掌握过程,也就是说,普通的语文课程几乎应用不到这种教学模式。但是,在语文专项知识练习过程中,这种教学模式就会显示出其教学优势。研究结果表明,范例教学不仅可以提高学生在高三复习课上的兴趣,还能在短期内提升学生的复习效率,并有利于增强学生对知识的迁移能力。

例如,在对学生进行作文写作教学时,笔者通过互联网找到了多篇历年高考作文真题,请学生进行分析和对比,同时笔者将这些作文题目作为范例来为学生进行写作思路的梳理。学生通过观察和讨论,发现高考作文题目的出题方式主要集中在话题作文上,而在传统作文教学中的命题作文和半命题作文鲜少在高考作文中出现。同时,还有一部分高考作文以漫画作题目,请学生根据漫画自找角度,进而完成作文写作。在作文范例观察过程中,笔者经过引导和帮助,与学生一起总结出了目前的作文出题趋势。学生的关注点需要放到实际生活中,同时在写作过程中,学生必须具有自己鲜明和独特的观点和见解。

范例教学模式不仅适用于语文作文教学,对于系统化的教学都是十分适用的。在现代文阅读训练或高考基础题目训练过程中,教师可以以范例教学模式来帮助学生梳理知识考察的共同点,这种通过范例进行知识总结的学习方式,可以帮助学生养成良好的系统知识学习习惯,使学生在掌握某一种语文知识的同时,也掌握科学的学习方法和解题方法。

同时,范例教学模式还可以通过范例的讲述和罗列来帮助学生进行思维训练。语文思维训练是教育工作必不可少的一项,"思维训练并不是撇开课文另搞一套",而要跟课堂教学中教师对学生语文综合能力的点拨有机融合在一起。而在语文教学中,教师有没有刻意对学生进行思维训练,培养出来的学生是有显著差别的。如果教师有意识通过范例来培养学生的语文思维,教学效果以及学生的语文综合能力和语文知识应用能力绝对会有所区别。因为,使用范例来对学生进行教学训练,可以提高学生的思维品质,而且范例教学还可以帮助学生建立创意思维,所谓创意思维其实是一种开创性的实践活动,而创造力的竞争是未来社会竞争的重要组成部分,谁的创造力强,谁就将在世界激烈的竞争中占有一席之地。创造能力可以分低、中、高三个层次,教学中"低层次的创造能力,指进行对本人来说是前所未有的思维活动或实践活动的能力,像学生解题时的新思路、新方法就是这样",以便将来为学生具有中、高层次创造能力做准备,更好地步入未来高速变革的社会工作环境。因此,教师应该将范例教学模式积极应用在系统或专题学习过程中,这对于提高语文课堂有效性可以起到重要的推动作用。

(七)体验式

体验式教学模式区别于传统的教学模式,教师不再作为主体而存在,而是让学生变成课堂的主要参与者;不再将教材内容作为语文课堂的教学核心,而是让课堂活动贯穿一节课的始终。体验式教学模式是在教师指导、启发学生在已经掌握的知识的根基上,借助亲身加入、仔细观察、积极参与、切实感悟来对周围事物产生全新的认识,让其自己去感知和领悟新知,并且在现实活动中对所学知识进行验证,从而成为真正自由独立、知情合一、有效创新的"完整的人"的教学方式。

在传统的语文教学过程中,教师往往过分拘泥于课本,不够贴近学生的生活实际,并且高中语文课本中的文章有些与实际生活的距离很远,导致学生在理解过程中存在很多认识上的偏差,同时传统教学模式无法启迪学生深入思考,更谈不上升华情感。因此,提升学生的文学素养,绝不能硬性灌输,而要让学生亲身体验文章表达的情境和情感,也就是要让学生变被动接受为主动体验。笔者通过自身的教学实践和经验,总结出了语文教学过程中的体验式教学模式实施重点。体验式教学模式的教学重点主要集中在两个部分:第一部分对体验式教学模式进行简单介绍,这部分集中阐释了体验式教学模式的含义和内容;第二部分主要讲述在笔者的语文教学过程中体验式教学模式的具体应用措施。在课堂教学中,将表演艺术、口才艺术和多媒体技术等巧妙融合,既避免了传统教学模式的弊端,又提高了课堂效率;在课外实践活动中,借助对学习内容的拓展以及对学生思维的发散等,阐释体验式教学模式在高中语文课中的具体应用以及所发挥的功效。笔者还结合体验式教学模式的应用进行了一场教学信息反馈,从学生的学习效果和反馈中得出了体验式教学模式的优势和意义。需要注意的是,体验式教学模式的应用并非完美,其实这种教学模式还存在很大的上升空间与不足之处。教师需要结合具体情况具体分析,充分使用体验式教学模式调动学生的学习热情,但同时也尽力规避这种教学模式存在的问题。

例如,在学习《雷雨》一课时,笔者在上课之前要求学生自主预习课文,并在后续的语文课堂上以体验式教学模式开展这一课的学习。在语文课堂上,笔者邀请学生分角色进行《雷雨》话剧表演,同时请学生在表演过程中体验这部话剧的主旨和剧中人物的情感。之所以使用体验式教学模式来开展这一课的教学,是因为笔者考虑到话剧中描绘的年代与现今社会相去甚远,如果仅仅依靠阅读,学生恐怕很难产生代入感,更无法对主人公的遭遇产生感同身受的情感。因此,笔者结合表演活动来帮助学生实现课文的体验过程,并让学生通过体验来细致分析主人公的行为特征与心理活动。可以说,体验式教学模式不仅能够帮助学生充分理解文章中主人公的情感,还能使学生深入掌握文章的主旨,把握文章的情感起伏与发展方向。

教师在语文课堂上有时会感到非常尴尬:当教师进行知识提问后,学生对问题毫无反应。同时,学生要么不举手回答问题,要么给出错误答案。

因此,一些语文教师便没有了耐心,不愿再给学生思考或小组讨论的时间,直接给出语文问题的正确答案,这种情况其实就是让学生被动地接受了知识观点。而在体验式教学模式的作用下,课堂环节的设计新颖活泼,能很好地起到激发学生兴趣和引发学生深思的作用。同时,体验式教学模式能有效地解决课堂上无所适从的尴尬,能让我们的语文课堂更高效、更有吸引力,也更精彩。

因此,要让语文课堂更高效,就要倡导教学形式的活泼多样。这需要教师做非常充分的准备,使授课内容无形之中丰富起来,学生也会紧紧跟随着教师的教学步骤汲取知识。同时,体验式教学模式要求突出学生的主体地位,根据学生的实际水平和能力,灵活地进行课堂各个环节的设计和教学。所谓"教无定法",就是指教学过程中可以结合具体情况来进行课堂教学模式的适当更改和演变,但其最终目的都是为了提高学生的学习效果和有效语文教学系统的构建。

第四节 有效教学系统构建的意义

有效教学系统的构建不仅可以提升学生的语文学习效果,还能显著改善教师的教学效果,使学生的每一次学习付出、每一次课堂上的认真听讲,都可以获得应有的收获。

一、提高学生的语文学习成绩

教师对于教学方式的不断改进、对于教学效果的不断尝试与提升都是为了提升学生的语文成绩,使学生在学习过程中具备良好的语文素养。同时,因为高中语文教学不仅仅局限于知识性的教学,往往还会涉及人文关怀与文学审美能力,因此构建有效的高中语文教学系统就显得尤为重要。笔者经过大量教学实践发现,语文课堂上的教学系统愈加完善,学生的学习兴趣也就越为浓厚,并且学生的基础知识掌握水平、学习效率和学习方法的掌握能力都可以得到显著提升。

(一)巩固基础知识

在高中语文基础知识的教学实践中,教师要么过于注重语文基础知识的灌输与记忆,要么脱离语文基础知识进行空泛的能力训练和文化教育,而无论是哪种方式,语文基础知识教学甚至是语文教学本身都产生了各种各样的问题。所以,明确当前语文基础知识教学现状与问题,结合有效教学系统来完善学生的基础知识学习就显得尤为重要。

长久以来,我国语文教学争议颇多,许多专家学者难以达成共识,对于高中语文基础知识的教学也有不同的看法。笔者结合自己的教学经验,致力于提高语文课堂教学的有效性,并积极探索高中语文基础知识教学的新思路与新方法,弥补高中语文基础知识研究不足、不系统的缺陷,使高中语文基础知识教学脱离僵化与淡化的窘境,充分与学生的生活和自身能力发展相结合。

在探究语文课堂教学系统有效性对于巩固学生的语文基础知识的作用之前,笔者对高中基础知识的属性和特征进行了分析,具体有以下四点:

1.工具性

当前我们将语文的本质属性定义为工具性和人文性的统一体,其实,我国官方对于语文工具性的认识比人文性的认识还要早。1963年,我国著名语文教育学家张志公先生发表了《说工具》一文,提出了著名的语文性质——工具说,这一说法得到了广泛的认可。同年,教育部明确了语文教育的目的,突出了语文的工具性作用,提出要加强学生基础知识和基本技能的训练。经过几十年的发展与改革,我们逐渐认识到语文的人文性,但是语文的工具性仍然是语文的基础属性。而语文的工具性在很大程度上是由语文基础知识构筑的。

语文基础知识是思维的工具。人在思维的时候需要借助一定的符号,大部分思维的符号是语言,人的思维运用的各种字、词、句、音、义,甚至是思维之间内部的逻辑关系,都与语文基础知识有着密切的联系。语文的学习首先是语言的学习,而语言让我们人类的思维获得了强大的工具。

语文基础知识是交流的工具。人与人之间的交流除了小部分使用手势动作、神态之外,大部分是通过语言这一交流工具来进行的。在当下科学技术高度发达的时代,我们交流的途径与手段经过了面对面近距离交流、飞鸽传书、电报、电话、手机、网络等的革新,可谓日新月异,然而与交流途径千变万化相对的是,人们大部分时间所使用的交流工具依然是书面语言和口头语言。而语文正是一门学习书面语言和口头语言及其运用的学科。正是有了语文这门学科,不同的语言才得以传承,人们才能够交流。

语文基础知识是工作、学习的工具。语文基础知识是工作、学习的工具首先体现在工作、学习的各种材料与要求都是通过书面语言或口头语言发布的,要想获取这些信息,必须掌握字、词、句及其释义等语文基础知识;其次,我们完成工作或学习的任务需要借助一定的语文基础知识,尤其是语言知识和写作知识等;最后,我们工作或学习成果的展示也需要借助一定的书面语言和口头语言,语文基础知识掌握更好、更广的人常常在成果展示时更加得心应手。

2.传承性

语文基础知识的一个极其重要的作用就是它对母语的传承作用,特别是高中阶段,在义务教育阶段打下的基础上对我国古典的文学进行全面的学习。母语的独特作用和广阔内涵不仅表现在它是一国的通用语言上,还表现在语言所造就的优秀民族文化上,如我国的《诗经》《楚辞》、汉赋、唐诗、宋词、元曲、明清小说等民族经典,正是我们语文基础知识的一方面内容,还有一些成语、熟语、歇后语等是我国代代劳动人民的智慧结晶,同样作为语文基础知识的内容值得一代一代地传承。语文基础知识除了对母语的传承和对民族文化的传承之外,更广义的传承其实是对人类文明和文化的传承。不难发现,在我们的语文课本中,除了我们民族的经典文化之外,还有相当一部分是精挑细选的国外文化。"博览古今,中外兼收"是我们对待语文教学的态度,也是我们传承人类文化的态度,所以我们很大一部分知识的学习涉及世界范围内的优秀文学作品,如《人间喜剧》《飞鸟集》等各国优秀的文章。

3.个体性

个体性又称主观性,是后现代知识观所讲求的个体对知识的自主建构,这一说法也逐渐被教育界认可,大家越来越认识到语文基础知识的学习和掌握同样具有个体性。语文基础知识的个体性体现在不同学生的知识体系带有明显的个体特征,与他人相比是有所差别的。甚至是对于同一语文基础知识,如《春江花月夜》这篇诗歌,不同的学生由于自身学习经验和生活经验的不同,由于之前所积累的知识多寡的差异,会对这一知识有着不同层次和不同层面的理解，同时由于学生的程序性知识和策略性知识的不同，大家建构自己知识体系时也不尽相同，这样就使得语文基础知识呈现出个体性的特征。

4.稳定性

纵向比较20世纪90年代的语文教材和现在的语文教材，二者在语文基础知识的呈现与教授上的差别不大，这就体现了语文基础知识教学内容的稳定性。语文基础知识的教学之所以具有稳定性，是因为人类社会千年形成的经典文化是稳定的，学生在短短几年时间中学习人类优秀文化，只能在有限的时间中掌握那些在几千年历史中经过时间考验的人类最经典、最值得学习的文化。语文基础知识具有稳定性的另一个原因是许多知识内容的编排都是经过长期的探索和科学验证的，这些语文基础知识后来又在语文教学实践中获得了有效性的检验，可见，这种既有用又有效的知识一定会被稳定地留在语文教学之中的。

(二)激发学习兴趣

在高中语文教学过程中，有效教学系统的构建首先就是将提高学生的学习兴趣作为最主要的教学目标，也是所有语文教师都渴望达到的教学效果。因为，在实际教学过程中，学生往往会因为知识的重复性和单一性而缺乏学习兴趣，进而在课堂上提不起精神，不能专注于课堂学习。长此以往，学生的学习效果和成绩必然大打折扣。因此，要想提高学生的语文学习成绩和效果，就必须激发学生的学习兴趣，使学生专注于课堂学习，优化学习效果。同时，有一部分语文教师认为，知识的传授才是最重要的，而激发学习兴趣属于费力不讨好的事情，既不能直接提高学生的学习成绩，也不能明显提高课堂教学有效性。但是，笔者经过教学实践和研究发现,学生学习兴趣的激发具备诸多重要作用与深刻教学意义。

1.提升学生的学习能动性

语文学习兴趣其实就是学生对学习不厌烦,觉得学习轻松、有意义。每个人都有所谓的"惰性",个体都会乐于做轻松的事情,但能给个体带来一定利益的事情也会让个体积极参与。所以,教师应该引导学生认识到学习语文的意义,从而让学生主动学习语文知识。同时,教师可以通过多种多样的有效教学系统来激发学生的学习兴趣,在学习兴趣的带动下,学生的主观能动性也将被激发。有了能动性,在学习活动中,学生就不需要教师和家长的督促和催促而主动学习,就会全身心地投入学习活动中。

2.提高学生的学习效率

为什么在同一所学校里的同一个教师的教学下, 甚至是生活在同一个家庭中的学生在学习成绩上会有很大的差别? 是因为决定学习成效的因素中,智力并不是唯一的,还有很多其他的因素,而兴趣就是其中一个重要原因。智力是否正常可以决定孩子是否可以进行学习活动,而是否具有学习兴趣或者学习兴趣多大则决定了孩子的学习效果如何。孩子带着兴趣去学习投入的百分比远远高于"敷衍"的比例,相对应投入后的收获——学习效率也远远大于其他人。有研究曾表明,让两个孩子同时在同样的时间内去记忆 100 个数字,一个是数学爱好者,一个对数学不感兴趣,结果证明,在后来的重复数字中,前者高于后者两倍。可见,在教学过程中,学习兴趣的培养是十分重要的,它可以显著提升学生的学习效率。但是,很多教师认为,高中学生已经不需要学习兴趣的培养,所以往往忽略这个方面,其实,这是不科学的。不论是哪个年龄段的学生,学习兴趣都是提高学生学习效率的重要手段,也是帮助学生专注于语文学习的有力武器。所以,在教学中,培养学生的学习兴趣不容忽视,只有做到让学生把学习当作一种快乐的事,才能让学生长久保持住对语文学习的求知欲。

3.促进学生的个性发展

每一个学生都是一个独一无二的个体,都有属于自己的独特价值,这种独一无二也被称作"个性"。每个高中学生的不同兴趣恰巧代表了他的爱好和特征所在,所以在高中语文教育阶段,教师应该尊重学生的个性差异,按照学生的不同差异、不同特长来培养不同类型的人才。同时,保持活跃的学习兴趣才能有效促进学生的个性化发展,而且重视学生的个性化发展还能促使他们保持活跃的学习兴趣,这两点是相辅相成的。达尔文的成长经历是最好的说明。达尔文在七岁的时候,就对研究昆虫产生了独特的兴趣。身边的人都不理解他的行为,但是达尔文依旧不放弃他的兴趣。在一次研究昆虫的过程中,达尔文的舌头不慎受到了伤害,但是达尔文没有因此被吓到而放弃,反而对大自然更加充满了好奇。在他始终坚持自己的喜好下,最终发现了震惊世界的"进化论"。从达尔文的事迹我们可以看出,兴趣是一个人最好、最无形的老师。兴趣抵得上一百句劝告、一百个催促,当学生对语文学习拥有了兴趣,就会主动积极地学习,发展属于自己的个性,最大限度地实现自己的人生价值。

教师在语文教学过程中,应不断完善自己的语文教学系统,不断提升语文教学系统的有效性,这种做法可以显著提升学生的学习兴趣,因为有效的教学系统意味着教学方式的选择和教学系统的改善都愈加完善,因此学生可以在完备的教学系统中感受语文知识的独特魅力,体会文学作品中的悲欢离合,建立对语文的兴趣,并不断提高自己的语文学习能力。

(三)改善学习方法

在语文教学过程中,教师着重构建有效的教学系统,不仅是为了提高语文教学的效果,更是为了帮助学生掌握正确的语文学习方法。正确的学习方法并不是固定的, 这往往需要学生结合教师的语文授课过程来逐渐探索,总结出最适合自己的学习方法,并在后续的语文学习过程中加以利用。但是,在高中语文教育阶段,绝大多数学生都已经具备了一定的学习方法,因此教师需要做的就是不断完善学生的学习方法,对于存在问题的学习方式进行纠正和改良, 使学生在学习过程中可以获得最好的语文学习体验,并将学习效果最大化。

1.知识性内容的学习方法

语文学习中的知识性内容既是重点,也是基础。只有掌握一定的语文基础知识性内容,才能实现语文题目的合理分析和解答。因此,笔者将教学过程中总结的知识性内容的学习方法进行梳理, 具体包括以下四点:

(1)认真听讲教师课堂教学

认真听课永远是不变的真理,也是知识性内容学习方法中的第一部分。在课堂上,教师不仅会针对基础知识进行详细的讲解,还会帮助学生解答问题,完善基础知识的学习体系和方法。因此,学生需要认真听讲教师的课堂教学,并争取在课堂上就掌握基础性知识,以便顺利开展后续知识学习。

(2)扎实记忆知识性内容

在知识性内容学习结束后,学生需要利用课堂的部分时间或课下时间对基础知识进行记忆，因为不同的学生会存在不同的学习效果。但是，因为知识性语文知识的重要性，每位学生都需要结合自己的实际情况来进行知识的熟练记忆。

（3）结合练习，巩固知识性内容

语文知识性练习是有效学习方法中必不可少的学习内容，因为"好记性不如烂笔头"，只有学生将知识性内容付诸笔尖，才能真正巩固知识。同时，因为知识性内容往往具有形式稳定的特点，因此练习还可以检验知识的掌握情况，使学生及时查漏补缺，弥补自己在学习过程中存在的各种问题，并及时纠正自己的学习问题和知识漏洞。

（4）定期复习知识性内容

复习也是学习中的重点，复习主要分为学生自主复习和教师带领复习两部分。学生的自主复习主要需要利用课余时间进行，可以结合教师课堂上的授课内容进行复习，也可以结合练习册进行复习。但是，需要注意的是，不论是学生的自主复习，还是教师带领下的集中复习，知识性内容的复习都要结合艾宾浩斯记忆曲线及时进行复习，并保证每一次的复习都能取得较好的学习效果。

2.理解性内容的学习方法

理解性知识内容的学习方法很简单，主要以知识积累为主。语文知识的积累主要分为两个部分：第一部分主要是学生在课堂上的知识积累，这部分知识的学习，不仅要依靠教师的帮助，还需要学生自己主动跟随教师的教学步骤，积极探究和理解知识内容，同时还需要掌握知识理解的方式、方法，结合科学的学习方法来实现知识的理解。另一部分理解性内容的知识学习主要依靠学生的课下学习。其实，真正拉开学生学习差距的并不是课堂上的知识学习过程,而是课后的自主学习时间。有的学生会利用课余时间进行文学阅读,将文学知识顺利转化,为己所用。同时,还可以在课外阅读过程中,结合积累的语文知识,积极进行知识理解。因此,语文教师在教育教学过程中,应该结合学生的学习情况,积极鼓励学生在不同的学习时间里积极参与语文知识学习,并积极理解和积累不同的语文知识,掌握最合适的语文学习方法。

(四)提高语文素养

语文课程标准提出了基础教育阶段语文教育的根本目标就是培养学生获得基本的语文素养。新课程标准对语文素养的解说包括两个方面,一个方面是我们通常所说的"语文基础知识"和"语文能力",也就是培养学生热爱祖国语言文字的思想感情,指导学生正确地理解和运用祖国的语言文字,使学生的语言积累更加丰富,语感更加完善,语文思维得以培养,使学生具有识字写字的能力、阅读理解的能力、写作的能力和口语交际的能力;除此之外,语文素养还关注提升学生的品德修养和审美情趣,使学生逐步形成良好的个性和健全的人格,促进学生德、智、体、美全面发展。

从中我们可以看出,各个语文素养的要素并不是处于一个层面中,而是具有不同的特征与职能。同时,语文素养也与"知识与技能""过程与方法""情感态度与价值观"的三维目标相统一。可见,"语文素养"既是一个内涵丰富的复合性概念,又是一个动态的实施过程。

当前我国高中语文教育的一个极端重要的问题,就是语文基础知识的教学仅仅浮于表面,而没有转化为可供运用的语文能力。究其原因,我国的语言学基础已是相当落后,导致了在语文课程、教学和评价等各个层面上的许多问题。要解决这些问题,我们首先要更新一种观念,那就是将单纯的语文基础知识向应用语文基础知识或者是提高语文能力转变。

在新课程背景下,语文学科十分注重情感、态度、价值观的正确导向,其中多注入了传统核心价值观的成分。中国传统文化博大精深,虽然传递下来的价值观呈现为复杂的价值系统,但是从主流来看,其核心还是真善美,这种真善美统一的价值理想就凝结在语文知识中,需要在日常教学中通过语文知识教学来熏陶感染。另外,当前社会中的国际往来日益频繁,民族之间的冲突与融合、文化传播的多样性和选择的自主性等都成为全球化发展的突出标志,在这种背景下,教育发展不能受本土文化的禁锢,而是要在多样化的文化传播中秉承平等交往的立场,让学生一边传承本土文化中的精粹,一边广泛吸收优秀的外来文化,开阔国际视野。在民族文化交往的问题上,我们可以借鉴张华的观点:"培养尊重其他文化的意识与态度,帮助学生形成对自己民族文化的认同感和自豪感;使学生有能力从不同的文化视角来审视和理解同样的事件和经验,提高对文化差异的欣赏能力。"基于这种理念,在新课程背景下,依然应该坚持语文知识教学,发挥语文知识传承中国传统核心价值观的重任。

二、提高教师的教学效率

基础教育事业在世界各国,包括美、英、法、日等发达国家,普遍受到广泛与高度的重视,均已先后开展了新一轮的全方位的基础教育改革,以应对社会的快速发展所带来的挑战。尽管各个国家在改革中所采取的措施和手段各不相同,但其基本理念与思路却十分相似,如注重开放性思维和创新能力的培养、注重自主学习能力的提升、注重价值观教育和学生的精神道德发展、注重培养探索精神和团队精神、注重培养学生的科学精神等。为了使这些理念与思路得以体现,各国对其基础教育的各个方面进行了综合性的改革,在全球掀起了新一轮的基础教育改革浪潮。同时,有效教学系统的构建可以从多方面推动学生的学习进步和教师的教学经验变革。因此,教师应该着力推动语文课堂的有效教学系统的构建,并在提高教师教学效率的同时,不断改善学生的学习效果。综上所述,有效教学系统的构建主要可以从以下四个方面来提高教师的教学效率:

(一)推进学生的全面发展

当今时代,国际间的竞争归根到底是人才的竞争。随着社会的快速进步和发展,社会越来越需要高素质、有能力、会创新的全面人才。因此,学生不仅要变被动学习为主动学习,掌握主动学习的能力,还要积极培养理解、思考、分析、应用等能力,以适应时代的发展。而2001年开始实施的新课改所倡导的就是注重学生科学素养和创新能力的培养,注重学生的全面发展。可以说,有效教学系统的构建,不仅可以提升学生的课堂学习效果,还可以在提升课堂教学质量的同时,对学生的全面发展起到重要的推进作用。

(二)推动语文课程的改革

新的教学理念通过新课程和新教材得以体现,它将改变传统的只注重知识传授的单向教学,转为关注学生自主学习能力的养成,使学生获取知识和掌握能力的过程,同时成为形成正确价值取向的过程。然而,教学理念、方式、内容的革新最终还是要通过课堂教学来实现,只有教学质量和效果提升,才能达到新课程改革的预期目标。因此,提升课堂教学质量是新课程改革的基础与核心,也是推动课程变化和革新的最重要力量。

(三)促进语文教师的自身发展

教师肩负着对学生传道、授业、解惑的重任,新课改的推行对广大高中语文教师自身的专业能力是一次严峻的考验, 这就要求其必须通过多种途径来提高自身的专业能力,以达到新课改的要求。通过对提升高中语文课堂教学质量策略的研究, 可以为教师的教育理念和教学实践提供参考和指导,从理论和实践中提高其自身的专业能力,促使其灵活地实践运用新课改的相关理论。因此,有效教学系统的构建有利于促进教师自身的发展。

(四)改善教学情况

在课堂的实际教学中,教学效果因为各种问题的存在而不能令人满意。尽管任课教师认真备课、认真教学、认真批改作业,学生也认真听课、按时完成作业,但很多时候的结果并不能令学校和家长满意,说明在实际教学中确实存在一些容易被忽略的问题迫切需要得到解决。因此,通过有效教学系统的构建来改善语文教学情况是十分必要的。同时,教学情况的改进不论对教师还是学生来说,都具有十分重要的意义。

效率是指用较少的投入获得满足某些要求和规定的效果。进入 21 世纪以来,我国各行各业在有限的时间和成本条件下,愈加重视效率,关于提升教学效率的研究也逐渐成为教育研究中的热点。一些地方过于急功近利,将教学效率片面地理解为提高学生的考试成绩、提高升学率,忽视了关于教学效率的以学生发展为本的本体思考, 也就不能实现学生全面发展的新课改目标。只有以育人目标定位高、教学目标高的高要求和让学生可以受益终生的教学效果,才能做到语文教学效率的提升。教师不应只关注学生对知识的吸收理解程度或教学密度, 更要看其促进学生进步的综合教学效果。也就是说,不能只重视短效结果,更应重视学生探究能力的提升与积极情感的丰富这种终身受益的长效功能;不能简单套用"投入产出比"的思想,给出教学效率高低的确切数据,而应用一种高效率教与学过程的行为特征来确定评价指标和评价等级,给出一种更加综合、更有相对意义的评价。因此,笔者认为,教学效率不是简单追求有效果的教学,而是既能减轻教学过程中的教学与学习负担,又能得到高质量教学效果的教学;不是追求教学进度快的教学,而是学生既可以积极主动地参与到学习中,其学习能力、思维习惯、创新能力等多方面能够得到良好发展的教学;不能只看重学生考试成绩和升学率的提高,而更要看重学生的全面发展。所以,高中语文有效教学系统的构建不仅可以提升教师的课堂教学效果,还可以提升语文课堂的教学效率,使学生学有所得、学有所成。

三、帮助学生建立自信,完善语文综合素养

对学生而言,学习自信是推动学生认真获取知识的动力,也是提高学生学习效果的重要内容。因此,有效教学系统的构建就显得尤为重要,因为有效的教学就是指充分调动学生的学习积极性,并使学生在自我自信的情况下进行知识学习与探究。经过一段时间的训练和知识学习,学生将在有效教学系统的帮助下建立良好的学习习惯,并完善自己的语文综合素养,在掌握语文基础知识的情况下建立语文思维与提升学习能力。

笔者从语文知识、语言思维与运用能力、文化传承与情感态度三个维度对高中学生的语文素养培养情况进行了对比和分析研究,最终了解到学生语文素质培养的基本情况不容乐观。具体表现在三个方面:第一,语文基础知识掌握不牢;第二,语言思维与运用能力薄弱;第三,文化传承与情感态度欠缺。针对这些问题,笔者提出了五点针对学生语文素养提升的培养策略:第一,采用多种研究方法来丰富学生的语文知识;第二,注重阅读引导和指点,提高语言思维能力;第三,培养学生的习作习惯,提高语言运用能力;第四,开展综合实践活动,促进文化传承与形成情感态度;第五,身教重于言教,提升教师自身的语文文学综合素养。

可见,在语文知识教育过程中,如何帮助学生建立学习自信、如何完善学生的语文综合素养将是每一位语文教师需要思考的问题,而解决问题的症结就是有效教学系统的构建。

第二章　有效的教学筹备

　　语文是一门基础学科,学生从中不仅能够学到丰富的基础知识,而且能够更好地与人交流,培养美好的审美情感与道德品质。高中是连接基础语文和高等语文的桥梁,如果这个阶段的学习出了问题,对于未来的学习会产生不良的影响。高中阶段的语文学习对学生的发展有重要的意义,同时,高中语文教师也担负着学生成长与知识提升的重大教育责任。备课是语文教学的基础,直接影响着课堂的教学效果。可是,部分语文教师由于缺乏丰富的备课经验、轻视教学筹备的意义,往往存在备课水平不高的情况。其实,有效的教学筹备不仅直接关系到学生的课堂学习,还影响到整个语文有效课堂教学系统的构建。因此,接下来笔者将结合高中语文教学中的有效教学筹备进行详细论述。

第一节　教学筹备现状

　　笔者通过大量的教学实践和观察发现，语文教师在备课方面的困惑主要集中在三个方面:首先是在教学筹备过程中,语文教师不知如何选择最适合本班学生的教学方案,缺少对学生的了解。这种情况的出现主要是由于高中的课业较为紧张,教师除了课堂上的授课过程,很少有时间与学生相处,课下的时间又被其他工作占满,主动对学生进行了解的时间比较少。其次是在教学筹备时想把课堂交给学生,却又怕上课时学生偏离自己设计的轨道,因此教师在上课时紧紧围绕备课内容,课堂缺乏生气。还有一部分教师由于缺乏课堂实践经验,对于课堂内容的控制力太强,影响学生的自由发挥,容易形成专制的课堂,进而使学生丧失学习兴趣。最后是在教学筹备时过度依赖集体备课成果、教参和现成的教案,课堂千篇一律,难以形成自己的教学风格。就目前而言,高中语文教学过程中的教学筹备阶段存在的问题主要有以下三点:

一、不重视教学筹备

　　教师在教学筹备过程中，对于这一工作不够重视的情况主要表现在三个方面:首先,虽然绝大部分语文教师都会在课前备课,可是大多都是应学校的要求,备课流于形式,没有认真准备,也没有从根本上认识到备课的重要性。在笔者的了解过程中,针对"请问您认为备课过程中有什么问题吗？"这一问题,笔者发现很多教师对于备课没有较为深刻的认识,以为只要按照教案上布置的教学任务去逐项完成,做好自己的材料,以备学校的检查即可。绝大多数教师都是自己即兴发挥,直接结合教材和教案讲课。其次是曾经筹备过的课程有一部分语文教师不会重新备课,重复使用原来的备课内容。在新课备课时,这部分语文教师所需的时间也较少,即使有很多参考资料进行参考,可是时间过短,很难整理出思路,最终备课内容千篇一律,没有自己的闪光点。同时,很多教师讲课的课件几乎都是从某些网站上下载下来的,导入的词句和课堂的流程都没有改动,也没有填充课件内容,结果便是讲课过程中屡屡出现"卡壳"的现象,找不到课文的重点,同时这部分教师的讲课过程也比较因循守旧,缺乏对学生的引导,学生的学习积极性不高,导致学生昏昏欲睡。这种教学筹备不仅没有起到应有的筹备效果,还大大浪费了教育资源和学生宝贵的学习时间。最后是教学筹备思路的落实——教案的编写。对于教案,有很大一部分语文教师只写教案提纲,将近一半的语文教师课后不会进行教案的重新整理,这种情况十分不利于教师改进教学方式、增减教学步骤。教学筹备就是对于课堂的预演和合理规划,是结合学生的学习情况进行的教学准备。但是,教学筹备过程中的教案编写却必须及时修改和不断完善,以期最大限度地提升课堂教学的有效性。

例如,以笔者旁听的一节课为例,在实际授课过程中,这位语文教师虽然在课前进行了教学筹备工作,但是由于教师对学生的接受情况并不了解,导致语文课堂一度出现了冷场的情况。同时,教师的教学筹备工作紧紧围绕着教案展开,并没有加入丰富的资料和知识延伸,导致整堂语文课都以教师的照本宣科为主要授课模式,学生在这种情况下不仅丧失了学习兴趣，还因为古文的晦涩而昏昏欲睡。可见教学筹备对于语文教育的重要性。

教学筹备是语文教学的第一环节，备课充分，课上的教学才能游刃有余、得心应手；如果教师的教学筹备工作准备得不充分，教师即使从教多年也无法得到教学质量的提升，学生也不能很好地发展。这都是语文教师在教学筹备过程中存在的态度问题，也是缺乏对教学筹备重要性认识的表现。教学筹备的直接目的是为了课堂教学，长远目标是为了提高教师自身的教学水平以及促进学生的发展。可是，在现阶段的高中学校，将近一半的语文教师备课是为了应付学校的教学检查。这种情况的出现，不仅会耽误学生的语文课堂学习效果，还会影响教师构建有效语文教学系统的效果。

二、对学情缺乏了解

笔者发现，由于很多语文教师和学生相处的时间不长，对学生的了解也只是一知半解的，如对于学生的年龄、心理特点比较容易掌握，可是在学生的知识储备与学习接受能力方面缺少准确的判断，结果自己的备课内容不能很好地融入学情，教学筹备的内容有时过难、有时过易。在笔者所在的高中学校中，不同的班级中，学生的整体水平差别较大。这就要求教师在进行教学筹备时充分考虑学生的学习水平，不宜设置过难的教学问题。同时，由于在授课过程中，有部分学生缺乏对课本文章相应的历史背景的了解，不能深刻体会到历史的大环境，这时如果教师依然按照普通课文进行宣讲，那么学生很有可能在懵懂的情况下丧失对这堂语文课的学习兴趣。

同时，教师在教学筹备过程中，对于问题的设置也应该难度适中，保证学生在教师的引导下可以顺利解答问题。如果教师在教学筹备过程中设计的问题过难，就会造成在课堂上没有多少学生踊跃地回答问题，整个语文课堂将呈现"大多的时候都是教师念答案、学生进行记录"的教学状况。

例如，在《琵琶行》这篇课文的教学筹备过程中，笔者将深远的历史背景浅显易懂地运用到教学过程中，提高了学生的感知力，并促使学生积极参与课堂教学过程。因此，积极了解学生的学情，应成为教师在备课中考虑的重要问题。由此可以看出，语文教师缺乏对学生的了解，备课内容不符合学生的需要，自然会影响教师备课的有效性。

三、忽视教学筹备的反思

语文教师缺乏从教经验，对于备课工作的各个环节没有全面的把握，很容易太过关注自己的课堂工作，反而忽略了对备课反思的关注。笔者在教学实践中发现，有一部分语文教师很重视课前备课，会提前编写教案以及进行教学准备工作，但是一上完课就开始准备下一节课的内容，对于上一节课的内容没有进行总结；还有一部分语文教师的教案非常详细，备课的内容也很丰富，课堂也取得不错的教学效果，就会认为自己的备课是成功的，这一部分语文教师更容易忽略备课反思，自身难以成长。

教师在讲课之后没有对自己的内容进行反思，只是按照自己所备的内容进行讲授，不能及时地调整自己所备的内容以贴近学生的实际。总之，忽视备课反思，是语文教师备课水平难以提高的重要原因。同时，由于课业压力较大，很多教师往往会忽视教学反思和再学习这一过程。其实，这种情况不仅不利于构建有效语文课堂教学系统，还会影响教师对语文教学的改进和提高。并且,还有一部分教师对于学校开展的相关专题研究、信息技术教学等语文科研工作望而却步,缺乏从事语文科研工作的认识,又随着自己进入社会的时间越长,距离语文科研这一工作越远,也不再利用课余实践进行自我提高,并与最新的教学科研成果失之交臂。

语文教师很少积极地进行语文课题研究,主要有两个原因:第一,教师进行科研是为了完成任务,有些甚至只是为了应付检查。在教研室的教师来听课时,便精心备课;反之,便应付工作。第二,绝大部分语文教师认为自身被繁重的工作占用过多时间,而在仅剩的时间中,只有少数语文教师选择进行科研。甚至有些语文教师担任班主任一职,语文又是主要科目,每天一天两节课或三节课,这些教师每天的备课、上课、批改作业、督查学生的课文背诵和课外古诗词的背诵等工作就占用了大量的时间,在私人时间里,语文教师会选择休息、放松,真正留下来的时间没有多少。所以,在繁重的教学工作中和少量的私人时间中,语文教师很难从事科研工作。

综上所述,造成语文教学筹备现状的原因多种多样,笔者将结合这种情况的成因进行分析,以期通过教学研究和分析,找出最为合理的改善方式,使语文教学筹备工作以最高的效率和最有效的形式进行开展。

第二节　教学筹备问题产生的原因分析

前文分析了目前高中语文教育过程中存在的各种教学筹备问题,接下来,笔者将针对教学筹备中存在的问题进行原因分析,并希望通过分析来找出教学筹备效率较低的症结所在。

一、对教学筹备缺乏足够认识

语文教师对教学筹备的目的缺乏正确的认识。教学筹备的目的是为了课堂教学的有效性,语文教师是否认真备课也直接影响着课堂教学的有效性。有些教师将教学筹备工作看成应付检查的工具,只要有检查就匆忙整理教案,否则很少去完善教案。有的语文教师临时下载一些教案,简单做些记录与改动,以草草应付校领导的检查,同时笔者发现,在教师教学过程中,这样的教学筹备现象屡见不鲜。在备课态度方面,语文教师没有从思想深处将备课当成教学的起点,其实,不备课是无法进行有效教学的,可是总有一些教师抱着得过且过的心理,凭借一点经验就进行教学。部分语文教师不能认真、完整地写教案,而且一些语文教师好高骛远,不能脚踏实地,抱着懒省事的心态,自认为自己能够随堂发挥,可往往适得其反。

目前大多数高中教育都是以自身建设为主,不系统、不规范,严重影响了教学质量和教学水平。教师备课时因为无法确定教学目标,不能依靠现有的标准实施统一化的教学,教学计划缺乏针对性,不能做到因材施教。有调查结果显示,关于是否写教案及写作目的,大多数教师都选择了写教案,但是只有三成教师的目的是为教学做准备。当前学校对于教案对教师教学的重要性有了一定的认识,往往会要求教师编写教案并检查,但是,学校的检查往往流于形式,更重要的是没有让教师意识到编写教案的重要性和本来目的,更多的教师都更愿意依照自己的感觉和经验进行授课,会采取"抄""补"等手段来应付检查,而没有真正在课前通过教案这样一个很好的工具来辅助自己进行授课的准备。

教师在进行教学筹备的过程中,不仅要充分认识备课对于整个语文教学有效性构建的积极意义,也需要正确认识自己的教学水平,并积极结合教学筹备来弥补自己在教学过程中存在的问题,也结合学生的学习和接收情况及时更新教学筹备内容,使学生在语文学习过程中积极投入,不断获取语文知识。

二、缺乏丰富的教学筹备经验

教学筹备经验是教师在筹备实践中不断积累的语文教学智慧,也是教师通过了解学生的喜好和学习水平,并将其与实际教学内容相结合,才能协助语文教师筹备出高效的语文课堂。在实际工作中,有一部分教师缺乏丰富的教学筹备经验。因此,教师应该结合课本内容时常进行反思,如自己的教学目标是否明确、是否能根据学生的兴趣需要和心理特征及时调整自己的教学策略等。其实,这些都和教师的教学筹备经验有关系。如果教师只凭借自己对知识的理解进行目标确定,没有考虑学生的学习需要,在教学筹备的过程中难以做到"以学生的发展为本",也难以利用学生的学习水平和接受水平切入课堂教学,导致语文课堂缺少重点的知识性内容。同时,如果教师不能以学生的视角与实际情况来设计课堂中的问题,则不能真正贴近学生的实际设计课堂提问。那么,笔者可以判断出,教学筹备经验不仅与教师的教龄有关,还与教师的学习理念和"以生为本"的观念息息相关。由此可以看出,语文教师不论是否入职时间尚短、是否缺乏直接的教学筹备经验,都可以积极完成教学筹备。

三、教师的教学态度

态度决定一切。没有积极勤奋的态度和精神是干不好教书育人这一艰巨工作的。首先要转变部分教师得过且过、不思进取的思想状态。再次,还要转变部分教师陈腐单一的教育教学观念,坚决消除课堂教学中存在的多种不良现象,要求全体教师引以为戒,扎扎实实提高师德修养和教学水平;老老实实领会新课改精神;真真切切实现师生教与学的和谐互动。有了正确积极的态度,教学激情就能迸发;有了激情,就会碰撞出思想与智慧的火花;有了思想与智慧的火花,就能点燃学生的理想和求知之火。这一份责任首先体现在对教学工作的态度和热情上。如何认认真真地备好每一堂课,对我们教师来说是一门很深的学问。在备课过程中,教师应尽量在指定教材内容之外添加一些近期的新闻报道、小说、故事等内容,保证学生能够尽可能多地接触到现实生活。这样能够引起学生的兴趣,会取得比较好的教学效果。教师有时以为自己做了充分的准备,但在授课过程中还是会遇到一些意想不到的问题。可见,教学筹备对一名教师的教学效果的影响巨大。

社会的不断发展对教师提出了新的要求,对教师来说既是一个机遇,又是一个挑战。所以,教师的发展意识就显得至关重要。语文教师要有大的发展成就,一定程度上依赖于积极寻找自我发展的多元化途径。随着教师专业化程度的提高,教师行业的门槛也会提高,同样也要求教师更新学科知识,不断学习新的备课理念、教学方法和教学技术,只有这样才能适应教学目标的变化和学生需求的变化。从笔者的调查来看,大部分语文教师的自我发展意识并不强,对自身的发展没有一种迫切性,基本都安于现状,依靠教案来照本宣科。同时,很多教师认为学生的语文学习成绩不好,完全是因为学生的学习能力不足,并没有积极从自身寻求答案。其实,很多语文教师往往缺乏静下心来认真思考、研究的精神,这种发展意识的薄弱就是限制教师发展的最根本原因。例如,笔者所在学校的教研室购买先进化程度较高的教学软件以提高语文教师的备课水平,对教师进行培训并成立了QQ群进行交流,可是在实际教学过程中,这个资源平台却被束之高阁,QQ群里很少有教师进行交流。还有大部分教师在自己平时的课堂上并不会花费过多的心思去琢磨教学情境的创设,都是按着一般的教学流程进入课堂,亦步亦趋地带领着学生一起学习。教学反思是促进教师发展很重要的一方面,但很多教师对于教学反思持一种应付态度,不关注自己在反思中能够获得什么,对自己的发展没有足够的重视。对于能够提高教师备课的科学性的语文科研,语文教师大多处于被动地位,很少去积极研究。由此可以看出,语文教师缺乏自我发展的动力,在备课工作方面很少积极地采取行动,缺少了这种内部动因,自然会削弱教学备课水平的提高。

同时,我们可以看到,教师自我发展的意识薄弱,会导致语文课程的教学筹备缺乏动力,并且其内容会变得空洞和乏味。如果教师不能对教育工作提起兴趣,也不能对个人职业生涯进行合理的规划和安排,就很容易导致教师在教学筹备过程中产生疲于应付的情况。需要注意的是,这种情况对教师而言是致命的,也会直接影响语文课堂有效性构建的进程。在笔者看来,教师必须在教育过程中端正自己的教学态度,积极完成教学筹备工作,并以饱满的热情投入每一项语文课堂有效性构建过程中。

四、教材处理问题

笔者从日常教学调查中发现,大部分教师备课时过于依赖现有的教学参考书。在对教材的选择上,大部分学校和教师都会倾向于各种教学辅导参考书。但是,在教学中,在处理教材的整体顺序和内容时,绝大部分教师会选择适当增删课本内容,其余部分会选择完全按照课本教学或者改变课本顺序进行教学。有些人把教材凌驾于教学大纲之上,从而使教学迷失了正确的方向。语文课程的实施要以教学大纲或课程标准规定的教学目的、教学目标、教学内容和教学要求为指导,教材只是实施语文课程的手段之一。并且,不少教师为了评定职称或者其他一些非学术的原因编写教材,编写的过程通常是东拼西凑、四处节录完成。使用这样的教材,教师要不时指出其中的问题甚至是错误,有些教材更是让学生无法学习。

第三节　建立有效教学筹备的策略

如何提高语文课堂教学质量和教学效率一直是教学研究的核心问题。随着新课程改革的深入开展,传统的教学筹备方式已不能适应时代的要求。因此,广大教师在探索新课改、践行新理念的实践中,要勇于突破传统的教学筹备模式,转变思想、不断创新,使教学筹备有效地为课堂教学服务,为学生的终生发展服务,同时提升教师自身的专业化水平。同时,传统意义上的教学筹备是进行施教前的精心设计,一旦转化成教案就一劳永逸。但是,新课改背景下教师的有效教学筹备是在新课改理念的指导下的教学前的预案,教学中的记录、调试和教学后的反思。这就要求广大教师在备课时要依据课程标准,准确定位、巧妙设计,才能真正贯彻课改精神,推进课程改革的最终实现。

有效的教学筹备是指在一定的教学期间投入一定的人力、物力、财力,最终形成有个性化的、有创意的、有自身特色的教学设计,就是对有效备课的定义。在此,笔者认为,有效备课的关注点有四点:第一,正确理解高中语文课程标准,同时理解与使用好教材,并且确定授课的内容及其目标。在教学筹备过程中,课程标准是准则,而教材内容则是整个教学筹备都需要紧紧围绕的中心。因此,教师的教学筹备不能脱离语文教材。第二,时刻注意学生实际的、整体的学习情况,切实找准学生的学习起点。这就要求教师在教学筹备过程中"以生为本",从学生的学习情况和学习需求出发,选取合适的教学步骤和课堂设计来完成语文教学筹备。第三,注重教学方案的实施,密切关注教学所取得的实际效益。同时,教师还应该结合这一过程来不断完善自己的教学筹备。第四,注重教师本身在教学过程中的优势发挥。每一位语文教师都有自己的教学特点,这些都可以在教学筹备过程中加以展示和发挥,使学生通过有效的教学筹备来欣赏自己的语文教师,并在这一过程中激发良好的语文学习积极性。

备课的目的在于有效教学,通过对教学理论的研究,可以使备课活动不脱离最新的教育观念,并从科学理论的角度去认识课堂教学内容。学生的认知活动、学生知识结构的构建过程以及学生在学习中和教师在教学中的方式,都与过去教育理论的研究息息相关。本节将对教育理论进行梳理,从中总结出当前有效备课的理论基础。

一、认知教学理论

我国学者在 20 世纪 90 年代通过将马克思主义与教育教学实践经验相结合,提出了基于马克思主义认识论的教学理论。认知教学理论肯定了教学活动主要是一种认识活动,但是这种认识又不同于一般的认识,而是一种特殊的认识。在教学领域,认知教学的重点放在了对于课堂教学的认知上,但同时并没有忽视学习结果,对于知识获得的掌握仍然是重要的教学目标,知识的内涵已经不仅仅是教学的结果,同时也是教学的过程。所以,教师在备课的过程中要充分考虑学生的认知能力,这也是教师进行备课的一个重要因素。新课改中对于备课的认识已经不仅仅停留在对学生认知的建构上,而是从更高的层次去让学生认识到课堂和课程的重要性,通过对教学本质的探索,从中获得课堂教学成果,让学生从中获取学习的价值。对高中学生来说,语文课堂教学过程往往忽视了学生不同的认知基础,通过盲目提高教学难度和广度的理念和方式,不断提升课堂教师的难度。其实,在高中语文教育教学筹备过程中,也需要认识到教育基础的重要性,在教学筹备的广度和深度上进行一定的调整。

二、人本教学理论

在人本主义的观点中,人对于世界的认知是一种情感过程,人的观念和知识结构的获得,与人所处的环境和已经拥有的知识情感密切相关,因此需要对学生进行有效的教育。根据人本主义理论,不管是哪一个学科,在教学实践中都要兼具认知和情感两个方面,不过其侧重可以有所不同。只有这样,才能实现学生的全面发展。尤其是一些学生的行为习惯不好、基础差、学习兴趣不浓,这就要求教师在备课的过程中更要以人本主义教学理论为指导进行教学设计,充分考虑学生个体发展的需求,只有这样才能真正实现教育目的。

三、建构教学理论

建构主义也被称为结构主义。根据建构主义发展出来的教学模式,也被称为建构教学理论。在建构教学理论中,最重要的概念是图式,图式指的是个体理解和认知世界的方式,是一个人的内在心理结构,因此学习的过程也就是建构图式的过程。图式的形成和变化是认知发展的实质,认知发展受三个过程的影响,即同化、顺化和平衡。建构教学理论认为,学习并不是由教师将知识教授给学生,而是学生通过教师的知识传授,根据自己已有的知识和经验,自行建构新的知识体系。因此,教师在备课过程中不能忽视学生的现有知识和理解水平,不能在对学生传递知识时采用简单粗暴的教学方法,而是要把学生所掌握的知识与经验当作新知识学习的起点,不断地引导学生在已经掌握的知识基础上,学会主动进行新知识的学习。同时,教师要经常聆听学生的想法与观点,主动思考这些想法从何而来,并根据这些具体情况,帮助学生逐渐拓展自己的知识面,提高思考问题的能力。建构主义理论虽然重视学生个体的自我发展,但也强调教师对学生个体的影响和产生的作用。

四、行为教学理论

行为教学理论强调教师要引导学生对外部刺激做出正确的反应,并且教师要有能力全面评价学生的学习情况与效果,以此为依据决定进行新知识教学的时间安排。在教学过程中,教师要把学生的学习材料进行归类,使之适合学生的掌握程度,最大限度地帮助学生做出正确、恰当的反应并进行一定程度的强化,进而促使学生不断发展和成长。综上所述,行为主义教学理论主要是为一定的行为结果而进行教学的,以教师为中心的取向。因此，教师在备课的过程中要做到以下三点：

(一)创设有助于信息传递、技能训练的语文教学环节

根据行为主义学习观的理论，教师要想让学生在学习阶段积累大量知识和经验，就必须提供良好的学习环境，促进教师向学生更高质量地传递知识，而且要创造出学生能够锻炼技能的环境。为实现这一设想，教师在备课过程中要对供学生使用的相关资料进行筛选把关，并且根据学生的学习情况合理安排练习的时间，同时对学生学习的整个过程进行监管。

(二)提供循序渐进的教学筹划内容

学生更好地掌握复杂的行为单元的要点在于由小及大，从简单的更小的行为单元开始。教案的撰写依据便由此而来。为更便捷地获取知识和发展技能，需要将大而庞杂的问题进行分解，即进行任务分解，把教学任务细分并按照一定的顺序进行排列，如从小的任务到大的任务、由个体到整体、由简单到复杂的顺序。学生的学习是小模块、有一定程序的，需要教师进行一定的引导。

(三)对语文知识进行评估

学生通过学习获取的知识只是某一学科领域的经验或是个别的知识和技能的综合，所以在检验结果时，教师应该重视对小模块、简单的成分进行精准的、细化的考查，以检测学生学习后对于知识的掌握情况。同时，教师在语文教学筹备过程中，要做到对教学内容心中有数，如哪些内容是学生容易掌握的、哪些知识是本节语文课的重难点、哪些知识可以与之前学过的文学知识进行联系等，这些都是教师在教学筹备过程中进行的知识评估，也是提高语文课堂教学有效性的重要过程。因此，教师应该注重教学筹备过程中的语文知识评估，帮助学生进行知识判断和整合，使学生

的语文课堂学习过程更为顺利。

五、情感教学理论

"教师在课堂教学尤其在备课的过程中一定要注意学生的情感体验,只有这样才能带动学生的积极性,达到良好的教学效果。"学生的精神世界由道德水平、智力情感、审美、创造力等多种因素组成,在对学生产生影响时,单方面的只有智力教育(更不能只有学习)而造成思想品行、体育劳动等的缺失不能算是有效的教育,所以除了常规的课堂教育,还要多增加丰富的精神活动。而教师在学生"情感动力"的挖掘中扮演着关键的角色。教师对学生思维的引导要讲究艺术性,对事物有灵敏的反应和随机应变的能力,在备课过程中要随时根据情况的不同而调整教学方案,对待学生要大方地进行鼓励,发掘学生最具个性的一面。发展融洽的、有效的、亲密互动的师生关系,保护学生的自尊心、自信心以及对教师的信任感,让学生在潜意识中接受教师的引导。发现学生的另外一面,就要善于发现并鼓励保持学生身上所有美好的东西。发挥教师引导、鼓励的作用,让学生从学习的过程中寻找乐趣,掌握正确的学习方法,提高学生对学习的兴趣,进一步转化为学习的动力。这一点对高中学生来说尤其重要。

六、目标分类教学理论

教学目标分类理论最开始起源于美国,20世纪50年代被明确提出,布卢姆是首次提出这个概念的人。他由浅入深地将教学活动的整体目标划分为三个方面,即最浅层的认知活动、实践环节的动作技能和最深层的情感。布卢姆针对设定的教学目标,提出了一系列相应的目标序列,每个目标序列又进一步细分,层层递进,最终将教学任务目标细分到可供操作的具体目标。根据西方的社会文化背景和教育方式,布卢姆将认知目标分成六个逐渐递进的层次，即识记、领会、运用、分析、综合和评价，其具体含义如下：

（一）识记

指对所学习过的包括具体事实、方法、过程、理论等资料的记忆，也可以认为是简单的记住，如记住事实的描述文字、记住方法的步骤等。

（二）领会

是在识记的基础上，结合个人的经验、学识、技能等，将所识记的东西加以理解、转化甚至是推断，并用自己的语言和方式进行表述。

（三）运用

这是将理论转化为实践的环节。将自己所领会的技术、原理、方法等运用到实际情况中，包括新的问题、新的情景，即所谓的学以致用。

（四）分析

这是理论与实践相结合基础上的进一步深化和分析的能力。

（五）综合

我们现在所说的综合可以包含很多内容，可以是发表具有独特内容的演说或文章，还可以是操作计划的拟定以及抽象关系的概括。综合是将我们所掌握的知识进行重新组合进而形成新的有关知识的整体，它要求我们具有创新能力。

（六）评价

评价是一种能力，这种能力要求我们能够超越我们以前的学习认知，并综合多方面的知识，按照一定的标准进行价值判断。

七、发展教学理论

心理学家、教育科学博士赞可夫将自己的青春时光都花在了研究和实验"教学与发展问题"上,他先后发表了教育理论专著150余种,其中包括《教学论与生活》《和教师的谈话》等。他在提出"教学与发展问题"理论之前,通过大量的教学实验,促进了"实验教学论体系"的建立,为科学解释和确切论证教学与发展的关系做出了很大的贡献,并对建立完备的教学体系、促进学生的发展给出了独特的见解。赞可夫教学发展思想的精髓是一个班级中的成绩最好的学生到成绩最差的学生都能得到发展。这就要求教师在教学筹备的过程中要根据教学的差异性调整教学策略,因材施教,让每个学生都在自己的基础上有所提高,都获得成功的体验。只有这样,才能保持学生对学习的热情,并促进学习效率的提高。因材施教不仅是一种教学理论,更是千百年来流传下来的有效的教学方法。伟大的教育家孔老夫子主张"因材施教"和"有教无类",主要是指受教育的人没有界限,任何人都可以享受受教育的权利。同时,教师应该结合学生的学习状况,具体情况具体分析,找出适合学生发展的教学方式,并在教学筹备过程中积极找出学生的兴趣点,结合兴趣点来完善教学筹备的内容,并在此基础上完成语文教学,则可以起到事半功倍的效果。

(一)端正教学筹备态度

根据认知教学论、人本教学论和发展教学论的相关要求,在高中语文教学过程中,由于学生的语文学习水平不尽相同,而语文知识涵盖范围广且内容比较复杂,学生往往对课程缺乏兴趣。教师要想有效备课,必须对学生的认知能力有全面的了解,以学生为本,从学生终身发展的角度出发进行教学设计,才能达到预期的教学效果。对高中语文教师来说,教学筹备是把教材的知识和教学方法转变为自己的教学能力。教师对学生认知能力的把握,能更加有效地为课堂教学服务。然而,现在却有一部分教师认为教学筹备就是写教案，把写教案当作一种形式，专门应付领导的检查。其实，写教案只是教学筹备的最后一个环节——把钻研教材等方面的所思所得，把教学目的、要求、重点、难点、教学过程和方法以及搜集到的有关教学信息记录下来，是"备忘录"——供教师进行课前翻阅，以便把课上好。所以，教学筹备不是写好教案就行了，前提是对学生的认知能力有很好的把握。检查教学筹备效果更不能只看教案，真正的教学筹备不在于写得好不好、写得多与少，也不在于写在哪里，而在于教师是否用心准备，是否把课真正备在心里，能否根据学生的认知能力进行有效备课。

例如，在学习《我有一个梦想》这篇课文之前，笔者首先结合课程标准和语文课本进行有效的教学筹备。在教学筹备过程中，笔者首先通过教案了解了这篇课文的主旨与教育目标。接着，笔者通过互联网资源的查找，找到了作者在写这篇文章时的时代背景和作者本人的基本情况。最后，笔者将找到的资料进行整理和整合，并结合学生日常的学习情况，思考这篇课文究竟应该选用什么教学方法来开展实际教学。经过笔者的对比筹划，决定使用"课堂演讲比赛"的教学方式来开展这篇课文的课堂学习。因为这篇课文本身就是一篇演讲稿，是在美国黑人解放过程中写出来的演讲稿件，也是作者当众进行演讲与鼓舞黑人获得自由的伟大作品。因此，演讲比赛可以帮助学生深入理解文章，并对作者的思想感情产生感同身受的情感体验。最终，笔者结合各种资料的收集与教案的比对、课堂问题的设计和教学方式的选定，结合课堂可利用时间，写出了这堂语文课的教学筹备方案。在实际教学结束后，笔者还将课堂教育过程中存在的各种问题和需要完善的地方加以记录和改动，以便提高自己的教学水平与积累教学筹备经验。

在教学筹备过程中,教师必须明确自己的教学目的,并端正自己的教学态度。教书育人是一件神圣的事情,教师可以通过一篇篇文章的讲述来帮助学生建立正确的人生观、价值观和世界观,也可以通过文学作品的赏评来不断完善学生的文学修养。同时,教学目的并不是凭空设计的,而是根据课文内容来确定的。如果是古文,学生往往需要通过学习懂得借古喻今,使用古人的智慧来解释现代社会的现象,并试着去理解和感受古人的创作情感;如果是现代文,教师就需要帮助学生梳理文章脉络,找出创作者的中心思想与创作意图,并结合文章来回答课后的各个问题,将整个文章学扎实、学透彻。因此,教学筹备是十分重要的教学步骤,也是创建有效语文课堂教学系统的重要步骤。

(二)教学筹备目标制定策略

根据目标分类理论的要求,高中语文的教学目标并不在于学生掌握语言的理论基础,而是要基于汉语言文学的应用环境使学生在有关语文知识的应用的过程中可以得心应手。因此,教学筹备时要有明确的目标,要对课程的教学目标、教学内容、教学环节、教学方法等进行合理设计并认真践行。

1.教学目标简明科学

在语文教学筹备过程中,教学目标的设定要简明、科学、适当、实用。教师每上一节课,首先要明确课程标准的要求,其次要弄明白这里的知识技能、过程方法、情感态度价值观是什么。同时,教师在设定教学目标时,必须结合学生的学习情况,不能好高骛远,不能选取学生无法达到的教学高度。其实,教学目标的设定是有技巧的,如果目标过高,学生会因为难以企及而丧失学习动力;如果学习目标过于浅显,学生也会因为问题不具有挑战性而丧志斗志。因此,只有当教师的教学目标结合课程标准和语文课本,并深入结合学生的学习情况和语文知识接受程度,设定学生"踮起脚尖才能够到"的、需要学生通过思考和讨论才能得出学习结论的教学目标,才是合格的教学目标,也是可以调动学生课堂积极性的教学目标。

2.知识内容详略得当

课堂教学的时间是个常数,是有限的,学生的学习精力也是有限的,因此选择学习的内容,特别是关乎学生终身受用的"核心知识",就显得尤为重要,这就需要教师对教材、教学内容进行深入研究,发现那些为学生真正所需要的终身有用的"核心知识",以充分发挥教材的教学价值。也就是说,教师在教学筹备过程中,需要结合教材中知识的重要程度,详略得当地设计教材内容的讲授。

例如,在学习《祝福》一课时,由于这篇文章是鲁迅先生写的白话文,因此文章不必像古文学习一样一字一句地进行详细理解,学生自己就可以完成文章的阅读。因此,在这堂语文课的教学筹备过程中,笔者将主要的教学知识安排在了课后习题和文章主旨的理解上。因为这篇课文作为近现代文学的经典著作,字面理解上并不难,难的是时代背景的结合和作者创作思想的解读。因此,教师在教学筹备过程中,必须结合课文的实际情况来合理安排教学内容,使整个语文课堂充实丰满,一堂课下来,能使学生收获颇丰。

3.简化教学环节

很多语文教师在教学筹备过程中很容易陷入一个误区,觉得教学环节越多越好,并以为教学环节越丰富教学效果就越理想。其实并不是这样,学生的接受程度是有限的,课堂上的时间也是有限的,语文的教学筹备设置的过程应该是科学的、顺畅的,是符合学生的学习需要和学习规律的,没有必要设计过多的学习环节,设置过多的障碍(问题)让学生去克服,结果只能使师生都精疲力竭,事倍功半。

因此,教师在进行语文教学筹备工作时,一定要遵循适量原则,适当安排课堂教学的内容,使学生在学习过程中不至于产生疲累感,而是紧跟教师的教学步骤,完成语文课堂知识的学习。

(三)有效教学筹备设计策略

根据行为教学论的要求,教师在备课过程中要在最大程度上帮助学生做出正确、恰当的反应并进行一定程度的强化,进而促使学生不断发展和成长。情感教育理论让我们懂得教师在课堂教学尤其在教学筹备的过程中,一定要注意学生的情感体验,只有这样才能带动学生的积极性,达到良好的教学效果。因此,教师在熟悉课程标准、了解学生和教材的基础上,教学筹备工作便进入了最重要的环节,即教学设计环节。所谓教学设计是指为了实现一定阶段的预期课程目标,运用系统的观点和方法,遵循教育过程的基本规律,对教学活动进行系统的规划和安排。简言之,就是对教学活动的设想与计划。有效教学设计要研究学生是否已经具备了学习新知识所必需的知识和技能以及相应的生活经验背景;哪些内容学生能够自己学习和掌握,不需要教师详细讲解;哪些知识是重点、难点,需要教师在课堂上点拨、引导和讲解;哪些内容会引发学生的兴趣和思维,成为课堂教学的兴奋点。只有这样,才能使语文教学预设具有针对性、生成性,才能通过教师有效的教促进学生有效的学,实现以学生的发展为本的新课程理念。教学设计要想真正地服务课堂教学,教师在教学筹备中就要注意以下六点:

1.目标明确化

前文提到过,教学目标的设定和合理化安排是十分重要的,而教学目标是预期的学习结果,是课程目标的进一步细化,对教学过程具有指导和定向作用,并为教学评价提供标准和依据。同时,教学目标明确化也是教学筹备过程中需要注意的问题。

(1)教学目标注重文本分析

在最新语文教育核心理念的指导下,语文教学目标的第一个重要特点就是注重语文文本分析。教师在设计教学目标的过程中,通过对文本的深刻分析来体现高中语文课程标准中涉及的教学目标,也就是以语文学科的知识为中心的文本分析特点。

教学筹备过程中的目标主要分为三个层次:第一,知识与能力目标。理清文章结构,把握行文线索,分析文中意象。第二,过程与方法目标。通过反复朗读,理清文章层次,学习插叙手法在文中的运用,用心体会作者的思想感情。第三,情感态度与价值观目标。体会文中主人公的情感,并理解作者的创作情感与创作意图。该教学目标是严格按照"三维目标"的尺度进行设计的,从三个维度出发,对语文课文的教学目标做了详细、全面的分析,紧紧抓住了文章的形式与内容,充分利用了文本。但是,三个维度的教学目标都与课文结合得过于密切,以至于对学生的学习活动限制得过死,学生在学习过程中要完全按照文本与教师的"套路"进行活动,没有自由发挥的空间。这些都会妨碍学生发挥他们的主体性与主动性,长久下去会导致学生失去学习兴趣。因此,语文教师在设计教学目标时,应该给学生留有一定的自由发挥的空间,巧妙地将学生的生活与文本的学习和感悟有机地联系起来,这比单纯地向学生讲述课文内容更具有教育意义。

（2）目标设定重视学情

如果在语文教育过程中，教师的语文教学目标的落脚点是语文学科知识而不是学生，那就会导致教师片面强调语文学科知识的灌输，而对学情的分析不够充分。因此，这对学生理解与掌握学习内容造成了一定的阻碍。也就是说，教学筹备的最终目的是提高学生的学习效果，那么教学目标的设定就必须以学生的需求作为出发点，积极结合学生的学习情况，从学情出发，进而完成目标的设定。

同时，教学筹备的目标设定首先要有明确的知识目标，也就是一堂语文课需要掌握的语文基础知识都有哪些，教师必须在教学过程中对这部分内容了然于心，知道何时应该重点把控这部分知识，并通过教学环节加深学生对于目标知识的掌握。比如，在学习文言文时，首先应该了解整篇文章的主题和主旨，然后从文言虚词的积累、通假字的总结等角度进行基础知识的巩固。在这一教学筹备过程中，教师必须清楚学生的知识积累情况，了解班级整体的学情，才能合理安排基础知识的课堂开展。并且，学情中包括四个方面的能力目标：第一，把握文章的主要内容和作者情感；第二，理清文章的整体思路，学习本文的说明结构和说明顺序；第三，体会文本的语言特点，如简洁、生动、严密、有条理等；第四，能运用所学的说明方法介绍一件事物。最后，学情还包括情感态度和价值观目标，即通过文章的学习，认识到创作者表达的情感，并了解人类历史上的卓越成就，增强民族自豪感。

教师对于学情的考虑不够充分，更有甚者直接忽略了学情的分析，这对发挥学生的主动性与提高语文课堂的生成性和灵活性都是不利的。因此，语文教师在进行课堂教学筹备的目标设定时，一定要从学情出发，将课堂内容与学生情况密切结合,以便设计出符合学生学习的语文课堂教案。

(3)杜绝模式化

为了传授语文学科知识,语文教学在实践过程中逐渐出现了"类化"的现象。"三维目标"教育教学理念对于语文教学目标的设计限制过死、要求过于具体,从而使文本分析与教学趋于"类化",使语文教学目标趋于模式化,从而破坏了文本的特殊性。

从知识与能力的角度来看,主要包括两个方面:第一,整体把握本文的思想内容,体会文章语言特点,品读课文;第二,注重训练学生的口头表达能力,培养学生的探究能力和创造性思维能力。从过程与方法的角度看,主要包括联系现实,运用自主、合作、探究的学习方式,提高语文学习能力。从情感态度与价值观的角度看,主要包括感悟课文主人公的可贵精神品质,激发学生的情感认同。同时,教学目标模式化还会导致教学筹备的特殊性的缺乏。其中,"情感态度与价值观"这一维度的教学目标与文本结合较为密切,但是"知识与能力"和"过程与方法"这两个维度的教学目标略显空泛,因其缺乏独特性而造成适用于这一类文章的教学给人一种"放之四海而皆准"的感觉。如果拓展开来看,这样的模式化还体现在许多方面。比如,高中阶段语文教材中的许多课文都会出现比喻、拟人等修辞,许多语文教师都会把这作为一个教学目标,在教学过程中反复强调,而不会因为学情、学段及文本的不同而进行有选择性的取舍。语文教学目标的模式化忽略了作为教学主体的学生的真实需要,单一地重复学习某些知识,这样做不仅浪费了很多时间和精力,而且收效甚微。

2.知识呈现情境化

知识需要融入情境之中,才能显示出生机活力,才能被学生理解和掌握。因此,在教学筹备过程中,如何能提高课堂教学效率、使学生充分融入语文课堂中,就是每一位语文教师需要思考的问题。

王昌龄是在现有可查文献中最早提出"情境"一词的人。他的《诗格》中提出了"物境""情境"和"意境"——"诗的三境"。这里的"情境"是指有情之境。除此之外,刘勰在《文心雕龙》中提出的"心物交融"和王国维在《人间词话》中提出的"境界",都具有"情境"的内涵。"情境"在《现代汉语规范词典》中的定义是:"具体情形的概括。"也就是特定的时间范围和空间范围内的众多具体情形的总和,它具有情形、景象、境况等含义。

语文教师在教学过程中,既可以通过多样化的多媒体手段来创设"情境",让学生有身临其境之感,也可以在师生的交流过程中产生思维的碰撞。前者是通过某种介质创设的"情境",后者则是看不见也摸不着的,是无形的"情境"。苏格拉底曾说过:"没有一种方式比师生之间的对话更能提高沟通能力,更能启发思维技能。"笔者认为,后者对教师和课堂提出了更高的要求。

情境建构包括两个方面的含义:一是情境的设计所遵循的原则和方式,可以用系统方法进行分析;二是情境定型后所呈现出来的姿态和效果,可以用接受美学原理进行分析。

在语文教学过程中,使用情境来展现语文知识是十分有利于学生进行知识理解和接受的。创设情境应从两个方面着手:一是从学生"理解"这个方面去创设;二是从学生"感悟"这个方面去创设。从"理解"入手创设情境,着重在于创设"问题情境"和"推理情境"。"问题情境"的创设要从三个方面考虑，即提供智力背景、引发学生的探究精神、切中"愤悱"之机。"推理情境"的创设要分清演绎情境、归纳情境和类比情境，三种不同的推理方式各有特点，要根据教学实际情况创设不同特点的推理情境。从"感悟"入手创设情境，着重在于"直观情境""想象情境"和"生活情境"创设。"直观情境"的创设要通过实物直观或物象直观来增强课堂的生动性和感染力；"想象情境"的创设要通过有感情的诵读体悟、生动的教学语言或填补空白的方式来激发学生的想象力；"生活情境"的创设可以通过改造课堂的现有场景、联系师生的生活实际或借助媒体模拟真实生活的方式来使学生产生共鸣。

（1）情境的主动性

情境建构具有主动性，需要学生在教师的帮助下主动完成。教师只负责提供一个教学情境或者帮助学生创设一个情境。并且，"在建构主义者看来，个体总是以原有的经验和认知结构来建构新的信息，而非简单的被动接收新信息在个体有选择地加工和处理或编码之后获得的意义，因为外部信息本身乃是无意义的"。在戏剧文本的教学中，比如创设问题导入情境，教师提出与戏剧文本内容相关的值得思考的问题，让学生带着这个问题进入文本的学习。再如，创建舞台表演，教师只为学生提供必要的帮助，最主要还是依靠学生自己组织排练、表演等，在这个过程中体会矛盾冲突和人物情感。也就是说，学生是情境建构的主要参与者和执行者，学生主动创设情境，主动融入情境，主动去获取知识、进行思考。所以说，情境建构具有主动性。

（2）情境的生成性

情境建构具有生成性，包括生成情境和生成意义。情境为新知识的学习提供了模拟的环境,使新知识处于一种"联系"的意义之中。情境激发了学生探究的热情,有利于教学主题的意义生成,进行自我主动建构。情境是由教师直接提供或者由师生共同创设的,之后就需要学生主动融入情境,并使自己原有的知识系统与情境建立联系。学生与情境互动起来,情境建构才是完整的和有效的。学生与创设的情境发生互动之后,学生的知识系统得到了新知识的充实并重新组织,学生的情感得到陶冶、态度得到纠正,这就是知识建构的过程,也是知识生成的过程。但是,情境是预设的而不是自然就有的,是具有弹性的而不是一成不变的,所以情境会随着学生反应的不同而随时发生变化。

从语文的认知策略目标来看,"该类目标着重陈述学生学完一定的语文课程后能够'怎么做'或'用什么方法做'。其心理机制是学生在学习和运用语文时,能否运用一定的方法调控自己的记忆、思维过程,用以提高学习和运用语文的效率"。加涅认为:"认知策略的教学设计必须根据'有利条件'进行,一般而言,有利条件是为认知策略的发展和使用提供机会的条件。"比如,高中语文教材中的戏剧文本多是节选,为了让学生更全面地了解和掌握文本,教师可以布置课外阅读的任务,让学生对选文没有选取的部分进行事先阅读,在课堂上通过复述的方式讲给其他学生听,这样不仅能够提高课堂学习的效率,还能锻炼学生熟练运用复述这种策略。

从语文的情感态度和价值观目标来看,"该目标着重陈述学生学完语文知识相关的语文课程后一定要明确文章'赞成或反对什么'或者说'倾向于什么'"。学生在学习和鉴赏剧本时,"能够感受到真善美与假丑恶的激烈冲突;能体验到真善美被毁灭时对心灵的巨大冲撞;也能从假丑恶的罪恶大暴露中提高自己的辨别能力"。例如,学生在学习《窦娥冤》时,能够为窦娥不畏强权、不屈不挠的精神所感动,也能鼓励学生在面对人生的挫折时能够勇敢地向前,不向命运低头。

也就是说,情境作为重要的语文教学手段,是目前语文教学过程中运用十分广泛的教学筹备手段,也是提高学生课堂学习兴趣的重要方法。所以说,教师应该将这种教学手段积极引用到课堂中,并在教学筹备阶段准备丰富的学习资源以供课堂使用。同时,这种方式还可以改善学生对于语文学习的刻板印象。很多学生经过多年的语文学习,总觉得语文知识有些枯燥,语文课堂教学更是乏善可陈。其实,语文文学是博大精深的,而语文课堂也可以是丰富多彩的,一切都需要从教学筹备开始改变,而有效课堂的系统构建也正是依靠教学筹备展开的。

3.学习方式多样化

有效教学设计改变了原有单一的、被动的学习方式,倡导发挥学生主体性的、多样化的学习方式,促进学生在教师的指导下主动地、富有个性地学习,突显学习过程中的发现、探究等认识活动,使学习过程更多地成为学生发现问题、提出问题、分析问题和解决问题的过程。

自主学习、合作学习、探究学习等都是学生目前常用的学习方式,也是实施新课程最为关键的环节。教师在学生自主学习、合作学习和探究中要充分调动学生的积极性,由原来的管理者、控制者、教员变为诊断者、培训者、教练、协调员,甚至是参与者。师生在相互支持、相互配合的良好气氛中都能得到愉悦的情感体验,从而获得更大的动力去达到更高的目标。

4.课堂组织形式多样化

教学设计的程序化、公式化、单一化最容易导致学生产生厌学情绪。所以,优化教学设计应注意超凡脱俗,使教学方法多样化,从而使学生在每节课都能感受到新鲜感。多样的教学方法整体设计应有戏剧性,教学方法设计要有多样性,加强人文化与幽默感,尽可能多地开展学习竞赛。

5.图式展现课堂小结

在建构教学理论中,最重要的概念是图式,图式指的是个体理解和认知世界的方式,是一个人的内在心理结构,因此学习的过程也就是建构图式的过程。课堂小结的作用不言而喻,方法灵活多样。但课堂小结毕竟已接近课堂教学的尾声,有些学生把它当成下课前的序曲,注意力开始分散。因此,课堂小结要组织学生共同参与,要围绕学习目标,用"关系图"来构建语文知识体系、学习的重难点,引起学生的注意。使课堂小结具有归纳引导、简洁明了、形象直观的特点,发挥画龙点睛、强化目标的作用。

近些年,很多理科科目都开始使用思维导图进行知识梳理,效果十分明显。其实,对语文教学而言,用图式进行课堂小结可以让学生以更为直观的形式认识课堂教学的知识内容,还可以帮助学生进行知识梳理。但是,需要注意的是,图式内容主要以知识框架为主,其中的细节还需要学生通过学习来自行填充。同时,针对难度较大的文言文学习,教师依然可以选择图式的方式来梳理整篇文章,这样不仅有利于学生理解文言文,还有利于学生对于文章的记忆和熟练掌握。

6.重视学生的参与、体验和探究

以往的教学是教师讲、学生听的"灌输式"教学,而新课程以学生的自主合作、探究为主要方式,把学习的主动权交给学生,鼓励学生积极参与教学活动。那么,教师就应在教学中创设丰富多彩的活动情境,让学生亲自实践、大胆探索。

天才只能在自由的空气里自由呼吸。心理学研究表明,人在轻松和谐的环境里,思维才表现得最活跃。反之,在压抑的环境里,在禁锢的课堂教学气氛中,很难产生创造性思维。所以,新课程设计必须注重营造宽松民主的课堂氛围。教学民主是建立宽松和谐的课堂气氛的基本条件。学生在民主和谐的气氛中学习,心情舒畅,思维始终处于积极的、活跃的状态,敢想、敢说、敢于质疑,勇于大胆创新,乐于发表意见。所以,教师在新课程组织中,要在营造宽松民主的课堂氛围上下一番功夫。

第四节　有效教学筹备的意义

精心的教学筹备是教师创造性地实施课堂教学和提高课堂教学质量的重要保证。新课程改革中,要求学生合作学习的同时,更要求教师在独立完成各项任务的前提下进行合作探究,以便发挥整体的最大优势,从而全面地提高教学质量。

一、提升语文教师的教学筹备水平

语文不仅仅是让学生学会课本知识、课外阅读知识,而且语文这门课程的外延很广泛,可以说学生在日常生活中随处可见的都是语文知识。但是,为了让学生学到更多的知识,为了更好地完成语文课程的任务,最要紧的就是提升语文教师自身的教学筹备水平,不论教师是否具备丰富的教学实践经验,备课方面都需要多下功夫。精心备课,语文教师可以更好地控制课堂,完成教学任务,提高教学质量。反之,教学效果是可以想象的,既浪费教师的时间,又浪费学生的时间,是失败的课堂。因此,教师想要取得良好的教学效果,必须重视教学的第一步,即教学筹备。语文教师应该认真分析当下的备课现状,找出教学筹备现状中存在的问题,认真归结成因,以期在分析成因的基础上有的放矢地提高自身的备课水平。

也就是说,有效的教学筹备首先可以端正教师的教学态度,保证教师在教学过程中积极、认真地对待每一项教学任务,并着力通过教学筹备来提高自己的教学质量和水平。同时,教师还可以通过教学筹备的不断尝试和改进来提高语文课堂的教学水平,并增加学生的课堂参与。并且,有效的教学筹备可以增加教师对于自己授课的自信心,给教师的课堂授课吃下一颗定心丸。因为,语文教学过程看似简单,实则蕴含着丰富的知识与文学素养培养,同时文学作品谈古论今,往往涉猎范围十分广泛。如果教师可以在课前进行有效的教学筹备,就可以适当扩充语文课堂教学内容,并能够从容应对、积极解答学生的各种提问。

二、提升教学效果,构建有效课堂

对于上课的内容烂熟于心,教师可以给予学生更好地引导。如果教师都不熟悉自己准备的备课内容,讲课的时候内容混淆,前言不搭后语,学生听得云里雾里,不仅学生学不到知识,更有甚者会阻碍学生的发展。例如,学习一篇诗歌,如果语文教师带着情感、抑扬顿挫地进行朗读,可以以"读"动人,学生在课堂上听得津津有味,便能吸引学生的学习兴趣。教师示范朗读,不仅能让学生学会朗读,更能利用抑扬顿挫的声调让学生体会诗歌的音乐美。反之,如果语文教师不认真备课,诗歌的朗读不到位,甚至没有学生读得好,则无法给予学生学习上的引导,更容易挫伤学生的学习兴趣。是否认真备课,不仅关系到教师的形象,更关系到学生的前途。语文教师要从根本上改变备课的态度,重视备课,相信能够在课堂上取得事半功倍的效果,也能够更好地促进学生学习。

教学筹备既要备在眼里、备在心中,又要备在口中、备在手上,它是教师创造性劳动的一个重要组成部分。虽说教学筹备是艰苦的劳动过程,但其中也充满着艺术乐趣。当你在这项劳动中真正付出心血、流出汗水时,就会得到收益、获得成功、感到欣慰、乐趣无穷。每讲完一节课,教师就要进行回顾、反思,做好小结。反思是备课和教案的重要组成部分,因它是在课堂教学实施之后进行,故称"课后备课",即通过教学反思对课前备课与课上实践进行总结经验,吸取教训,调整修改,充实提高,通过"备课—上课—再备课—再上课"这一过程,循环往复,螺旋上升。写教学反思实际上是对自己的备课及教学方案实施情况的总结。目前大部分语文教师先进的教育理念还未真正转化为自觉的教学行为,问答式、讲练式、低层次的讨论式仍是大多数教师首选的模式。教师要做到学用结合,注意与自己的教研实际紧密结合,随时撰写真实感悟和学习体会。教学永远是一种遗憾的艺术,而有效的教学反思是弥补遗憾的最好的方式。教学反思需要教师注意以下五点:

(一)成功点

主要是指课堂教学中的闪光点,如课堂上一个恰当的比喻、教学难点的顺利突破、引人入胜的教学方法等;又如,一些难忘的教学艺术镜头、新颖精彩的导语、成功的临场发挥、扭转僵局的策略措施、媒体的合理使用等。

(二)失败点

主要是指课堂教学中的不成功之处,如教学目标定位不准造成的"吃不了"或"吃不饱"的现象;教学引导的力度把握不适造成的"一问三不知"的僵局;教学方法选择不当造成的低效等。

（三）遗漏点

主要是指课堂教学设计中遗漏的一些环节或知识点，如教学衔接必需的知识点、帮助学生理解课文的背景材料、拓展延伸的内容等。

（四）补救点

主要是指课堂教学中教师讲解知识的谬误之处和学生反馈的差错处，如教师指导不到位，学生作业中出现的有代表性的错误、特殊的错误和普遍存在的问题等。

（五）改进点

主要是指课堂教学中经过微调可以追求更高效益的地方，如更合理地分配讲与练的时间、更恰当地选择例题、更完美的板书设计、更科学的媒体选用等。

综上所述，教学筹备并不是孤立的教学准备过程，而是一个系统、严谨的准备过程。同时，也是教师将课本知识、教学手段、教学设备、学生学情、教学反思相结合的有机整体。可以说，教学筹备过程中的任何一个环节的缺少和遗漏都将造成整个后续教学过程的失败。因此，教师应该重视教学筹备，并积极准备筹备工作，为有效语文课堂的构建提供巨大能量。

第三章　有效的知识预习

　　课前预习是一种学生自主进行先学的学习方式,学生长期在文本预习中独自发现问题、分析问题、解决问题的尝试,可以有效增强学生的自主、合作、探究意识以及有效提升学生的逻辑思维能力。与此同时,伴随新一轮课程改革提出语文教学要努力探寻"自主、合作、探究"的学习方式,使课前预习这一较为先进的学习方式在一定程度上更加鲜明地体现了高中语文课程标准的诉求,从而使课前预习这种学习方式也逐渐提上议事日程,促使语文教育专家、学者、一线语文教师都相继涌入探寻课前预习优化方式的行列中,也取得了丰硕的成果。然而,面对现实教学,前人关于课前预习的策略仍有许多不足的地方,这些引起了笔者的关注和重视。

第一节　有效预习的理论基础

在语文教学开始之前,教师需要进行教学筹备,而学生则需要进行课前的知识预习。随着当今世界科学技术的飞速发展,科技的进步和创新越来越被国家重视,创新型人才的培养越来越被教育看重。国家宏观层面的引领,使得对微观教学方面的切入更加严格。进入高中阶段,语文课文内容的编制虽然体现了由易到难的编制规律,符合青少年的身心发展规律及认知规律,但是其难度还是要比义务教育阶段语文的内容难度增大了许多,尤其牵涉到各种题材、文体的课文,一篇课文要想使学生完全理解,至少需要一两节课的时间。而受高考指挥棒的影响,语文学科因其自身教学效果的长期性、潜伏性因素,无形之中更加导致其要为其他学科的学习时间让步,使得语文教师只能把需要五六节课完成的教学目标压缩至一两节课完成,这样显然无法在课堂上腾出更多的时间进行"自主、合作、探究"的学习活动,自然不可能真正达到教学目的。于是,很多教师自然而然地开始在课外让学生提前预习即将要进行讲解的新课文作为课堂教学效果提升的解决之道。

另外,语文课文并不像数学、物理、化学、生物那样被严谨的逻辑性知识所贯穿,它则是由大量的言语性知识编制而成,并且这些言语性知识附加了作者的思想感情,同时这些文本知识又与生活紧密相连。如果单纯靠教师的课堂讲解,学生自身由于受教师先前讲的类似知识的束缚,容易造成"思维定式，先入为主"，从而导致学生很难深入地体会作者的立意，对文本的理解也仅仅停滞于肤浅的层次，无法达到教学目的。但如果有一种方式能使学生率先阅读文本，与文本进行灵与肉的交集，再加上教师课堂的讲解，就能轻而易举地达到教学目标。

而实现这些目标，课前预习是一个很好的方法。随着世界经济一体化、信息多元化、知识经济时代的到来以及终身教育思潮的影响，培养创新型人才、养成自主学习的方式和习惯便成为一种必然。语文作为具有人文教育意义且蕴含中外人类优秀文化的学科，应主动担负起培养学生的创新性、思辨性、解决问题的方法和能力的责任。同时，知识预习作为学生自主进行语文知识学习的第一步，不仅关系到学生对于语文知识的初步认知，其结果也会直接影响到教师在课堂上的教学过程。可以说，学生在语文课下的自主知识预习过程，对于语文课堂有效的教学系统构建有着巨大的作用和意义。因此，教师应该积极动用教育资源，培养学生的预习习惯，并结合目前学生预习过程中的问题加以分析和总结，给出具有针对性的改进建议，以便完成高中语文有效教学系统的构建。

其实，学生从上学伊始，教师就开始要求学生进行知识预习了。语文科目作为基础学科，其重要性不言而喻。而长久以来，学生对于语文科目的预习主要集中在课文通读、重点字词圈画、自然段标号等方面，学生认为只要是读过课文就是完成预习工作了。其实不然，预习是一个复杂的学习过程，是学生通过自己的学习能力来寻找问题、发现问题并解决问题的过程，也是正式上课时直接影响课堂教学质量的过程。因此，教师应该重视学生预习能力的培养，争取使学生建立高效的课前预习学习机制。因为，课前的知识预习不仅关系到学生的课堂学习状况，也直接影响到语文有效教学系统的构建。

在春秋战国时期，我国著名教育家孔子在《礼记·中庸》一书中就曾提出了"凡事预则立，不预则废"的观点；我国近代思想家梁启超先生也曾就预习提出"不预习就不讲授"的论断，在一定程度上率先肯定了预习的作用；朱自清先生在《中等学校国文教学的几个问题》中提到的"五步教学法"，相对完整地叙述了学生课前预习、课堂反馈、反馈方式、师生通过交流解决预习及课堂中存在的疑惑，在一定程度上为预习这种学习方式的完善奠定了理论基础；黎锦熙教授从教学程序的角度，把国语讲读划分为三段六步，其中把预习单列为第一位；教育家江山野在其著作《我在中学国文教学中找到的方法》中提出的"五阶段教学过程"，把学生课前预习当成很重要的一步，并针对学生在预习中的疑问进行了有针对性、有重点的讲解；此后，倪贺雷提倡苏联的教学精神，认为教学中不能太强调预习；潘开沛则认为教师进行教育教学的第一步，就是教师首先要对预备布置给学生的预习内容有一个足够的了解，还要明确预习的方法，在教师布置给学生预习内容时，顺便可以把预习方法教给学生，然后等学生预习完后，上课时师生共同讨论交流。此后几十年，诸多专家学者都或多或少地对"预习"有所涉及，但其重点大多止于对"预习"定义的解释、预习重要性的阐释，而对于把预习纳入课堂教学的其中一个环节、预习的内涵以及怎样有效地实施预习却并未过多涉及。

国外对课前预习的研究，起源于学生的一种主动自学的学习过程。国外的专家、学者对课前预习的相关研究早已有之，并取得了一定的成效。19世纪初，德国教育家赫尔巴特在其《普通教育学》一书中关于教育教学提出了"五段教学法"，其中第一步就谈及"预备"，可见预习不论是在中国还是国际教育过程中都是十分重要的。

其实,人类天然就有一种主动学习未知事物的欲望,如果在学习中能够充分发挥这种天然主动学习的倾向,学习效率将事半功倍。笔者认为,学生的学习更侧重于积极主动地利用自己头脑中原有的模式对未知的新事物进行探索,同化或顺应,进而使自己获取更多、更灵活的知识,而学生被动地接受知识,学到的知识将很难被永久记忆,在遇到问题时也很难举一反三地灵活调用知识。同时,学习过程理应是学生自己在学习过程中独立发现知识、审视知识的魅力、审视知识之间本质的联系,进而追根寻源、顺藤摸瓜、破疑解惑、获得新知的一种过程。

一、预习的内涵、类型及特征

课前预习作为一种学生预先自学的学习方式,通过自学能使学生有效提高自己的自主探究能力和接受新事物的能力,同时也为提高课堂教学效率提供了便利条件。为此,近年来,诸多语文教育专家、语文教育一线工作者、语文教育专业硕博生,都相继对语文课前预习进行了诸多研究,但亦存在不足。笔者试图对当下高中语文课前预习进行研究,通过分析当前课前预习的现状及归因,提出适合高中生的语文课前预习优化策略,以不断丰富语文课前预习的理论,把理论更好地运用于教育教学实践中,争取发挥它最大的作用。

纵观我国的知识预习情况,笔者发现,我国的语文教育关于预习的理论研究并不少,但是实践研究较少。笔者认为,这主要是因为知识预习的把控较为困难,因为这部分学习工作是由学生自主在语文课前进行的,因此教师不能直接监督和了解学生的预习情况。但是,知识预习的效果可以直接反馈到语文课堂上。如果学生在课后积极预习,结合教师教授的有效知识预习方式进行语文课文预习,那么在实际课堂上,学生的课堂积极性将会明显提高。同时,因为准备充分,学生还会积极跟随教师的教学步骤,积极回答教师提出的各种问题。相反,如果教师发现学生在语文课堂上无精打采,不能跟随教师抛出的问题积极思考并回答,那一定是学生的课前预习出现了问题。因此,教师应该在日常教学过程中努力鼓励和培养学生的预习习惯,并将科学的预习方法传授给学生,使学生在正确的预习方法帮助下顺利完成知识预习工作,建立有效的预习机制。

(一)内涵

预习是一种学习方法,也是教师帮助学生建立的有效语文学习手段。关于预习的概念,不同的文献著作、硕博论文、教育专家都对预习做了不同层次、不同种类的界定。叶圣陶先生将文本的预先翻查、分析、综合、体会、审度等称为预习,并指出预先事项的不同视文本、题材的不同而定。王文彦、蔡明认为,语文预习就是学生预先阅读文本,通过阅读筛选出文中的重要信息,然后再结合自己头脑中原有的旧知识进行分析、判断、推理、评价、反馈,在新旧知识之间进行"同化"或"顺应",合成新知识的一个过程。在这个过程中,重点强调学生的独立性,至于对于预习是否需要教师的明确指导以及预习情况的检测则不涉及。艾发其认为,语文预习就是在教师的指导下,学生所进行的一种浅层次的阅读文本的活动。笔者认为,预习是在教师讲授新课、学生学习新课之前,教师有目的、有计划地布置给学生适量的、不同难度的、适合不同层次学生自学的作业,使其在旧知识的基础上,通过对文本进行翻、读、查、划、注、标、记等一系列浅层次的理解掌握以及深层次的自主探究、分析、思考获得新知识,为实现"以学定教,先学后教"的一个课堂教学环节。

"一千个读者眼中有一千个哈姆雷特。"在接受美学看来,读者的阅读才使文本的价值和意义得以实现。进入高中阶段的大部分学生,虽然思维能力和审美水平都有一定的提高,对教学文本的阅读和感悟有了更高的要求、更多的见解,但高中的课堂容量大、节奏快,一些学生无法适应,更需要预习为他们打开一扇窗。因此,教师应该结合语文课程的预习,提高学生的课堂学习效果,并增强语文有效教学系统的构建效果。

(二)类型

在笔者看来,以预习的进行时间进行分类,知识预习的类型主要由两大类组成,即家庭预习和课前预习。这两种预习方式的最大区别是知识预习的进行地点不同,前者是需要学生在家庭中进行的预习活动;而后者则是在教师的指导和帮助下,利用正式上课前的几分钟进行知识的梳理和问题的思考。这两种类型的知识预习活动都是十分重要的,并没有优劣之分。同时,课前预习可以帮助学生建立良好的预习模式,也就是借助问题进行知识预习,如果学生可以通过课前预习掌握这种预习模式,对于提高学生的家庭预习能力将大有裨益。

1.家庭预习

家庭预习是知识预习的重要场所,也是学生自主进行知识掌握的最重要学习步骤。在进行家庭预习的过程中,学生首先要通读课文,结合自己的阅读习惯,对课文中的重难点知识进行标注;其次,学生可以调动自己头脑中以往的语文知识,并初步进行课文中问题的梳理和解答;再次,学生可以通过互联网等多媒体工具进行知识查找,这部分的学习应该包括文章创作背景和作者介绍的查找;最后,学生可以结合课本后面的问题进行课文的总结性学习。

经过上述的学习过程，学生的家庭知识预习基本就告一段落。可以说，家庭知识预习是学生进行知识预习的最重要方式，也是有效语文教学的重要推动力量。但是，很多学生并不能正确掌握家庭预习的完整学习步骤，这就要求教师严格按照学生的学习能力来合理布置，帮助学生建立适合自己的家庭知识预习步骤。

2.课前预习

课前预习主要是指在教师的干预和指导下进行的知识预习工作，在这一学习过程中，不同于学生自主进行家庭知识预习的阶段，教师应该有意识地选用介入的方式来帮助学生进行知识理解和问题引导。因此，教师应该通过独特的问题设定和提出来吸引学生进行课前知识预习。需要注意的是，与家庭知识预习不同，课前预习针对的是全体学生，教师的问题设定要符合绝大多数学生的理解能力，可以调动绝大多数学生的学习和思考积极性。可以说，课前预习虽说主体依然是学生，但是抛砖引玉的却是教师。只有教师的问题设定合理、能够有效吸引学生的思考、提高学生课堂预习参与的积极性，才是优秀的课前预习问题。

（三）特征

知识预习的特征是显著的，也是其重要性的体现。通过查阅国内外相关预习的文献资料，并结合笔者的亲身实践，大致认为预习的特征包括先行性、自主性、双重目的性、差异性、主体性。

1.知识预习的先行性

从教学程序来看，课前预习伴随新课改实施以来，随着诸多一线教师对课前预习的重视程度的提高，他们逐渐把"课前预习"纳入教学环节中，并把它提升到与"课堂上课、课后复习"同等重要的位置上，三个环节不能相互调换、厚此薄彼,从而决定了预习在教学程序上的先行性。从学生的学习步骤来看,学生在教师讲授新课之前,利用自己原有的旧知识进行率先学习,在率先学习的过程中,学生积极调动主观能动性,进行率先的阅读感知文本、率先的深入思考,使学生对文本有一个整体的把握,这样可以增强其听课的针对性、实效性。

2.知识预习的自主性

预习主要是指学生的自主学习过程,在学生进行预习实践活动时,可以自主利用所有语文知识预习有关的学习资源,包括在家预习环境的自我营造。在预习的过程中,遇到疑难问题、百思不得其解时,学生可以独立利用网络查找相关预习文献资料、视频课程资料、电子音像图书等,通过这些资料进行知识迁移、破疑解惑、获得新知。此外,在预习过程中,学生可以采取元认知策略进行预习、自我调节预习情境、自我调控预习进度、自我管理预习时间、自我监测预习效果、自我调控预习策略等。

预习的自主性还是进行预习活动的题中之义。正是因为预习是自主性的,学生在预习实践活动中才可以放开自己的身心,开拓思维的疆域,放开情感的束缚,利用自身的经历、阅历、情感体验对文本进行个性化解读,有利于学生情感态度与价值观的培养。同时,在解读文本的过程中,遇到疑难问题,学生独立发散思维,寻求解决疑难问题的方法,有利于培养学生分析问题、解决问题的能力。一旦问题通过自身努力独自解决了,又可以增强学生的自信心,从而更加有助于学生自主探究能力的提高。因此,自主性是课前预习的一个重要特征。

3.知识预习的双重目的性

教师上课前需要做好教学设计,还要了解学情。而学生要想有针对性地听好一节课,必须提前阅读课文内容。那么,教师了解学情需要通过学生的课前预习反馈来获取相关信息,而学生提前了解课文内容需要进行课前预习。在进行预习活动的过程中,对学生而言,学生阅读课文、查找生字词、寻找重难点,对于在预习过程中能解决的问题在课堂上简略讲述,将课堂教学时间有效规划;对于在预习过程中通过质疑问难、开动脑筋、查阅相关资料,依然无法解惑的问题难点进行详细讲述,这样就实现了学生在课堂上有针对性地听课。因为对课文有针对性、有选择性地讲述,为学生节省了课堂上的时间,为在课堂上"自主、合作、探究"活动的展开提供了充裕的时间和机会,使学生能在一片轻松和谐的学习环境中学到真知识、活知识。对教师而言,教师通过学生预习情况的反馈,能更好地了解学情,有助于化解课堂预设与生成的冲突,从而提高教学质量。

4.知识预习的差异性

首先,从事预习活动的学生自身是有差异的,学生自身的差异体现在男女性别的差异、学生心理发展与生理发展的差异、学生的人生经验与体验的差异、学生家庭环境的差异。其次,教师预习指导内容的设置要因人而异,尤其是对高中语文课前预习而言,因为语文是集言语内容于一体的一门学科,需要学生自身对文本进行个性化解读,学生自身各方面的差异,导致其对同一形式的文本的解读是千差万别的。因此,作为教师,在对学生的预习内容进行指导时要因人而异、分层设计;在对学生预习后的情况进行检测时、在适时合理地调整教学设计时以及在灵活地组织课堂教学活动时,都要时刻考虑到学生预习的差异。最后,教师预习指导内容不同文体的差异性。由于记叙文、议论文、说明文、文言文每种文体自身各有特点,大纲对不同文体的学习目标和要求也有所不同,因此要求学生预习时,也要根据不同文体设置不同的预习内容,教给学生不同文体的预习方法。

5.知识预习的主体性

高中阶段的学生处于"青年早期",生理发展日趋成熟,心理发展相较于初中阶段也有很大的飞跃,具体表现在容易封闭自我、有强烈的孤独感、渴望被理解、极力想摆脱束缚、自我意识增强等。高中生不像义务教育阶段的学生容易对教师产生依赖,他们往往厌倦教师的苦口婆心、过细讲解,希望有独立思考的空间和在充分思考下畅所欲言的机会。高中课本中的阅读篇目大多出自名家之手,无论是字词的锤炼还是内涵的揭示都需要仔细品读、认真琢磨,如果在上课之前没有学生的自主思考,那么课堂上鸦雀无声就不足为奇了。预习能够最大限度地激发高中生表达观点的欲望,从这个层次来说,高中语文教学过程中的预习甚至比义务教育阶段的预习更为重要。

预习全过程的实施,都是让学生独立进行,教师和家长在预习活动中主要起引导与辅助的作用,努力为学生创设良好的学习情境,让学生尽情发挥与思考,而不横加干涉与过多指导。这充分体现了"以学生为本"的学习理念,充分尊重了学生的人格,确保其人格的独立,确保其在学习中的独立性,在一定程度上展示了学生在预习过程中的主体地位。因此,预习的主体性也是预习的一个特征。

二、预习的理论基础

(一)布鲁纳的"发现式学习"

教育学家布鲁纳认为,学生进行学习和知识了解的原理和原则固然重要,但是最为重要的却是学生对于发现式学习的态度。也就是说,学生需要在预习过程中积极探索新的文学情境,在其中发现新鲜知识,并依据这些知识假设、推测知识中的相互关系。最终,学生需要结合自己的学习能力、已解决问题和发现新事物的学习态度来完成知识的探究和学习。

这种学习模式对知识预习而言,恰好严密符合了预习自主学习的步骤,也是学生进行知识预习的重要探索过程。这种发现式学习方法主要包含五个学习阶段:第一个阶段是创设问题的情境,学生在语文文学情境中发现矛盾,并寻找出矛盾中亟须解决的问题;第二个阶段是学生需要利用文章中的、自己查找的资料来提出问题的假设;第三个阶段是通过文章的详细阅读和实践来检验自己的假设;第四个阶段是自己分析自己得出的问题结论,并将结论带入到文章中进行对比和分析,验证自己的结论;最后一个阶段是学生通过预习过程的完美实现,总结自己的预习过程,并结合问题的解答过程来提炼相关知识,总结和概括同类问题和文章的预习方法。

(二)马斯洛、罗杰斯的人本主义学习观

罗杰斯提出以学生为中心的自由学习原则。他强调在学习活动中要以学生为本,尊重学生的主体地位,让学生自发地进行学习活动,在学习活动中调动他们的个体能动性,通过积极思考获得新知,在这个过程中,会使学生的探究能力和逻辑思维能力有所增强。而一旦通过学生自身的努力获得了新知,将会增强他们的自信心和成就感,从而使其再接再厉,更加努力地投入预习的活动中。

人本主义心理学特别重视"人"在学习过程中的作用,明确学习者的主体地位。只有学习者愿意自主学习,才能真正全身心地投入学习活动中,积极思考。可见,人本主义学习观认为学生自主、自发、自动地学习很重要,认为这是学习的重要品质,能够使学生的思维质量得到提高,也是学生获得学习动力的源泉。而预习的作用和目的也就是培养学生学习的自主性,培养学生自发、积极地学习。

因此,这对预习设计提出了很高的要求,预习绝对不是预先浏览文本、简单地了解大意、完成几道题目就可以了,它需要引导学生通过教师精心设计的预习内容而愿意接近文本、阅读文本,并欣赏作品的内容和价值。尤其是高中语文的预习设计,在很多学生对语文学习缺乏足够重视的情况下,如何激发学生的兴趣、勾起学生的预习欲望显得尤为重要。

(三)斯金纳的强化理论

斯金纳利用人或动物的心理需要,认为正强化手段更能使某种期望的行为活动得以持续发生或重复出现,而负强化手段是对人或动物的心理造成不好的影响,而使某种期望的行为活动强度减弱或不能持续出现或永久消失。高中生处于青少年阶段,由于其本身有得到正面评价的心理需求,因此预习习惯的养成可以采用正强化手段。

(四)最近发展区理论

维果茨基提出最近发展区理论,他认为人类有两种发展水平,一种是其自身现有的水平,一种是通过他人的指点后所能达到的更高的水平,两种水平的区间距离就是最近发展区。因此,他提倡通过学生预习到达自身所能达到的水平,而通过课堂上"自主、合作、探究"方式的学习,使学生在预习中的疑难问题得以解决,达到最近发展区更高的水平。

(五)现代认知学习观

现代认知学习观强调旧知识与新知识的密切联系,认为在旧知识的基础上将新知识建构出来,这个过程就是学习。这和我们提倡的预习是不谋而合的,预习就是一个通过自己的发现把新知与旧知同化的过程。这种

"发现"的能力，就是自学的能力，就是"学会学习"的能力，这种能力不仅会在学生的学校教育阶段发挥巨大的作用，而且在一个学生的终身教育中也是必不可少的。

由此可见，教师根据学生现有的认知情况来设计预习，在此基础上，设法激活学生原有的认知结构和认知水平，使学生善于学习，敏锐地捕捉到旧知识与新知识的连接点，以极大的热情期待对新文本的解读是我们亟待努力的方向。

实践是检验真理的唯一标准。可以说，再多的理论指导也不如教师实践推动学生进行知识预习活动。有效的预习活动可以显著提高语文课堂教学的效率，也可以增强学生的知识学习效果。因此，教师应该积极培养学生的预习习惯，不论是家庭预习还是课前预习，都需要结合学生的学习情况和语文课文进行知识的初步理解和掌握，并积极渗透文章的背景知识，以深化学生的认知和理解。相信在教师的合理引导和推动下，学生的知识预习行为将越来越高效，并对课堂教学起到积极的推动作用。

三、有效预习的含义

前文已经提到过预习的含义，那么究竟什么是有效预习呢？在笔者看来，有效预习就是学生通过课文阅读，结合文章的知识进行观察、梳理、识记、联想、想象、辨析、比较和总结等一系列学习过程。有效预习是保证每一个预习过程都有效实现，也是学生使用科学的语文学习方法和思维模式来主动进行知识学习的过程。有效预习是提高学生自学能力的重要方式，也是提高语文课堂教学系统有效性的必要学习过程。

（一）自读能力

在教学过程中，教师常常会提到"授人以鱼不如授人以渔"，意思就是在教学过程中,直接将知识传递或展示给学生,远不如教授学生科学的学习方法更重要和更有意义。因此,教师在教学过程中,教给学生知识预习的自读能力,帮助学生建立科学的预习自读方法,对于提高学生预习能力是十分有必要的。在自读能力的培养过程中,学生需要从知识查阅、课本勾画、知识批注三个方面建立自读能力。可见,学生的自读能力并不是与生俱来的,而是需要借助知识积累和教师及时的帮助和指导才能实现的。

(二)知识查找能力

在学生的知识预习过程中,必然会涉及知识的查阅和查找过程,这就需要学生结合字典、互联网等进行知识的查找,并将找到的知识进行梳理和整合,进而应用到自己的预习过程。例如,学生可以在预习过程中,对于自己不认识的生字加上拼音与注解, 对于自己觉得写得好或有深意的句子进行标注并积累阅读感悟。这种知识查找能力与注解能力相辅相成,也是提高学生知识预习能力的重要步骤。

(三)问题解答能力

在知识预习过程中,学生需要结合自己的预习情况来解答课后问题和自己发现的问题。在这一过程中,学生对文章的理解又会随着问题的解答而不断深化。同时,学生的问题解答能力也在知识预习的过程中不断完善。因此,知识预习不仅可以提高学生对于一篇课文的理解和掌握能力,还可以提高学生的问题解答能力和文学素养。

(四)总结提高能力

在知识预习的最后,学生需要结合自己的预习情况进行知识总结和完善。预习的目的是让学生对于语文知识进行初步掌握,通过自己的能力来尽力实现对语文文章的理解。在这一学习过程中, 学生不仅收获了知识，还提高了自己的语文自学能力。因此，预习结束后的总结不仅是知识的提高，也是技能的提高。

第二节　高中预习现状及问题

有效预习的构建不仅需要教师的有效指导，也需要学生的积极配合。在高中语文教学过程中，学生的学习习惯经过义务教育阶段已经基本养成，但是，这不代表教师不能通过教学观念的转变和教学意识的传递来帮助学生建立良好的有效预习观念。因此，笔者结合自己的教学经验和教学观察，总结出目前高中语文教学过程中预习存在的各种问题，这些问题有些是教师的问题，有些是学生自身的问题。反思是进步的有力助手，只有合理反思，才能实现预习水平的有效提高。

一、教师在有效预习中存在的问题

很多教师在高中语文教学过程中容易陷入一个教学误区，认为预习是学生的事情，教师并不能起到任何作用。因此，很多教师只是口头对学生提出预习要求，至于学生预习不预习、如何预习、预习的效果怎么样从不过问。但是，这其实是一种错误的教学理念，预习任务看似是学生在执行，但是却切切实实会直接影响到教师的课堂教学，也会直接作用于有效教学系统的构建。因此，教师应该摆正思想，重视预习，并通过引导来帮助学生高效完成预习任务。

首先，随着国家创新驱动发展战略的实施，迫切需要吸收高新技术人才。而似乎通过以分数为导向的高考来选拔高新技术人才有所偏颇,但是高考制度的存在在一定时期内有一定的合理性,使得教师把提高学生的学习成绩作为首要任务。对大多数教师甚至学校领导而言,预习是浪费时间的,并且脱离了提高分数的教学目标,教师将会受到同行嘲笑和学校领导的责难,还会白白增加学生的负担,与"减负"背道而驰。

其次,教师多重的角色,使教师尤其是男教师压力重重,既要照顾家庭,又要教好、教育好、管理好学生的日常学习和生活。再加上当下教师的工资待遇过低,微薄的收入作为家庭主要的经济来源,同时面对居民消费水平的提高和物价飞涨,家庭的负担迫使教师不可能把全部精力投入教学中。并且,学校又不太支持学生课前预习,认为其是在做无用功。

再次,在应试教育大行其道的今天,使得学校以分数为导向的校园氛围颇为浓重。那么,在以分数为导向的高中校园环境下,语文自身由于其潜在的长期性及潜伏性特点,导致其分数的高低难以用短时间的努力来提升和衡量。而其他科目,如与将来就业面宽且比较实用又能快速提分的数、理、化、生科目相比,语文科目的劣势则颇为明显。因此,学校领导在分配学科任务时,就把本应该给予语文的正当学习时间挪用给其他学习科目。在预习上也是如此,即便学校支持学生预习,也会通过各种手段促使任课教师在语文预习上的时间大大缩短。预习时间的缩短,致使好的预习效果遥遥无期,造成教师对学生的预习指导和反馈不积极等问题。教师流于形式的指导,其结果就是学习水平程度好的学生认为预习题过于简单,没有预习的必要,时间久了其骄傲之心日渐膨胀;而对于学习水平差的学生,遇到预习中的难题就开始妥协,认为太难了不可克服,也只有等上课时教师帮忙解惑。久而久之,使学生越来越缺乏自信,其主动参与学习的积极性也会大大降低。

最后，当然教师对于预习不重视也与其自身的教学技能及专业水平是分不开的。教师缺乏对不同文体、题材预习方法的指导，或许是教师自身对不同文体、体裁的预习方法也没有掌握牢固，所以不能熟练地教给学生，担心学生提出太多问题把教师问到"哑口无言"。

(一)教师缺乏对预习的指导和反馈

有数据分析显示，教师缺乏对学生的预习指导。即便是有责任心的教师，对于学生的预习指导也是蜻蜓点水、浅尝辄止，要么直接让学生对着课后练习题进行课前预习；要么不考虑不同文体、题材的预习内容的区别，而设置一套终结性预习模版，让学生每篇课文都按照这个模板进行预习；要么不顾及学生的个体性格、学习水平的差异而粗略地设计预习模版。对于预习的检测，大多数教师就是口头提出，却没有真正实行过。只等偶然想起来的时候，才开始对学生的预习进行突击检测。但是，检测方式也多局限于单一的口头式提问，或者是死板地做练习题、模拟题，几乎很少积极地组织学生进行小组合作、交流疑难问题。

对于预习与课堂的衔接，很多教师认为根本没用，而有的教师则更加懒惰，认为学生预习完成后、检测后便万事大吉，根本不想再去根据学生的学情来调整自己已精心准备好的教案设计。此外，众所周知，学生的预习大多是在家里完成，但是很多教师却不注意与家长的沟通交流，只让家长在家督促孩子完成预习。

(二)教师指向不明

笔者在教学调研过程中发现，绝大多数教师都能意识到课前预习的重要性，也会提出让学生进行课下预习的要求。但是，很多教师的教学指向并不明确,这就导致学生陷入预习误区,不但增加了学生的预习负担,还很容易耽误学生的学习时间。

1.不明确要求学生预习

通过调查可知,约四分之一的教师不会明确要求学生预习,这是一个相当大的占比,可见语文教学预习现状不容乐观。教师往往觉得学生已经具备了丰富的学习经验,肯定会自己在课下进行知识预习的,因此教师并没有明确提出预习的重要性,渴望学生利用自己的自觉性去完成预习学习任务。这种情况的出现主要是因为教师忽视了预习的意义。其实,预习对学习能起到事半功倍的效果是毋庸置疑的,我们首先要肯定这个意识,再着手寻找正确的预习方法,让学生在更少的时间内取得更好的效果,既能提高学习成绩、培养自学能力,又不能给学生增加太多的负担。

所以,教师要从源头上认识到预习的重要性。只有教师意识到了预习的重要性,才能教给学生,让学生在头脑里形成"预习很重要"的印象,促使学生主动预习。当教师在头脑中承认预习学习过程的重要意义,就能积极安排学生进行预习。

2.要求预习却不提出有效要求

语文教师群体中认为语文教学不需要预习的人毕竟是少数,绝大多数教师都认为预习很重要,但意识上的认同并没有落实到行动上。教师要求学生预习一篇课文,但预习的内容往往是含糊的。教师必须清楚通过预习可以达成什么样的效果,如果教师不清楚,学生也一定是糊涂的。

为更有效地探讨这一问题,笔者曾经做了一个试验。在讲《获得教养的途径》这篇课文之前,笔者对两个平行班提出了不一样的预习要求,对B班的学生仅仅提出"把课文看一遍"的要求,而要求A班的学生思考了几个问题："本文的论点是什么？你能找到哪些论证方法？对文章哪些地方有疑惑？"设计的这几个问题是基于学生掌握了相关的论证方法，而且课文中难理解的地方正是运用了比喻论证，如果学生读懂了，自然能找到相关的论证方法；若没有找到，则证明学生没有理解。所以，这些问题既能让学生温故而知新，理解文本，又能捕捉到学生的薄弱点，使课堂重点突出，同时还不需要耗费学生太长的时间，可谓一举多得。课堂上两个班的差距极其明显，由于文本有难度，仅仅读了一遍的 B 班课堂气氛沉闷，学生木讷茫然，平时活跃的学生也反应迟钝，教师累，学生更累。而 A 班则呈现出完全相反的风采，因为有效的预习，课文难度没有成为他们思考的绊脚石，而是激发了学生在课堂上不时思考的热情，碰撞火花，气氛轻松，效果颇佳。由此可见，预习不仅仅是一句简单的要求，它需要教师精心设计。

教师在教学过程中，不仅要重视预习的意义，更要对学生明确提出预习需要解决的问题，使学生带着明确的学习目的进行预习学习。因为，在这种情况下，学生更容易投入预习学习过程中，并从课本中找出自己探究的问题答案。

（三）缺乏有效的评价机制

教师在平时的预习工作中，必须要把好检查预习这一关，不能偷懒敷衍，要真正地从检查中发现问题，并由师生共同解决，这样的阅读教学课前预习环节才算完整有效。高中教师的工作量很大，上班时间被备课、上课、批改作业占领，不少教师还不得不将工作带回家。可是，预习也是作业，有布置必有批改是对教师工作的基本要求，只不过以习题狂轰滥炸的课前预习由于题量较大，教师才会感到来不及，只布置不检查。教师可曾想过，枯燥的题目、放羊式的预习，最终能够完成预习作业的又有几人？高质量完成预习作业的又有几人？缺乏监督，或许有学习意识的学生能够得到更好的发展，而其他学生则失去了许多锻炼自我的机会，导致了他们自身的发展缺陷。

因此，要想阅读教学课前预习有所成效，必须进一步加强评价和发现，形成体系，严格检查学生的预习作业，并帮助学生纠正预习中存在的问题，不断提高学生的语文预习能力与效果。

二、学生在有效预习中存在的问题

笔者通过课下了解得知，学生课前预习时间普遍较短，不足10分钟有之，不超过半个小时者居多。众所周知，语文课文除了篇幅较短的五言绝句、七言绝句、五言律诗外，其他的像科普文、记叙文、小说、戏剧，单不说精读细读，就只粗读略读一遍，恐怕10分钟也不足以了事。再加上不认识的生字词，需要查字词典、划分段落，半个小时解决一篇课文的预习几乎不大可能，即便做到了，也差不多是走了个形式而已，换言之就是停滞于浅层次的预习。而浅层次的预习效果如何，一目了然。浪费了时间、没有取得预期的效果不说，还相当于在空耗生命。记得某位伟人曾说过这样一句话："要做一件事，就要决心把它做好，如果一开始就抱着侥幸的态度，那么请停下来，因为你不可能做好。"学生没有充裕的时间进行课前预习，对于预习仅仅停滞于表面的查找生字词、勾画重难点、段落层次等一些发生在颈部以上的预习形式，从来没有认真地对文本进行深层次的挖掘、思考与反思，也没有针对疑难问题通过自己主动查找资料进行质疑、思辨、解疑；预习缺乏引导与激励，预习机制不健全，感觉题目稍难，立马知难而退，把一丁点的疑难问题留给了课堂，等待教师上课解答；甚至有部分学生习惯投机取巧，抄袭其他学生的现成答案等，导致大部分学生很少主动对预习效果进行自我检测，在课堂上也很少与同学进行预习交流的实践活动。总之，学生对预习就是马马虎虎、走马观花、过形式。

学生自身作为预习活动的主体，其在预习中不重视课前预习以及低效无效的预习现象的出现是由多种因素导致的，具体有以下四个因素：

(一)学生没有掌握预习的方法

学生没有掌握预习的方法，教师无论再怎么积极地指导学生预习，也是无济于事。预习效果的取得需要学生自身掌握预习方法，并且最终还是要靠学生自己根据自己的不同情况，寻找一套专属于自己的预习方法，教师教给学生的预习方法毕竟是从教师的角度来总结的，并不见得适合于每一个学生。而在预习中较为常见的现象是学生对于文本的预习大多是搬出字典查查生字词、标标读音、画画重难点、对于不懂的字标注上释义、划分段落，对于文本的中心思想和写作特色，大多数学生则参考辅导资料进行记诵。这样的方法只能说学生对于浅层次的预习做得淋漓尽致，但对深层次的预习却并未涉及。譬如，没有开动学生的脑筋进行发散思维，也没有对文本的内容进行质疑、批判，就认为完成了预习任务。我国古代亚圣孟子曾说过："尽信书不如无书。"强调了反思和批判的重要性。学生在预习中如果不敢于批判和质疑文本中的知识，不进行深层次的分析和思考，就不能算是真正的预习。然而，大多数学生却误以为浅层次的阅读、翻查、记诵之类便是预习，由此可见，学生对于预习的觉悟并不高。

(二)学生的学业压力大

受高考指挥棒的影响，学生的学业压力大。进入高中阶段，尤其是普通高中的学生，通过高考进入大学的校门是每位学子的梦想，也是万千望子成龙的家长的美好期许。而要想在高考中取得成功,是以分数提升为前提的。因此,在各所高中里,上至学校领导下至学生自身,都格外重视提升学生的单科分数及总成绩。而尽人皆知,数、理、化、生科目因其自身的逻辑性和联系性较强,只要通过努力攻克了其薄弱环节,其整体分数将会有所提高,而对以言语内容为基础的语文来说,即便整天把精力投入语文学习中,分数也不可能迅速得到明显的提高。学生心中持有这样的意识,使学生不自觉地就把本该语文预习的时间转到了其他科目上,从而使学生学习语文的时间不能得到保证,预习语文的积极性与热情也大打折扣,自然理想的预习效果也无法取得。

(三)缺乏教师与家长的督促与监督

"懂事不是孩子的特征,爱玩是孩子的天性。"处于青少年阶段的高中学生,随着他们自身人生观、价值观、世界观的初步形成,这种天性在他们自觉的克制下有所收敛,但是其自觉性和自控能力还远远不如成年人。而趋易避难的惰性,成年人尚且不能完全克服,更不用说处于青年早期、尚未成年的高中生了。学习对大多数学生而言是又苦又难的事情,因此教师理应监督和督促学生学习,使其克服学习中的惰性。而之所以出现学生预习低效和无效的现象,自然是家长和教师的监督、督促机制不健全所致。

(四)同学关系不和睦

心理学研究表明,学生受到群体称赞的数量越多,其心理满足感越大,也就越容易促使其在学习过程中再接再厉;而倘若其受到群体的称赞越少,甚至是不称赞,甚者加之以批评嘲笑,那么学生对于后来的学习热情便大不如前,其效果也很不理想。而要使学生在课堂上受到表扬,那么他的预习效果就必须在课堂上得以展示，并获得最大的满足感。小组讨论、分享交流的方式是最合适的途径。倘若学生之间关系不融洽，小组合作交流的预习活动便无法开展，学生也没有机会展示自己的预习成果，也就不可能有得到表扬的机会。没有了表扬的机会，学生便无法因为预习而得到心理的满足而更加努力预习了。因此，导致当下高中生课前预习低效或无效的原因，或许与同学之间关系的不融洽有关。那么，进行同学之间的沟通与交流，促使其良好关系的转化和形成，就成为应该为之努力的方向。

在高中阶段的学习过程中，学校相对重视数学和英语学科。笔者所在的学校把学生的一点点课余时间都进行了细致的划分，如上午第二、第三节课之间是一个有半个小时休息时间的大课间，然而在不适宜户外活动的季节或考试前一段时间，学校会安排数学教师进课堂，占用20分钟，往往第三节课的上课铃响了，学生却因为某一道数学题没有完成还在努力思考，严重影响了下一节课的学习。笔者有部分课被安排在第三节课，实在苦不堪言。除此之外，学生每天午睡前都要听英语听力，高一到高三无一例外。学校的安排直接导致学生对语文学科缺乏必要的重视。更何况很多学生认为，语文学习见效太慢，分数不容易拉开差距，不如数学英语"性价比高"，而且语文是自己的母语，即便没有预习，就凭上课听讲、考前复习，考试的分数也不会很差。因此，大部分高中生花在语文学科上的时间相当有限，对教师布置的相关预习作业也是应付而已，因为在学生的眼中，语文只要不拉后腿就可以了。绝大部分学生不会将语文视作拉开距离的优势学科，他们认为语文预习作业只是教师的一厢情愿，没有任何的意义。所以，在笔者用以调查的问卷中，才会出现敢于承认自己认真预习的学生不足 15%的情况,这个数据实在令人遗憾。

如果说大多数学生还能装装样子去预习的话,还有少部分学生则是完全置若罔闻,无视预习要求。这部分学生往往语文、数学、英语的学习都相对比较滞后,他们对学习缺乏信心,对高考没有期待,对未来缺少思考,浑浑噩噩,得过且过。但是,高中教育又岂能是精英教育?每一位学生都是父母的唯一、家庭的希望,如何才能激发学生的学习热情?如何让预习成为学生饶有兴致的"开胃汤"?这是每一位语文教师必须思考的问题。

语文并非是一门花功夫无回报的学科,对很多基础不好的学生而言,语文绝对是一门"态度学科",正因为教师没有好好引导,学生也不够了解语文学习的精髓,故而他们总是糊涂应对预习任务,也正因为如此,语文教学课前预习的不断推进才更为迫在眉睫。

三、家长在有效预习中存在的问题

在家长的潜意识中,学生的学习是学校的事,教育孩子是教师的责任,他们把孩子送到学校里,学校教师就要为孩子的学习负全责。对于孩子的预习,家长从来不关心,甚至有些家长在家里吵吵闹闹、我行我素、矛盾百出,电脑、电视、麻将等一系列不利于孩子学习环境氛围营造的东西充斥于家庭的各个角落,完全不考虑孩子的学习是否会受到家庭氛围的影响。学生的预习场所是家里,学生预习活动的发生也是在家里。因此,其在预习中存在的不重视课前预习或预习低效、无效是与家庭环境分不开的,而家庭环境对预习的影响大致分为以下四个方面:

(一)预习学习的监护不到位

伴随着全社会物质文化生活水平的提高,本身出生在蜜罐里的这一代，从小到大就格外受到父母及爷爷奶奶的溺爱，导致他们从小养成娇生惯养的脾性以及叛逆的性格，即便是送到学校里，也是"江山易改、本性难移"。另外，伴随着互联网和网游的普及，导致大多数学生平时沉迷于网络游戏，而父母因经常不在孩子身边，只能通过打电话询问其学习，孩子就以其他理由搪塞过去。家长缺乏对孩子的有效监督，预习只能流于形式。

（二）家长能力有限，监督不力

这一代孩子的父母文化水平大多集中在初高中阶段，以这样的学历层次来指导学生的初中、小学预习科目尚可，但是进入高中阶段，伴随着新课改的推进和素质教育的实施，现在高中各科目的内容更倾向于发散性，诸多科目逻辑性增强，致使家长想指导孩子的学习也力不从心，面对孩子提出的问题"大眼瞪小眼"，不知所云。作为家长，只能在一边看着孩子写作业和预习，而对于学生是否真的在认真预习还是思想开小差，则不得而知。久而久之，孩子就养成了阳奉阴违的性格，大多受爱玩天性的驱使，做着预习的样子，思想早已开了小差。这样的预习因为缺乏家长的督察而导致有名无实，预习效果自然无从谈起。

（三）家庭氛围不利于预习学习

某些家庭的父母经常吵架，某些爱吃喝玩乐以及以营利为目的的父母在自己家里开设棋牌室、麻将馆等严重分散和影响了学生的注意力，同时更忽视了学生学习的重要性以及孩子预习环境的营造。试想，孩子需要静心思考时，隔壁房间仍在大吵大闹、喧哗不止，孩子何时能静下心来学习？当然，预习的效果就不难想象。由此可见，家庭氛围不好也是孩子不重视预习或预习低效、无效的一个重要因素。

（四）盲目轻信辅导班

　　大部分家长不了解预习对语文学习的重要性，他们盲目寄希望于社会培训机构的教师，期待他们能够四两拨千斤，以弥补孩子在学校学习的不足。就笔者了解得知，绝大多数学生参加过社会培训机构的学习，但这种学习方式只对极少部分学生产生了积极影响，虽然对约一半的学生无明显影响，但这从另一个侧面暗示了很多学生根本不知道上补习班到底给自己带来了什么，这种被动的学习背后突出了学生的迷茫和叹息。在笔者看来，"补习班"着实贻害无穷。

　　家长希望孩子在进入一个新的学习阶段之前能够提前学习需要掌握的内容，希望孩子能够赢在起跑线上。笔者称之为"过渡"预习。比较明显的衔接学习体现在初中毕业的那个暑假，大多数学生都带着《劝学》《师说》《赤壁赋》的知识点讲解稿走进培训机构的课堂，随之而来的问题让教师大为头疼。并非所有的学生都补习过，教师并不能加快教学速度，已经学过的学生难免懒散懈怠。不同的补习机构对部分知识点的讲解不同，其中不乏错误的理解，如有的补习机构的教师把"吾尝跂而望矣"中的"而"理解为"表顺承"，正确的理解应该是"表修饰"。然而，学生并不知道什么叫"表修饰"，他们只是死记硬背，遇到新问题完全不能解决。另外，补习机构的教师文言术语不规范，影响学生接受新知识，如初中阶段对所有的特殊句式统称为"倒装句"，而高中阶段却需要对其进行分类，可是部分补习机构的衔接班的教师依然沿用初中的说法。之前接受过衔接班教育的学生自认为全部掌握，对教师布置的预习作业敷衍了事，对预习要求充耳不闻，甚至上课开小差。在步入高中初期阶段，学生若养成了如此懒散的学习习惯，又怎能期望他们能够一鸣惊人？预习工作更是无从谈起。

还有一种补习班，与"过渡"预习截然相反的是部分补习班奉行课后补习，认为预习可有可无，与其把时间浪费在预习上，不如多做几道题，多听一节补习课。笔者通过走访和询问得知，约一半的家长有时会要求学生预习，但从笔者与部分学生的交流中得知，家长仅仅是发现孩子不做功课了，跟孩子提一句"要预习啊！"并未特别指出预习某门功课。家长不了解预习对阅读学习的重要性，坚信如果孩子在课上学不好，课后补习定能有效弥补，却不知孩子的自学能力、学习意识、理解水平都不是课后多做几道题就能提升的，这也是语文学科和其他学科的重要区别。

笔者结合教师、学生和家长三个方面进行了详细的分析，目前高中语文阅读教学的课前预习环节的现状，主要是部分教师、学生、家长缺乏预习共识，没有明白预习的重要性，而认可预习的教师在具体操作时过于功利，布置大量的预习习题，长年累月、一成不变，导致学生对预习丧失兴趣，偷工减料。当然，在评价时，教师不置可否或评价不恰当，都对阅读教学的课前预习环节产生了负面影响，所以对预习作业没有科学的评价机制也是不可忽视的问题。

综上所述，笔者经过大量的教学研究和考察发现，有效预习的推行道阻且长，而且预习学习任务不仅仅是学生的事情，更需要教师和家长的协同帮助和配合。因此，不论是教师对于预习的教学观念，还是教师在教学实践中对于预习的正确态度和引导，都是学生提高自己预习能力的灯塔，也是学生进行有效预习的重要指引力量；同时，家长是家庭教育的核心，肩负着监督学生自学效果的重要责任。笔者希望每一位家长都可以尽到自己的教育义务，帮助学生、配合教师完成学生的有效预习学习内容。最后，学生也应该建立学习自信，在教师的指引和家长的帮助下，认真完成预习任务,并将自己在预习中得到的语文知识和问题带到语文课堂上,将预习效果最大化,并切实提高自己的语文学习能力。

第三节　有效预习培养策略

高中语文课前预习对于语文课堂教学的意义重大。而在实际预习活动中,高中语文教师认识上的偏差、执行力上的不足,学生对预习态度的不端正、兴趣的缺失、方法的无知,家长的不闻不问等,导致了当下课前预习低效甚至无效现象的肆意泛滥。为此,语文教师应该即时更新观念,从多方面营造良好的学习氛围,加大对学生预习的指导,教育学生端正预习态度,积极进行家校联合,多措并举,形成合力,提高课前预习效率。

"教学是为了不教",语文教师都希望学生能够独立地理解和分析课文,但这种能力只有在学生自发主动地学习中才能形成。我们强调预习课文,目的是鼓励学生"动脑筋"。而高中语文教学课前预习现状不容乐观,不少一线教师都对此并不满意,却迫于时间等原因未能在预习的有效性上有进一步的行动,但现状已逼得我们必须去尝试一些积极的做法来使我们的语文课前预习真正卓有成效。因此,笔者结合课堂教学实践和学生的实际预习情况进行了总结和建议,希望一线语文教师借助以下六个方面来改善自己的预习教学方法,并着力帮助学生建立正确、科学的有效预习方法。同时,教师还需要结合家长的力量,共同实现学生有效的语文学习。

一、课堂环境

课堂教学是学生实际接触语文知识的地方，也是教师与学生进行知识沟通和交流的地点。可以说，课堂环境的构建是培养学生的学习习惯最为重要的地方。因此，教师切不可忽视课堂环境的营造，而是应该在课堂上构建预习的氛围，帮助学生建立学习兴趣和语文学习自信，以便学生更好地进行后续的课后自主预习学习活动。同时，教师结合各种先进、科学的教学方式进行课堂教学，并在课堂上将教学任务分配给学生，让学生成为教学的推动者，教师可以在此期间锻炼学生的自学能力，以便更好地应用在学生的语文预习自主学习过程中。

(一)翻转课堂

众所周知，学生学习的最好环境就是学校，因为周围有同学比着学，教师监督着学，并且学生遇到疑难，查阅相关资料也较为方便，若再解不开疑难，可以及时询问教师。而学生进行预习活动的主要时间、主要地点是在家里。家里的学习氛围自然无法与学校相比，周围没有同学之间的比拼，没有教师的及时督促，也没有一套固定的学习计划。尤其是学生在家中学习遇到疑难问题时，想通过辅助资料进行解惑，但家里与预习相关的辅助资源少之又少；想通过向教师寻求帮助解答，却因距离远不方便。于是，预习中疑难问题便只能搁置，久而久之，学生在预习中不能解决的疑难问题堆积过多，导致学生越来越质疑自己解决问题的能力，开始失去自信。为了不让这种负面心理继续下去，很多学生选择讳疾忌医，不去预习，也就不会使自己的内心有这么多负担。于是，预习无效、低效的现象便泛滥开来。

而翻转课堂打破了传统的课堂教学方式，它是由教师制作视频，通过视频在线的形式,学生利用自己原有的旧知识,在家里独自进行预习。即使遇到疑难问题,也能及时向教师询问解惑。这样,学生在预习中遇到的疑难问题便不会堆积起来。通过在线向教师询问,及时解决疑难问题,学生心中也不会有太多的负担,而且一个个疑难问题得到解决,其自信心也会逐渐增强,继续预习、克服预习中疑难问题的欲望也愈来愈强烈,在家预习的氛围也不会太过于枯燥,从而增加学生主动预习的积极性。同时,学生通过翻转课堂,在线提前听教师讲解疑难,可以有效增强他们的自信心和交流欲望,使他们通过课下的提前在线学习,积累相关知识素材,以便在课堂上积极参与"自主、合作、探究"的学习活动。而对教师而言,通过翻转课堂的引入,学生轻松愉快地进行了先学,这样可以避免教师在课堂上进行大量解析式教学的现象的发生,可以为教师腾出大量时间,为课堂有效调度提供时间前提,也可以有效避免"讨论流于形式"现象的发生,整体提高课堂教学质量。

例如,笔者所在的学校某班学生在学习《苏武传》前,教师让学生进行预习。由于教师自身比较排斥在线提前为学生解疑的翻转课堂授课模式,因此学生在预习这篇文言文时遇到疑难问题,也没能及时请教教师。而学生自身由于积累的文言知识比较少,对于《史记》也因过于艰涩难懂而甚少阅览,因此对本篇文言文的写作背景的了解也不是很深入。因此,在课堂上,教师的大部分时间用在了大量解析式的教学上。讲完之后,教师开始与学生进行"自主、合作、探究"的活动。教师精心提出了几个问题,试图与学生进行交流讨论,如"课文分为哪几个部分? 各部分的主要内容是什么? 卫律和李陵劝降的情形和说辞有什么不同? 为什么? "等有质量的问题,正欲讨论,却没有时间了,课堂讨论只能作罢。然后教师让学生把刚才的问题抄下来,课下好好思考,有不懂的地方问教师。这样的课堂,教学效果是低效的,其讨论过程因为课堂剩余时间的紧张,导致讨论的过程发生在课下,这种课下的讨论只不过是走个形式罢了。因此,教师要采用翻转课堂的模式,激发学生的预习兴趣,营造学生的预习氛围,并有效利用教学时间,充分调动学生的学习能动性,使学生积极投入语文学习过程中,最终切实提高学生的预习和自主学习能力。

(二)激发学生的学习兴趣

众所周知,在教育教学实践中,诸多学生非常倾向于自己感兴趣的科目,其本科目成绩也会较其他科目优异。而对于自己不感兴趣的科目,其这一科目成绩也并不会太理想。这都是兴趣使然。俗语说:"知之者不如好之者,好之者不如乐之者。"那么,作为教师就应该注意培养学生的预习兴趣。对于班级中热衷于预习的学生,教师应该首先提出表扬,鼓励其再接再厉。对于班级中不爱预习的学生,教师要平时多注意观察他们的兴趣点,摸准其兴趣所在。譬如,学生喜欢动画,那么教师在预习内容上可以多加些关于动画的学习内容。当然也要注意激发学生兴趣点的技巧和时机,不能盲目入手提高学生的预习兴趣,否则适得其反。此外,教师还要注意拓展学生的兴趣点,如学生喜欢某一科目,那么教师就要想方设法地让学生由喜欢这一门科目的学习转向也同时喜欢其他科目的学习,其手段可以是教师通过提高自身语文素养和人格魅力吸引学生,进而由对人的感兴趣转向对预习的感兴趣,从而提高学生预习的积极性和主动性。

例如,笔者曾旁听过一堂语文课,一位年轻的语文教师在给学生布置《奥斯维辛没有什么新闻》一课时的预习时,按性别的不同设置了两套预习方案。在男生的预习方案中,她设置有这样的问题:"每年的 12 月 13 日是什么纪念日？'历史不会因时代的变迁而改变,事实不会因时代变迁而改变'是我国哪位领导人说的？东方的南京大屠杀与奥斯维辛大屠杀有何相同之处？"而在女生的预习方案中,她增加了很多奥斯维辛的旅游景点和美丽的图片。最后,笔者在听这堂课时,发现班上的每个学生都积极参与课堂讨论与交流,课堂讨论很激烈。由此可见,这堂课的效果很好。通过对这位教师预习问题以及其在课堂上通过预习取得理想效果的反思,笔者发现这位教师正是巧妙地抓住了学生的预习兴趣点。男生普遍对政治和国家大事感兴趣,所以这位教师就从政治时事的角度入手设置预习方案,进而激发男生的预习兴趣;而女生比较感性,重视视觉享受,因此这位教师把关于奥斯维辛这个地方的美丽风景图片设置在课前预习方案中,进而激发了女生的预习兴趣,从而使预习的效率得到提高,上了一堂成功的语文课。

可见,在课前预习活动中,找准学生的兴趣点,方能事半功倍。同时,如果教师可以结合学生感兴趣的方式或教学步骤来安排语文教学,就可以最大限度地调动学生的学习热情,并使学生在兴趣的激励下认真听讲。因此,教师应该注重在课堂上培养学生的学习兴趣,因为"兴趣是最好的老师",也是有效语文教学系统构建过程中的重要推动力量。

(三)强化教学手段,养成学习习惯

预习活动的进行是靠学生自身来实施的,倘若学生在进行了某种预习活动以后,课堂上没有得到教师的及时表扬,学生的心理会得不到满足。久而久之,学生自身由于惰性和自觉性不够,其预习活动强度将会减弱直至消失。而倘若不论学生的预习有没有达到目标或者是与教师的预期目标是否矛盾,教师都施之以表扬的正强化评价,那么就会使学生的身心得到愉悦和满足,会使学生再接再厉,热衷于预习并力求做好。即使学生上次没有达到预习目标而得到了教师的表扬,心中颇为惭愧而会努力改进和弥补之前预习中的不足之处,争取达标。可见,在预习的评价手段中,正强化手段更能使学生的预习兴趣得以维持,进而使预习活动得以持续发生。因此,教师在一定时间内,要适时适量地对学生的预习给予肯定的评价,使学生养成预习习惯。但是,这种评价手段的实施要注意评价的时机和评价的针对性。评价的时机,就是预习的正强化评价的实施要把握好时机,不能过早也不能过晚。

笔者曾见过两位语文教师,A 教师和 B 教师。在讲《林教头风雪山神庙》时,A 教师和 B 教师分别让他们的学生进行课前预习。等学生把课文预习完后,A 教师直接就说:"好,很好,这位同学对这篇课文预习得很好,准备的相关资料也很丰富,老师提出表扬。"这位学生听了之后很高兴,但同时也很盲目,并且还有一丝失落,因为并不太相信教师是否真的认为自己预习得很好,还是客套话。而 B 教师等大家预习完成后检查说:"好,这位同学预习得很认真,他在预习中找到了这篇小说的线索。明线是什么,暗线是什么,暗线推动故事情节的发展,深刻地揭示了什么样的主题。"这位被表扬的学生因为听到教师对自己的表扬有理有据、很真实,不是在敷衍,所以在以后的语文课程学习过程中,他更加主动思考,也逐渐养成了良好的预习习惯。

由上述两个教师行为差异的对比我们可以发现,教师对学生预习中实施的正强化手段也要有根据、有内容,不能是"泛、大、空"的表扬,否则会适得其反。高中学生的心智已经逐渐成熟,对于这个世界已经有了自己的看法,同时对于教师的教学态度和教学手法已经有了自己的判断。因此,教师不能以敷衍的态度进行语文教学,因为随便进行的教学判断不仅不能对学生的语文学习产生任何影响和实际建议,也不能提高学生的学习成就感和满足感。

(四)提升课堂专业技能,优化学生的预习质量

在学校教育教学活动的开展中,教师依然是主要的领导者、策划者、主持者以及学生学习活动中的监督者、评价者。对学生的预习而言,教师是预习目标与预习内容的设定者、预习效果的反馈者、预习与课堂教学衔接的主要实施者。因此,教师要不断提高自己的专业知识和技能,才能更好地设计学生的预习指导方案,才能更灵活地对学生的预习进行检测,更恰当地处理好课前预习与课堂教学的衔接问题。教师还要不断丰富自身的教育心理学知识,这样才能更准确地把握学生的性格差异、兴趣点,从而更好地指导学生的预习,优化预习质量。

此外,伴随着互联网时代的到来,学生自身运用教学技术的能力也颇为娴熟,能接触到来自文本以外的网络信息。此时如果教师还不去努力学习自身的专业知识以及跨学科知识,而一味迂腐地抱残守缺,那么必然会失掉在学生面前的威信。“亲其师才能信其道”,教师除了自身要具有高尚的品行外,更要有令学生取之不尽、用之不竭的渊博知识,才能使学生为之折服。

例如,某高中学校的 C 语文教师和 D 语文教师。C 语文教师由于平时比较爱钻研,喜欢接触新事物,爱阅读本专业、跨学科相关书籍,因此能熟练掌握现代教育技术,运用多媒体在线教学模式,深得学生喜欢。而 D 语文教师是一个“老学究”,性格固执,刚愎自用,自认为掌握了本专业的相关知识,就不用再继续学习,也排斥多媒体教学方式,始终认为如果都

运用多媒体教学、微课在线教学,那教师就没有了存在的必要,并且对现代教育方式颇为排斥。所以,学生平时对这位教师敬而远之。而 C 教师和 D 教师的两种不同的学习态度,导致他们在预习内容的指导上有很大差距。

C 教师由于平时注意积累知识,有良好的知识素养,他在设计《林黛玉进贾府》的预习内容时,设计了以下三套方案:

第一套方案:第一,古代四大名著有哪些? 古代四大神话小说有哪些? 第二,查阅生字词,了解作者曹雪芹的生平。第三,这篇文章中描写了哪些主要人物? 其各自出场的语言描写有哪些? 把它背下来。

第二套方案:第一,了解本篇小说的写作背景。第二,文中描写黛玉出场的情节有哪些? 把对黛玉的语言描写、神态描写、心理描写找出来,细细品味,体会黛玉的人物性格特点。

第三套方案:第一,在大观园中,描写了哪些人物的出场? 每个人物的出场是怎样描述的? 比较每个人物的不同。第二,比较黛玉、宝钗、王熙凤、贾宝玉性格的不同。把今天由西方引回来的十二星座一一对应这四个人物,看看黛玉像不像水象星座中的双鱼座或巨蟹座,宝钗像不像白羊座,王熙凤像不像狮子座,贾宝玉像不像双子座或射手座。第三,弄清《红楼梦》中贾府主要人物的关系。第四,本文的中心思想是什么? 透过林黛玉的眼睛,我们可以看出贾府是个怎样的大家庭?

学生听到教师的授课内容既新颖又有趣,纷纷聚精会神地投入到语文课堂学习中。可想而知,这堂语文课的教学效果是十分显著的。虽然《红楼梦》相较现代文而言有些晦涩难懂,但是教师选取的教学方法十分新颖。学生在课堂上不仅积极参与课堂教学,还纷纷展开了自己的想象力,跟随教师的引导进行教学参与。

反观 D 教师，D 教师由于平时不喜欢接触跨学科知识，知识面窄，其设计的预习指导内容包括四点：第一，弄清本篇文章中的生字词、多音字以及个别生字词的意思。第二，背诵文中《西江月》一词中批宝玉的话。第三，分析林黛玉性格的偏执、脆弱以及林黛玉的悲剧。第四，分析欣赏小说的层级结构及写作特色。

由以上 C 教师和 D 教师对同一篇课文的预习指导方案可以看出，C 教师能针对一篇课文设计出三种层次不同的预习指导方案，并且抓住了当下青少年对星座普遍感兴趣的特点，以此为出发点，不但能顾及不同水平学生的差异，而且可以抓住学生的兴趣点，进而勾起学生的预习欲望。之所以如此，是因为 C 教师平时注重提升自己的专业知识理论素养，因为拥有了既丰富又渊博的理论知识，所以其思维更灵活、视野更开阔，因此设计预习指导方案更为得心应手，并且能考虑得更全面，更能贴合学生的需求。那么，这样的预习方案，其效果自然会事半功倍。而 D 教师平时故步自封，知识面窄，只能设计出一套死板又不能顾及学生差异的方案，会导致程度好的学生"吃不饱"，程度差的学生"吃得撑"。这样的设计，很难取得预期效果。

因此，教师应不断汲取知识，丰富自身理论素养，认真学习现代教育技术，提高运用在线教学的能力，方能更好地指导学生的预习，优化预习质量。

可以看出，预习并不仅仅是学生在课下进行的自主学习内容，教师在课堂上的引导和学习方法的指导也是十分重要的。另外，教师课堂上的语文教学往往直接关系到学生的语文预习学习效果。因此，教师应该注重课堂教学过程中对于学生预习能力的培养，并在教学过程中注意引导学生掌握预习方法，以便学生在自己的课下预习阶段熟练运用预习方法，顺利、高效地完成预习任务。

二、教师的预习指导

预习作为阅读教学的第一步，是必不可少的。不过，由于预习基本在课前完成，不少教师没有引起足够的重视，殊不知，预习也需要遵循基本的上课原则，需要教师精心设计安排。

(一)教师主导，学生积极配合

新课标指出，学生应该具备讨论的素质，能够积极主动发言，有效地陈述个人观点并予以恰当的辩驳。这也是要求教师培养学生的社会交往能力、语言表达能力，给学生自主进行语文知识思考的空间。但是，随着新课改的进行，一部分课堂鼓励学生随心所欲地表达，教师对学生的表达毫无节制，认为只要是学生的想法就应该随他表达。这是对新课标的误解。教师是课堂的"掌舵人"，课堂不能没有教师的主导。教师的主导地位与学生的主体地位是一枚硬币的两个面，而这不仅仅体现在课堂上，也同样适用于预习。

1.尊重学生的预习主体地位

学生在语文教学课前预习中的主体性体现在三个方面：首先要重视学生在语文知识学习过程中的体验。在预习中，很多教师往往不厌其烦地设置很多问题，导致的结果是学生忙于应付问题，无暇关注文本本身，学生的语文知识学习体验也无从谈起。这并不是说不能设置问题，只是教师在设计预习方案时，首要目的就是引导学生亲身体验学习对象，获得对于知识的初感。其次要尊重学生的个性。"一千个读者眼中有一千个哈姆雷特"，学生的生活经历、知识视野等不尽相同，这就决定了他们的阅读起点不一样。学生在语文课程预习中会提出自己的独特看法，在面对这些看法时，教师应该用一种欣赏的态度，认真辨析。如果学生理解错误，那么教师应及时指出，并予以适当的鼓励。如果没有出现错误，又能言之成理，那就不要吝啬表扬，激励学生进行探索，树立学生预习的信心。最后要适当地让学生参与评价。当学生以书面形式呈现出自己的阅读体验之后，教师不妨适当地让学生交换意见，一来容易有思维的碰撞，打开自己的思路；二来也容易使不认真预习的学生有所触动，激发他们的斗志。

以《将进酒》一课的教学为例，众所周知，赏析该诗一般会围绕着诗人感情的变化，预习作业往往也以此为基础。然而，笔者并不完全认同，众口一词的讲解并不利于学生思维的养成。笔者本着引导学生获得阅读初感的预习目的，充分考虑到学生的个性，只布置了一道预习题："阅读全诗，结合文本分析诗歌的感情基调。"学生的答案大致分为两类，即"悲愁""豪迈"。在课堂上，学生展开辩论，很多难点在笔者的引导下愈辩愈明。尤其是"悲愁"一方对诗中"乐"的理解，至今回味起来仍赞叹不已。"人生得意须尽欢，莫使金樽空对月。天生我材必有用，千金散尽还复来。烹羊宰牛且为乐，会须一饮三百杯。"这六句一直以来都被理解为是诗人的"乐"情，但学生却提出"且为乐"体现出诗人的无奈，"人生得意"是诗人对自己不得意的宽慰，而"天生我材必有用，千金散尽还复来"这两句也可以理解为是诗人对自己的劝勉，所以欢乐的表象下饱含了诗人的无奈。因为教师没有给学生太多的框架，学生根据自己的阅读体验理解文本，提出颇有价值的独特见解，使得课堂活跃，学习效率提高，对文本的理解更深入。同时，学生的辩论过程也是学生参与评价的过程，在激烈的辩论之后，笔者与学生统一意见:豪放是《将进酒》的外壳,愁情是它的内核。可见,尊重学生在语文预习过程中的主体地位,不仅是让学生自主进行预习活动,更是尊重学生的预习知识所得。同时,如果教师与学生的预习结果存在出入,应借助教材进行有理有据的交流和探讨,切不可利用自己的教师地位,强行让学生认同自己的看法,而应该让学生在探讨中逐渐明白教师的合理分析,并最终在理解的基础上实现知识的真正消化。

2.教师在预习中的引导作用

虽说学生是主体,但并不代表他们就可以如脱缰野马,肆意奔腾。在预习的战场上,需要教师掌控局面,所谓"运筹帷幄之中,决胜千里之外",这对教师在把握师生关系、把握阅读文本上提出了更高的要求。教师在预习中的主导地位不可被抹杀,主要体现在对预习的设计上。在备课时,教师应撇开参考资料,细心研读教材,寻找文章的动人之处,进而设身处地地考虑学生的兴趣点。问题的设计可以是内容,也可以是形式,但无论是哪一种,一定要少而集中。这样既不会占用学生太多的时间,又能让学生用力集中、深入阅读。阅读预习的设问不要过于功利地直指意蕴、揭示道理,而是引导学生通过文字本身进行体会。

以话剧《雷雨》为例,分析人物形象是必不可少的,可是怎样布置预习作业,学生更乐意完成且能完成得更好呢? 笔者思考再三,最终从学生的兴趣出发,安排了一份预习作业,请学生分析周朴园爱不爱鲁侍萍,并告知学生将在课堂上进行辩论。在预习的基础上,师生一起再次享受了一堂辩论式的语文课。

总之,在预习中,教师应精心选择设计,充分发挥主导作用,重视预习的过程,想方设法地调动学生的积极性,使其主动性得以发挥,这样才能保证预习的成效。

(二)课前预习与课上预习结合

高中生学习任务重、时间紧,往往无暇顾及预习,如果课前预习占用过长时间,势必会引起学生的反感。那么,该如何解决这个问题呢?笔者认为,课前预习对整个高中语文的阅读教学有重要的作用,但并不意味着每一篇文本都需要课前预习。把课前预习与当堂预习有机结合起来,可以起到事半功倍的效果。

比如,一些简短的诗歌,课前预习反而降低了学生学习的热度,倒不如当堂课预习。当堂课预习虽然占用了课堂的时间,但它有明显的优势。课堂预习能够解决学生课外预习时被动、自主意识薄弱、自觉性差的问题,提高学生预习的投入程度。虽然课堂预习的时间有限,但是课堂特殊的氛围能够帮助学生全神贯注地阅读,课堂环境刺激了学生的思维,让学生高度集中注意力。

此外,预习还可以采取合作的形式,合作可以是几个人同时预习讨论,也可以是学生先进行单独预习,完成自己的个性化阅读,然后小组间合作研究、深入探讨。无论是何种方式,都需要以课堂为媒介,所以当堂预习可以作为课前预习的必要补充。

预习学习活动的安排并不是随心所欲的,也不是所有语文课本知识都适用的。因此,教师应该具体情况具体分析,合理安排学生的课下预习学习任务。

(三)单篇课文预习和单元预习结合

提到语文知识的预习,我们想到的一般都是单篇文章的预习,却忽略了单元预习的优势。单元预习指的是以单元为基本单位,根据特定的教学目标,指导学生梳理知识体系的语文预习活动。新课改之前的语文课本一般以"文体"进行单元组合,在设计单元预习题时可以根据学生的认知规律,有针对性地渗透文体相关的知识点,能够帮助学生举一反三。同时,系统的预习与教学也能够最大限度地提高学习效率,节约时间。

在实际教学中,笔者发现,如果同一单元的课文关联性并不强,那么教师可以"自组单元",也就是按照课本中的相关内容,寻找问题类似或创作者相关的文章和知识进行协同预习。这种知识的协同预习往往会产生一加一大于二的学习效果。因此,教师应该具有打破传统教学理念的创新性,并以此帮助学生进行有效预习。

例如,笔者曾将古诗词做了"自组单元"与其他文章进行区分,并请学生按照笔者的划分进行知识预习。其中,李白和杜甫的诗歌可以在按题材赏析的基础上再整体分析诗人的诗风。

在具体设计预习作业时,教师可以把单篇预习与单元预习有机结合起来。以"送别诗"单元为例,教师可以设计当堂预习《春夜别友人》,由于是短诗,可以要求学生先将诗歌诵读几遍,再口头译出诗歌大意。课堂主题环节以"诗人是如何通过空间和景色的转换来表达离情别意的"这一问题统领整节课,教会学生"送别诗"在写景时往往多用虚实结合的手法,不仅以眼前之景渲染依依惜别之情,而且善于想象离别之后的情感,或表达思念,或表示关切。在这首诗的基础上,教师再设计整个单元的预习,围绕虚实结合的手法,让学生独立赏析《别友人》《送魏万之京》两首诗的写景特色和蕴含的情感。由于有同题材诗歌的引导,学生对这两首诗歌的预习完成得较好,教师上课的效率高了,效果好了,学生的积极性被调动起来了,愿意思考了,再结合之前在必修课本上学过的送别诗《雨霖铃》,学生对这一知识点掌握得非常扎实。这种以知识点为一个单元的预习，能够从一定程度上解决语文教学过程中人为将语文文本拆解地支离破碎的问题，帮助学生整体把握知识体系，不仅可以举一反三，还能起到以点带面的作用。

按照知识体系安排的"山寨版"单元预习，对教师提出了高要求，要求教师在学期初就认真研究整本教材，科学重组，以单篇带动，单元跟进，集教学、自学、考察为一体，让支离破碎的语文教学重新以一个整体呈现在学生的面前，让学生真正地学到知识并学以致用。

说完了从教师的角度展开的有效预习系统的建立方式外，笔者还想从不同的语文学习内容上详细谈一谈如何帮助学生进行预习学习活动。因为，如果说前文中提到的内容是提高学生预习能力的"原理"，那么具体文体的预习方法就是指导学生进步的"方法论"。

在课前预习活动中，学生作为预习的主要实施者，倘若教师教给了学生预习的方法，那么学生预习起来便游刃有余，既不浪费时间，又满足了学生预习成功的成就感，同时提高了学生预习的兴趣。如果学生没有掌握好预习方法，那么预习起来就会事倍功半。因此，教师对学生进行现成的预习指导，还不如教给学生不同文本的预习方法，让学生自主进行个性化预习。根据文本内容的不同，主要教给学生四种文体的预习方法，即记叙文的预习方法、议论文的预习方法、说明文的预习方法、文言文的预习方法。

1.记叙文的预习方法

进入高中阶段，学生对于如何进行记叙文的预习却知之甚少，以至于大部分学生在进行记叙文预习时云里雾里、模模糊糊、不知所云。因此，教师首先要教给学生识别记叙文的方法，然后要让学生在阅读文本过程中找到记叙文的六要素,结合单元要求、课前导语,在阅读中弄清楚作者写作的背景,圈画出文中过渡语句、揭示主旨及写作意图的抒情议论句子以及对主要人物细节描写的句子,理清文章层次结构,找出支撑文章构思行文的线索(明线或暗线),准确把握作品倾向和作品所透视的思想内容。在预习时,要认真分析故事发生的时间,故事情节选取的场景,人物出场的细节刻画,静景、动景、乐景、哀景等不同陪衬景物选取的作用,进而身临其境地体会作者写这篇文章时的真实感情以及其写作的特色。

2.议论文的预习方法

进入高中阶段,学生接触的夹叙夹议的文章不少,但是学生对于如何进行纯粹议论文的预习却知之甚少,以至于大部分学生在进行议论文预习时摸不清头绪,眉毛胡子一把抓。鉴于此,教师要教给学生议论文的预习方法,让学生进行议论文的自主性预习实践活动就显得尤为必要。

教师首先要教给学生识别议论文的方法,然后让学生在阅读议论文时,找到文章的论点、分论点、论据,理清文章层次结构,概括文章大意,分析文章写作特色。

3.说明文的预习方法

说明文是高中阶段的学生经常接触的一种文体,其设置的目的是拓宽学生的视野,增进学生的跨学科知识。但是,由于学生对于说明文这种文体接触得不多,在预习说明文时也不知道该从何入手。鉴于此,教师要教给学生说明文的预习方法,让学生进行自主性预习实践活动。

教师先要教给学生识别说明文的方法,然后教给学生区分说明文六大说明方法的方法,最后要教给学生赏析说明文中语言运用的特色的方法。譬如,约数和确定数额运用的严谨性、科学性,不能随意替换。

例如,有两位语文教师,G 老师和 H 老师。其中,G 老师担任 G1 班的语文教师,H 老师担任 H1 班的语文教师。G 老师对于说明文的教学有自己的一套方法,也有丰厚的知识积淀,闲暇之余将说明文的预习方法教给了 G1 班的学生。H 老师对于学习说明文没有太多独到的见解。在开始学习《中国建筑的特征》这一课时,G 老师和 H 老师分别让他们的学生进行预习。G 老师所在的 G1 班学生通过预习后,很快能正确地理清作者的说明线索,列出课文的结构提纲;正确地找到文中运用了哪些说明方法,也能粗略地欣赏作者独特的布局谋篇特点和写作特点;并能找出文中作者介绍九大建筑是按什么顺序进行的,也能区分出哪些是结构特征,而哪些又是装饰特征;还能稍微说出一些作者称中国建筑的风格和手法为"文法"的作用;同时对文中各民族建筑之间的相通性,认为是各建筑之间都有相互借鉴的地方,各个建筑的建成都或多或少地借鉴了其他建筑的装饰、结构等。而 H 老师因为没有事先教给 H1 班学生说明文的预习方法,导致 H1 班学生在进行了课前预习之后,只能大致掌握文中的生僻字词的意思,而对于文章的说明线索、结构提纲却模模糊糊、理不清楚。提问九大建筑是按什么顺序进行说明的,学生不知道;提问文中哪些建筑属于装饰特征,学生不知道;提问哪些建筑属于结构特征,学生仍然面面相觑、一问三不知。就因为 G 老师教给了学生说明文的预习方法,H 老师没有教给学生说明文的预习方法,预习效果却天壤之别。

　　由此可见,作为教师,要重视对学生说明文的预习指导,教给他们说明文的预习方法,效果将会事半功倍。

4.文言文的预习方法

文言文包括古典诗词和一些浅易文言文,都是从古代经、史、子、集中抽离出来的文质兼美的经典文章。进入高中阶段,由于学生接触的文言文不多,对文言实词、虚词、词类活用、文言句式的积累比较薄弱,使学生在预习文言文时感到艰涩难懂,提不起兴趣,预习效果不理想。因此,教师要教给学生预习文言文的方法。

教师首先要让学生明白高中语文课程标准中对学习文言文的要求,然后要让学生在阅读文言文的过程中,找出文中的通假字、词类活用、文言句式等,还要让学生平时注意文言实词、虚词、文言句式的积累,最后再结合作者的个人简介及写作背景,把握文章的思想内容,理清文章的层次结构,体会文章叙事时如何极力铺张渲染,议论时使用何种论证方法,分析文章的语言特点、作者的写作意图及写作特色。

同时,需要注意的是,文言文因为属于语文学习过程中的重难点知识,因此教师设置的预习问题切不可过于难以解决,而要结合学生的学习能力和知识掌握水平,合理安排学生的预习任务。使学生通过预习能真正掌握语文知识,并获得学习成就感,以便学生建立对文言文预习的信息,并顺利进行下一次语文知识的预习学习。

有人说预习是学生的学习任务,跟教师没有关系。笔者对这种说法不敢苟同,因为教师是语文教学的引路人,也是学生预习实践过程中的灯塔。可以说,教师的教学理念和教育理论都会深深影响学生的预习实践。有效的预习指导和方法普及可以提高学生的预习效率和自主学习过程中的知识掌握能力。因此,教师应该从意识上重视学生的课下自主预习,并从行动上努力培养学生的预习能力。

三、实施预习检测策略

课前预习反馈是检验课前预习效率的主要方式,也是保证课前预习这种实践活动有效进行的重要手段。其最常用的检验手段有两种:其一是上课之前教师利用多种方式进行检验;其二是通过学生在课堂上的参与程度进行检验。首先,教师利用语文课堂上课的前几分钟对学生进行预习情况的检测,主要是以询问的方式进行展开,并且这部分检测并不是最主要的检测手段。因为学生的预习情况并不能仅仅依靠口头检测,更为重要和可靠的检测方式是第二种,即利用学生在课堂上的参与程度进行检测。

预习的最重要任务就是帮助学生提前熟悉语文课堂知识,使学生在学习过程中可以积极参与课堂教学,并着力解决自己预习无法解决和存在疑问的语文知识难点。因此,教师在进行课堂教学时,就可以结合学生的学习互动的课堂情况反馈大致了解学生的预习情况,并结合学生的预习情况把握课堂教学节奏。

(一)课前优化

首先,教师利用课前的几分钟时间对学生的预习情况进行检验是十分必要的,也是提高学生预习效果的重要手段。

关于教师在语文教学过程中"预习反馈方式不健全"这一问题,笔者经过大量教学实践和观察发现,很多语文教师目前在预习后的检测方式存在诸多不良现象,具体包括两种:第一,突击检查式,造成教师一旦发现有的学生预习不合格或没有预习,就会严厉批评。教师自以为只要严厉批评,学生就会慑于教师的威严而认真预习,其实并非如此,学生自小娇生惯养,叛逆心理极强,以这种方式来要求学生预习,学生只会养成阳奉阴违的习惯。第二,教师口头式提问太随意,教师为了节省上课时间,就集体提问:"大家预习了没有?某段说的什么?这篇文章的主题思想是什么?"然后学生集体回答,使没有预习的学生轻易蒙混过关,预习过的学生因没有得到教师及时的评价,其原来高涨的预习热情也会逐渐消退。

关于如何优化检测方式,笔者认为,教师让学生预习后,应该经常检查作业,但教师本身精力有限,突击检查方式存在漏洞,倘若能让班干部协同进行检测反馈,或许能弥补这个漏洞。在当前语文教学过程中,大部分教师在预习检测方式上,由于其自身精力有限,确实会使预习检测方式存在漏洞。而采取与班干部合作的形式,形成"以班干部检查预习作业为主,教师检查作业为辅的形式"的检测方式是一种行之有效的方法。班干部在协助班主任进行检测后,其自己的预习作业则直接受教师检查。这样可以有效防止预习不认真和不预习现象的发生。同时,要形成"以优带差"小组合作的方式进行反馈,通过小组内、小组间的互相交流与讨论后,为防止那些不预习的学生滥竽充数,教师要随机提问,杜绝使用小组推荐的办法回答问题,使那些平时不预习、心存侥幸的学生无所遁形,迫使他们以后认真预习。

因为高中语文教学任务较为紧迫,教师日常的教学任务较为繁重,因此教师可以在预习检测环节将教育权力下放,充分发挥学生的自觉性和班干部协同班级管理的作用,帮助教师完成教育教学的预习检测工作。这样不仅可以显著缓解教师的预习检查压力,还能使学生之间产生互相监督、共同进步的有效预习氛围。

(二)课中检测优化

在实际的语文课堂教学过程中,教师不仅可以在课前帮助学生进行预习学习任务的优化,在课堂教学过程中,也可以通过"检测"的方式进行预习情况的检查,并针对检测结果进行预习学习的优化和有效性的提升。同时,教师还可以通过语文教学过程中的检测,有针对性地调整学生的语文预习学习内容和期望达到的学习效果,帮助学生提高语文学习能力,也通过有效预习来促进语文有效教学系统的构建。

课前预习有没有效果或者课前预习进行得是否高效,可以通过课堂预习中学生的反应情况来检验,并且通过课堂预习的检验,可以准确地找到症结,查漏补缺,进而反过来弥补课前预习中存在的不足。课中优化检测方式非常有必要进行,而确保课堂上学生的反应能准确反映课堂预习效果的重要一步,就是必须做好课前预习与课堂教学的衔接工作。

例如,笔者通过了解发现,笔者所在的学校的语文教师就为了检测语文课前预习这种方式的效果以及通过课堂上学生的反应来调整课前预习策略。笔者选取了两个同等级别、同等层次的班级,A班和B班。由王老师和李老师两位语文教师分别对A、B两班学生对《记念刘和珍君》进行预习,然后两位教师希望通过课堂上学生的反应来优化课前预习。王老师因事先没有做好学生课前预习与课堂的衔接,而李老师事先认真做好了课前预习与课堂上课的衔接工作。后来在课堂上进行真实比对验证时,发现两个班学生的课堂反应差别很大。王老师所在的A班的学生在课堂上很不积极,教师提问时,学生发言也多是吞吞吐吐,说不出个所以然。而李老师所在的B班的学生能在课堂上积极与教师进行互动,积极参与讨论交流,针对自身疑问和教师提问能踊跃发言,使整堂语文课上得趣味盎然,令人回味无穷。

鉴于此,对预习效果进行课中检测,进而优化课中检测方式,必须做好课前预习与课堂的衔接工作，从而在课堂上能就预习中的疑难问题进行更好的合作交流。通过课堂上师生之间的互相交流学习，使学生在预习中的独到见解能够得到表现的机会，教师再针对学生的预习具体内容给予适时的肯定和表扬，可以使学生再接再厉，从而激发了学生的预习热情，提高了学生的预习效率。

同时，要注意的是，倘若课前预习没有为提高学生的课堂效率服务，并且荒谬地认为做好了课前预习，那就大错特错，并且背离了课前预习的根本目的。任何情况下都需认清，课前预习不可能代替课堂教学的地位，它只是课堂教学的一个前奏曲。如果进行了课前预习，课堂的教学效率非但没有提高，反而加重了学生的学习负担，那么这样的预习就是多余的、无用的。因此，教师要积极利用课堂教学效果来检验课前预习的效果。

综上所述，无论是预习效果的课前优化还是课上对于预习学习效果的检测，都需要教师加以引导和配合。因此，教师应该结合学生的学习效果和以往的预习效果，积极帮助学生改善和提高自主预习能力，使学生在完善的预习检测机制下，提高语文学习能力；在教师的指引下，完善语文预习学习能力。

四、提升学生预习能力

提高高中生语文课前预习的效率，除了依靠教师的指导外，更需要学生自身的努力，因为学习毕竟是学生自己的事情。但是在现实中，许多学生并不认为学习是自己的事情。

例如，在诸多家庭中，孩子的地位非常高，时不时就向家长发脾气。在预习上，大部分学生都不是很自觉，回到家中，孩子大多是眼不离电视。家长看到孩子这样，就来劝阻孩子预习，结果孩子大发雷霆，父母因为溺爱孩子,就选择忍气吞声。为了让学生在家认真完成作业、努力预习,家长就开始用金钱奖励或者满足学生提出的条件等方式,使学生完成作业。预习俨然成了一种需要用物质交换才能履行的行为。更有甚者,家长怕孩子完不成作业受到学校教师的批评,就代孩子执笔作业。众所周知,识字与写字教学是语文学习目标的五大领域之一,倘若家长代孩子执笔作业,那么孩子的识字与写字能力到什么时候能得到提高? 家长为了一时的不忍,而忽视了孩子的长远发展,这种方式在预习中绝不可取。而家长用金钱奖励这种方式来诱惑孩子预习,会使孩子从小在不自觉中养成功利化的思想,这样如何培养学生的社会主义核心价值观? 如何能培养出德、智、体、美全面发展的社会主义现代化建设人才? 因此,家长必须杜绝对孩子的这种教育方式,让学生意识到"预习是自己的事"而不是家长和教师的事情,要让学生勇于承担预习的责任。

学生的预习学习能力并不是与生俱来的,而是需要教师不断培养和引导的。同时,教师可以通过针对不同的年级、不同的学生学习情况和不同的语文知识进行分类培养,以提高语文预习能力培养的专注性,使不同的学生在面对不同的语文文本时,可以找到最合适自己的语文预习方式,并借助最少的学习资源和学习时间将预习效果最大化。

(一)针对不同年级的学生

预习是一种自主性学习活动,学生除了要勇于承担预习的责任、端正预习的态度外,还要讲究预习的方式方法——进行个性化学习。

例如,在学习了《鸿门宴》一文后,教师组织学生讨论项羽和刘邦的人物个性特点。A 学生认为:"项羽是个光明正大、顶天立地的大英雄、真豪杰,而刘邦是个十足的无赖、真小人。"B 学生认为:"项羽太过于目中无人,刚愎自用,不听忠言,导致乌江自刎,算不得真英雄、真豪杰;而刘邦能屈能伸,善于听取良言,唯才是举,不拘一格,乃是十足的领导者。"C学生认为:"项羽败就败在一个'情'字上,'虞兮虞兮奈若何'体现了相遇的儿女情长,因为虞姬自缢而死,项羽便觉得生无可恋,即使再回江东,他日东山再起,虞姬也不可能活过来,所以就造就了一代霸王乌江自刎的悲惨结局。而刘邦不为亲情感情所羁绊,一日,项羽抓了刘邦的父亲,刘邦还冲着项羽大喊:'如果把他煮了,别忘了分我一杯羹。'可见,刘邦是多么不重感情,只讲实际利益。而面对楚汉争霸的现实,谁更实际、更理性,胜利最终就属于谁。于是刘邦取得了最终的胜利。"D学生认为:"项羽更像个小孩子,不理智,感情用事,而刘邦则是个成熟的大人,喜怒不形于色,任何时候都能保持理智。"

上述案例中,学生对事物的看法和理解是不同的。众所周知,语文是一种集言语、形式、内容于一体的学科,教师完成了课文的言语形式,但真正要说到学习这篇课文、完成这篇课文的目标,则需要学生进行个性化阅读,方能达到形式与内容的统一。

因此,让学生进行个性化预习,势在必行。学生制订自己的学习计划,要计划在一个多长的时间段内达到一个什么样的目标,以及通过这段时间的课前预习,自己的知识和能力得到了什么程度的提高。人生无目的,犹如船只失去船舵,学生自身针对课前预习制订一个长期的预习目标,就可以有目的、有计划、有组织地开展预习活动,提高学习效率。

学生从高一到高三,知识水平、语文学习能力一直处于上升阶段,心理发展也稳步前进,从学生的认知水平和能力要求两方面考虑,针对不同年级,教师的预习设计应当有所侧重。鉴于高三全年复习的现状,笔者只探讨高一、高二年级学生语文知识的自主预习。

1.高一:教师培养良好预习习惯

高一是"立规矩"的好时机,教师要舍得花时间、下功夫,带着学生预习,讲清楚要求。一般高一开学伊始,为了让学生尽快进入状态,教师会选择从文言文入手。例如,在高一年级的教学过程中,第一篇文言文是荀子的《劝学》,笔者建议由教师带领预习,教会学生正确使用古汉语词典。由于《劝学》是高中的第一篇文言文,预习的要求需要适当降低,以增强学生的自我效能感,而不能让学生心生畏惧。

(1)预习要求要明确

预习要求具体包括以下四个方面:第一,通读全文,读准字音。字音在高中预习中是最初级的,必须让学生养成自己查字典的习惯。第二,把文下注解中的知识点部分画出来,把单独的实词虚词的解释写到课文相对应的空处,帮助学生养成动笔的习惯。第三,准备好不同颜色的三支笔。一般学生会备足黑色、红色水笔和铅笔,要求学生把能确定的内容用黑笔填上答案,在查阅词典后还不确定的用铅笔填上答案,完全不理解的用红笔做上记号。当学生的黑色笔迹越来越多,不仅他们的学习能力得到了提升,而且也越来越自信。第四,跟学生约定一些记号,比如用三角代表"古今异义",用方框代表"通假字",用圆圈代表"词类活用",用浪线代表"特殊句式"等。这并不是说第一课的预习就对学生提出理解文言现象的要求,而是作为一个通用要求先提出来,一则有利于学生后期有序预习,二则帮助学生课堂记录。课文行距很小,要想让密密麻麻的记录有条不紊,符号很重要。

（2）预习内容要科学

学生的能力有限，文言文的预习内容宜简不宜繁，宜易不宜难。预习可以分为三块：一是文学常识，可以要求有条件的学生翻阅手头的资料，对文下注解里的介绍进行补充；二是文体知识，找出论点；三是文言知识，以重点实词和典型的虚词为主，辅以一些简单的文言现象，如"木直中绳"的"中"，"輮以为轮"的"以为"，"吾尝跂而望矣"的"尝"和"跂"，"假舆马者"的"假"等。在预习过程中，教师要不断地巡视，及时指导、提醒预习的方法和要求，有一个好的开始就成功了一半。

（3）预习评价要合理

有预习就一定要有评价，学生的水平参差不齐，答案的对错不能作为评价的唯一标准。教师手把手地指导学生预习了第一篇文言文，第二篇《师说》的预习就可以适当放手了，但必须要再次明确要求，不能指望已经讲了一次学生就能记住并遵守。在设计《师说》的预习题时，教师可以巧妙地加入《劝学》中学过的知识点，使学生体会到学习的成就感，懂得运用工具书却不依赖工具书的道理。在高一年级的第一学期，教师要经常给予预习指导，每一个新文体的课文预习，都需要教师手把手地教；到第二学期，教师可以视情况逐渐放手，但仍需把培养习惯放在第一位。

2.高二：有序预习，增强能力

经过高一一年的培养，学生对各种文本的预习要求基本心中有数，也养成了良好的预习习惯，地基夯实了，高楼指日可待。同时，由于高二文理分科，学习重点反而更明确了，预习的操作性变强。所以，高二的预习设计就需要逐步提高知识能力上的要求。

以同是文言文的《渔父》为例，预习要求与评价暂不多做分析，主要探讨与高一预习内容设计的不同之处。《渔父》篇幅短小,难易适中,笔者采用个人预习与合作预习结合的方式,大胆地设计了由学生自学、讨论、自讲、自评的模式。通过高一一年的学习,大部分学生已能敏锐地找到重要实虚词,自觉分析文言现象,于是笔者提出两个大方向——知识点串讲和思想内容分析,其余放手让学生操作,以小组为单位,分段授课。不过放手不代表不闻不问,学生的每一个进程都需要及时检查。学生的自学颇有成效,他们拿着讨论之后还未解决的问题来向笔者请教,"要我学"和"我要学"的区别立刻就显现出来了。自讲时,学生很是雀跃,一个个自信满满,不时出现的争论更是让课堂增色。这个课堂就是他们预习的展示,这是学生第一次离开教师自己完成了一篇文言文的学习,这是对他们能力与水平的肯定,也是对他们高二预习的要求。

当然,教师在具体操作的时间上可以有变动,根据学生的具体情况稍微提前或推迟都是允许的,但这个循序渐进的过程是不可偷工减料的,切不可一张预习模板从高一用到高三。因为,不同年级的学生对于预习能力的要求是不同的。因此,教师在不同年级的有效预习能力培养的过程中也不可一概而论,而是应该结合学生的接受程度和自主学习能力,不断改善和改进学生的自主预习能力,使学生的预习能力得到最大程度的提高。

(二)针对不同成绩的学生

预习是面向所有学生的,致力于让全体学生都尽可能地得到关注和提高。虽然高中是按照成绩统招,但学生的语文成绩相差甚远,因此教师在设计预习作业时,要凸显一定的层次性,结合学生的知识水平、阅读能力和气质性格等特征,不同的学生可以安排不同的预习任务,因材施教。

1.根据学生的能力水平划分

既然一个班级中的学生的语文学习水平是参差不齐的，那么教师在阅读预习的设计上就要多费些心思。如果问题设置过难，大多数学生都无从下手，毫无成就，势必会打击学生学习的自信心，失去对预习的兴趣；而如果问题设置过易，所有学生都能毫不费力地完成，则会减少学生学习的兴趣，尤其是能力水平比较高的学生，完全发挥不出优势，会让他们彻底轻视阅读预习。那么，怎样的难度才是最可取的呢？由维果茨基的"最近发展区理论"可知，预习题目的难度最好略高于学生已经具备的语文水平，但这并不是说可以忽略基础知识，预习有其特殊之处，教师仍需设计基础型作业，而对于涉及文本阅读的相关预习作业，教师不妨参考"最近发展区理论"，让学生"跳一跳"才能"吃到桃子"，面向全体学生，可以把问题设置成不同的难度，由浅入深，给题目分组，不要求学生做所有题目，他们可以自由选择某组，也不要求所有学生都答到一个水平上。

例如，在设计《荷塘月色》一课的阅读预习时，笔者准备了以下两组题目：

第一组：第一，找出"我"去荷塘散步的原因；第二，画出"我"散步的路线；第三，画出文中议论抒情性的句子，体会作者的情感。

第二组：第一，分析"我"去荷塘散步的目的；第二，分析作者情感的变化。

这两组题目中的第一道题虽然只有一词之别，却是完全相反的答案，"原因"在文中能直接找到，"目的"却需要大脑转个弯；第二组的第二道题实际上包含了第一组的第二道题和第三道题，难度更大，学生只有弄清楚"我"的路线，并实实在在地找到文中的一些词句，体会到作者在不同地点的不同感受,才能答好这道题。所以,这两组题层次是不同的,题目的设计有梯度,照顾到了全班学生的阅读水平。当然,教师可以设计难易程度不同的题目,让学生有所选择,也可以设计虽有难度但所有学生都可以回答的题目,既不会让水平低一点的学生望而生畏,又不会让能力强一些的学生食之无味。

2.根据学生的不同气质类型划分

每个人都有不同的气质,外向型的学生多热爱探索,反应迅速,但容易脾气急躁,粗枝大叶,适合探究性的题目;内向型的学生多稳重谨慎,认真细致,但容易心生畏惧,死板迟缓,适合信息搜索类的题目。在进行小组合作预习时,可以利用不同学生的气质特点来提高预习效率。

例如,在分解《雷雨(节选)》的预习任务时,教师可以分配内向型的学生查找资料,了解《雷雨》的相关知识;分配外向型的学生揣摩戏剧内涵,排演课本剧。不过,这种方法要适度,如果长期如此,学生的优势固然得到发挥,劣势却越来越明显,也违背了语文预习的初衷。但是,这种针对学生的性格和特质开展的预习活动可以提高学生的参与性,让学生使用自己最拿手的预习方式来完成语文知识预习,并在预习活动参与过程中建立自信,促进语文学习能力的提高。

(三)针对不同类型的语文知识

高中语文教材中的选文可谓百花齐放,各种文体均有涉及,虽然现在有人提出淡化阅读文体的思想,但不代表可以忽略文体。文本本身有自己的文体特征,而文体的特点与阅读理解的方法思路等密切相关,阅读预习是学生自主学习的过程,学生独立学习,更需要掌握文体的基本常识。根据新课标的划分,高中阶段主要涉及四种类型的文本。通过前期教师的指导,学生已经掌握了记叙文、议论文、说明文、文言文的预习方法,为此,学生可以依据自己的情况,制订适合自己的预习计划,再把大的学习计划分成小步骤进行,制定学期预习目标、周预习目标、日预习目标,然后根据预习目标时间的长短,找到各种适合自己不同预习目标的独特方法。

1.文学类语文课文的预习

文学类文本包含散文、小说、戏剧等,以记叙、描写为主要表达方式,辅以少量的议论、抒情。在预习时要关注时间、地点、人物,事情的起因、发展、高潮、结局等要素,梳理课文内容,明确作者的写作思路,找出文章的脉络,初步探究文本的内涵;同时还要关注文中的描写,分析相关的艺术手法。这都需要教师在预习指导中明确要求,教会学生预习的方法。例如,《最后一片常春藤叶》就是围绕女画家琼姗生病来写的,感染肺炎—等死—燃起生的希望—脱险,讴歌了底层人民的美德,在描写人物时运用了直接描写和间接描写相结合,从肖像、神态、语言、动作、心理等各个方面来刻画人物形象。又如,《荷塘月色》在描写荷塘美景时则由近到远、由高到低,运用了动静结合、比喻、拟人、通感等修辞手法。

2.论述类语文课文的预习

论述类文本包括议论文、杂文、随笔等,以议论为主要表达方式。预习时首先要抓住的就是作者的观点和思想倾向,所以要先把文章的论题、中心论点和分论点都找出来,然后要思考论证方法,这需要学生掌握常见的论证方法,如举例论证、对比论证、引用论证、比喻论证、类比论证等。以《拿来主义》为例,本文的论题很清楚,中心论点是"运用脑髓,放出眼光,自己来拿!"在此基础上分析了拿来之后怎么办,全文运用了举例论证、类比论证、比喻论证等论证手法。

3.实用类语文课文的预习

高中阶段实用类文本以说明文为主，预习说明文要求学生首先明确文章说明的对象,抓住说明对象的本质特征。如果说明对象是学生比较陌生的事物，教师在进行预习设计时就要帮助学生通过网络等途径先做了解。很多说明文用词生僻,如《斑纹》一文就出现了很多生僻的专业用词，所以对说明文的字词要求不能松懈。

说明文中的说明方法很重要,举例子、打比方、做比较、下定义、作诠释、列数字、画图表、分类别、摹状貌等说明方法都是学生需要掌握的,这些是学习说明文的基础,教师在布置预习时要有所侧重。例如,程序性说明文《景泰蓝的制作》就综合运用了举例子、打比方、列数字、做比较等多种说明方法。

另外,说明文中常常出现"大概""大约""左右"等约数词,学生在预习时就要了解这些词的作用,因为这些词语体现了说明文语言的规范性、科学性、严谨性、准确性。

4.古诗文语文课文的预习

文言文距离我们的生活太遥远,学生容易心生畏惧,预习时需要抓好读、查、记,读准字音,读准句读,熟读课文,查好词典,记下结果。前文曾提及高中第一篇文言文的预习设计,这里笔者主要说说一般情况下需要学生掌握的文言文知识,以便他们开展预习活动。在诵读的基础上,学生需要关注课文的重要实词和考纲上要求掌握的虚词,如"之、于、而、以、为、其"等,当然教师在设计预习时应该有所体现。除此之外,还有一些重要的文言现象,如古今异义、词类活用、特殊句式、通假字等,这些是学习文言文的重点,能够帮助学生扫除理解障碍,增加自信心,积极有效地预习文言文。

古诗文文本除了文言文还有古诗,不过如前文所言,笔者认为古诗短小精练,更适合当堂预习。当然,不论是文言文还是古诗词的预习,背景和作者创作的解析的资料查找都是必不可少的预习内容。

不同的预习内容需要配备不同的预习方法才能达到预习效果最大化,因此教师应该结合学生的学习情况和语文课文的具体文本形式来合理安排语文预习工作,使学生的预习效果最大化。

五、完善预习评价机制

"实践是检验真理的唯一标准",针对本部分提出的课前预习策略,需要对预习策略的实施进行反馈和评价。那么,形成有效的管控评价机制可以从两个方面着手,即优化策略是否有效实施和是否与课堂教学相偏离。

(一)优化策略是否有效实施

要确保优化策略得到有效的实施,就需要全程监控教师氛围营造方面、教师指导策略方面、教师反馈策略方面、学生方面为提高课前预习所采取的策略是否正在实施,是否朝着提高课前预习效率、增强学生自主学习能力以及提高课堂教学效率的方向健康发展。

优化策略具体包括九个方面:第一,监控教师是否积极利用现代教育技术录制视频课以及在线及时解答学生的疑惑;第二,监控教师是否积极寻找并利用学生的兴趣点激发学生的预习兴趣;第三,监控教师是否经常利用正强化手段激励学生养成预习习惯,以及教师实施正强化手段的时机是否恰当,表扬是否言之有物;第四,监控教师平时是否不断学习新知识、新教学技术,汲取养分;第五,监控教师是否就学生的学习经常与家长进行沟通交流;第六,监控家长对于孩子预习的良好家庭氛围的营造是否有所改进;第七,监控教师是否妥当地教给学生不同文体的预习方法,学生是否通过教师方法的传授,掌握了不同文体的预习方法;第八,监控学生是否主动承担起学习的责任,是否主动地制订个人的预习计划,并有步骤地完成;第九,监控学生平时的人际关系是否改善,是否能把良好的人际关系运用到课堂交流上。

至于监控措施,则主要采取实地跟进、走访调查、访谈等途径,确保做到真正地、随时随地了解到这些策略的实施情况,以便及时进行调整。

(二)是否与课堂教学相偏离

课前预习策略的优化,会逐渐使师生在潜意识中觉察到预习的重要性而忘乎所以,因此要防止学生学习过于偏向课前预习而无视课堂教学现象的发生。毕竟课前预习只是课堂教学的一个环节,课前预习所进行的一切活动都是为了课堂教师高效率的教学而服务的。倘若学生进行了课前预习活动,而没有被课堂教学所利用,或者是因为学生进行了课前预习的活动,而对课堂失去了新鲜感和兴趣,那么这样的课前预习就是无效的、多余的。因此,要注意对课前预习是否与课堂教学相偏离的情况进行监控。

具体而言,包括六个方面:第一,在课堂上,对课前预习与课堂教学的衔接情况进行监控;第二,对教师在学生课前预习后的检测反馈以及反馈时机的恰当性进行监控;第三,对教师是否能通过检测反馈准确把握学情并根据学情及时调整精心设计好的课堂教学设计进行监控;第四,对教师是否就课前预习的情况积极组织"自主、合作、探究"的学习活动进行监控;第五,对教师是否持续进行课前预习活动的检测进行监控;第六,对课堂上学生的参与情况进行监控。

至于监控途径,则可以采取与班上学生交流询问、定期跟班听课仔细观察、不定期抽查听课跟进监控等。此外,对课前预习实施策略的监控,除了采用多种监控措施外,还可以实施多主体的监控方法。不仅学校教师可以对课前预习的实施措施、课前预习策略实施的方向进行监控评价,而且学生自身、家长也可以成为预习监控评价的实施者,逐渐形成以多个主体监控评价的预习监控体系。这样可以最真实有效、最快捷便利地了解教师对预习氛围的控制的具体情况,还可以了解学生预习方法的掌握情况、预习计划的制订情况。如此以确保课前预习的各项优化策略朝着正确的方向实施,而不至于因为方向错误,而白白浪费时间精力和资源。

六、家校共育预习能力

学生预习活动的进行主要是在家里,那么家庭环境是否良好、父母关系是否和谐,对于孩子预习活动的顺利展开、预习效率的高低起着至关重要的作用。教育心理学表明,如果孩子的父母整天其乐融融、家庭一片祥和,那么孩子就很乐意学习;如果孩子的家庭关系紧张,那么孩子的性格就比较阴暗封闭,就会使孩子养成逃学、厌学的坏习惯,进而导致上课不认真听讲、迟到、早退、打架、斗殴等坏现象的蔓延发生。因此,教师要积极与家长进行沟通,通过交流,提高家长的意识,同时教师也要粗略地教给学生家长一些简单的心理学知识,使家长意识到孩子处于青少年阶段,辨别是非的能力、抵御诱惑的能力不强,而在互联网时代,不良信息随时会侵扰孩子的身心。作为父母,要让孩子学会摒除不良网络信息,塑造一个学习化的家庭氛围,提高家庭的学习氛围,如家长可以闲暇时在家里静静地看书,为孩子预习提供一个良好的榜样和良好的环境,从而使孩子的预习取得事半功倍的效果。此外,教师还要积极建立健全家访制度,深入实际,定期组织专业人员对学生在家的预习情况进行调查。

第四节　有效预习的意义

　　语文作为母语学科,似乎一直陷在"鸡肋"的泥潭里不能自拔,在英语和数理化的夹缝中求生存。我们都知道,语文学习并非一朝一夕就能完成的,但不能把这当作不作为的借口,起码一旦学生提起了兴趣、充满了自信,他们对待语文的态度与热情会发生变化,学习效果也会水涨船高、令人期待。当然,这需要教师从各个方面去做足功课,而预习即是第一条通道。

一、提高学生的课堂参与度

　　新课标强调,在语文教学过程中,要关注每一位学生的学习体验。但是,即使是通过统一考试进入普通高中,学生的语文学习水平仍然高低不一,个体差异非常明显。有些学生注重基础知识的积累,在上课前会扫清学习障碍,掌握字音字形;有些学生容易被故事情节吸引,在上课前会了解文章大意;有些学生善于思考,能敏锐捕捉到文本的内涵并有自己的理解;而很大一部分学生则没有预习习惯,对文本一片空白地走进课堂;还有一部分学生不是不愿预习,而是根本没有时间,繁重的课业压力逼得学生无暇顾及。面对差异如此大的学生,教师想要关注学生的个体学习感受简直无从谈起,统一的课堂设计原本就很难兼顾不同的学生,但是借助预习,教师则能关注到不同层次学生的学习状态。

(一)缩小学生之间的语文学习能力差异

预习需要教师精心设计。在教师的指导下,学生根据要求做好准备。扫清字词的学习障碍对高中生来说已是最基本的预习要求,对没有这方面习惯的学生而言,可以通过预习使他们善于运用工具书,逐渐养成良好的习惯。这对文言文的预习显得尤为重要。以《李将军列传》为例,该文多处出现了"当"字,解释完全不同,如"如令子当高帝时"的"当"解释为"处在","今乃一得当单于"的"当"解释为"面对","吏当广所亡失多"的"当"解释为"判决"。基础知识掌握良好的学生也许凭借大脑的知识储备就能理解,而基础不够扎实的学生如果学会运用工具书进行预习,也会发现其中的差异,并归纳出"当"的几个释义,能够极大地缩小个体之间的学习差异。当然,高中生的语文学习重在对文本的解读,预习作为一项硬性任务,能够促使没有阅读习惯或者没有思考习惯的学生走进文本、有所思考,不至于在课堂上猝不及防。

(二)发挥每位学生的优势

在做好预习的基础上,学生之间的个体差异已经不是课堂教学的障碍,而是"一石激起千层浪"的那块石子。个性对话的宝贵之处就在于辩论,这场由个体差异所引发的辩论不外乎三个原因,即对错的争论、角度的碰撞、高低的探讨。通过预习,学生的见解感悟都被激发了出来,被他们带到了课堂,衍生出一场精彩的对话,真理越辩越明,学生的思路更加开阔,走出了错误的死胡同,吸收了别人的思想精华,从而改变自己固有的思维模式。例如,在《祝福》的预习反馈中,笔者看到学生对"谁对祥林嫂的死负有不可推卸的责任?"这一问题的理解各有不同,大部分学生理解得不全面,其中有几位学生认为"我"也是刽子手之一,这个问题对理解小说的主旨很有帮助。课堂上学生展开辩论,各抒己见,最终明了除了鲁四老爷之外,四婶、婆婆、大伯、柳妈甚至鲁镇民众都极大地增添了祥林嫂的精神痛苦,残害祥林嫂的元凶是封建礼教和封建迷信。而"我"有软弱无能的一面,又具有进步思想,同情底层人民,虽未给饱受摧残的祥林嫂带来光亮,但绝不是将其推入深渊的帮凶。正是因为学生在课前预习环节进行了充分思考,才能为语文课堂教学的对话做好准备。

我们力求让课堂成为每一位学生的主场,可是如果学生对教师的设问一问三不知,他们很难融入课堂,长此以往,将会滋生厌学情绪。每一位刚刚进入高中的学生无一不对未来充满期望,他们往往不是厌恶预习,而是不会预习。指导他们怎么进行课前预习,可以让学生最大限度地参与课堂学习,并有效提升语文课堂的有效性。

二、增强学生的学习成就感

通俗地说,当学生认为自己可以学好语文,那么他就一定能够学好,并且轻松快乐地学好。这种自我暗示的作用是极其强大的。可是,学生较高的自我效能感从何而来呢? 高中生不像小学生那么"好骗",青年早期的心理特征决定了他们更相信自己的判断,只有让他们切身体会到自己在课堂上"有所作为",才能提高其自我效能感。

(一)激发学习动力

现代心理学认为,动机可以引导和维持一个人的活动,并且该活动指向一个特定的目标,以维持或加强活动的强度和持续时间。兴趣是最有效的引导者,当学生的学习动机被激发出来,他们将积极主动地学习,同时能够加强自我认同感。

在语文教学中,文本是教学的载体,学生在阅读文本时,需要调动自己的思维力、想象力去弥补作品里的空白,这个阅读活动是别人不能代替的。在这个过程中,学生消化教材内容,产生了一定的感悟和疑问。学生通过预习,产生了自己的理解,一旦在课堂上得到肯定,便会有成功的快感;而预习中的困惑,更有利于学生在课堂上集中注意力。例如,杨绛先生的《老王》看起来很浅显,实际上值得细细体会,在预习中,学生对老王的形象多少都有自己的见解,课堂上相互补充乃至针锋相对,参与度很高。不过,大部分学生对文章最后一句话的理解存在疑问,不明白作者为何"愧怍",因此笔者引导他们到文章中寻找原因,由"也许他平时不那么瘦,也不那么直僵僵的"中的"也许"看出作者平日并没有关注老王;由"我碰见老王同院的老李"中的"碰见"看出作者明知道老王病入膏肓,却并未用心留意老王的状况,随着时间的推移,作者一次次地想到老王对待自己的真诚真心,内心越发不安,实际上同样陷入困境的她对老王并非没有关照,却依然感到惭愧,由此引导学生明白作者悲天悯人的情怀。学生带着疑惑解读文本,求知欲大大增强。所以,当他们迫切想知道自己的理解是否准确、疑问如何解决时,学习动机就被激发出来了。学生热情地投入课堂去验证自己的答案和解决发现的问题,自我认同感就随之提高。

(二)巩固知识

语文知识的储备是一个日积月累、循序渐进的过程,步入高中的学生积累了不少语文知识,这是实现有效预习的必备前提,同时预习也成为巩固知识的有效途径。在课前预习中遇到难点,学生会联系以前学过的知识来试图解决出现的新问题,起到复习旧知的作用。对于新学不久的知识,学生在预习中找到了呼应,他们会惊喜于自己的发现,使知识掌握得更牢固,对自我的认同感更强。以两篇课文为例,《指南录后序》中有一个关于"以"

的知识点，"以资政殿学士行"，"以"+"官职名"，"以"译为"凭借……的身份"，紧邻的一篇课文《五人墓碑记》中也有这个知识点，"是时以大中丞抚吴者为魏之私人毛一鹭"，学生在学习了《指南录后序》之后再预习《五人墓碑记》，颇有成就感，在巩固了已学知识的同时，自我效能感大幅提高。

三、增强师生互动，完善有效教学系统

课堂是教学的主阵地，学生的学习主要集中在课堂上，课堂的效率直接影响学生的学习质量。课前准备是教学的出发点，它是整个教学过程的有机组成部分。预习得当有成效，师生之间的互动张弛有度，而非为了互动而互动，课堂效率大幅提高，形成一种教师乐教、学生乐学的语文课堂教学氛围。

（一）教学、学习同步

课堂效率分为授课效率和听课效率，先从听课效率着手。我们承认学生存在个体差异，就必须承认预习的效果差异，但效果再差，预习和不预习还是有本质的区别。经过准备，学生可以跟上教师在课堂上的节奏，尤其是当他们学习更长的课文时，不至于手忙脚乱。以《林黛玉进贾府》一课为例，12 页的课文，笔者拿出一个课时专门分析人物形象，如果没有预习，学生甚至连描写人物的文字都找不到，更别提思考分析了，听课效果可想而知。而这个寻找的过程完全可以在预习中完成，找到相关的描写语句，画上横线，运用已有知识初步分析描写手法，归纳形象特征，即使分析不全面、归纳不准确，却是融入了学生的思考，这个宝贵的、无可取代的思考过程帮助他们从容地参与课堂，在一次次的对话碰撞中打开思路，掌握知识。

（二）深入了解学情

教学工作以上课为中心环节，备好课是上好课的基础，我们都知道备课需要钻研教材、了解学生、考虑教法。教材摆在眼前,如何去解读它,围绕它制订合理的教学目标,这是教师能够掌控的事。但是,如何了解学生呢?如何根据学生的特点选择有效的教学方法呢?书面化的预习结果就是教师了解学情的最佳途径。如果没有预习,教师只能凭主观臆断猜测。教师需要将学生的新旧知识板块连接起来,却对学生的已有经验一无所知,结果是教师一言带过,学生一头雾水;教师声嘶力竭,学生昏昏欲睡,课堂效率怎能不低下。

了解了学生才能选择好教法,那些学生基本能够解决却不够准确完善的问题,可以合作交流,借别人之长补自己之短;那些绝大多数学生理解错误的问题,可以直接选择讲解式,不做无谓的讨论而浪费时间。要实现真正的交流合作,教师需要了解学生,学生需要初步了解文本,师生之间、生生之间才能展开有效率的对话。

(三)确立学生的预习主体地位

在传统应试教育模式下,教师满堂灌的教学方式导致教师是权威,"师道尊严"把教师的地位抬得很高,而学生只是被动的接受者,学生的主体意识逐渐被扼杀,尊严被践踏,身心被重创,思维方式也趋于单一化。而教师则常常在课堂中摆出一副高高在上的面孔,无形中拉开了与学生之间的距离。久而久之,扼杀了学生的发散思维能力,学生分析问题、解决问题的能力大大降低。这是与素质教育下学生创造性的培养背道而驰的,这是与语文新课程标准相违背的。

课前预习是一种学生独立自主进行学习的方式。学生在进行预习的实践活动中,不受教师权威性的影响。学生可以根据自己的兴趣,选择自己的预习方法;根据自己的需要,选择视频在线、网络或实体辅助资料等辅助预习。在这个过程中,学生的主体意识逐渐增强,主体地位也得以凸显。此外,预习的目的也致力于更好地开展一种"自主、合作、探究"的学习方式,这种学习方式的开展本身也在向有利于确立学生的主体地位方向发展。

1.增强学生的学习动机

传统课堂的学习程序就是教师的课堂讲解和学生的课后复习巩固。在课堂上,教师从学生对未知事物的好奇心着手,讲解文本时加一个能吸引学生的导入过程,设置一系列有趣的课堂追问、设问、反问,刺激学生的参与,并积极解除学生的疑惑,便能抓住学生的兴趣,强化学生对学习新课的动机。其实,这往往只是教师个人的主观臆想。这样的方式看似有效,事实却并非如此。

学生固然在课堂上能因教师的一个个有吸引力的导入而把注意力引回课堂,学生也可以因教师在课堂中一个个起伏跌宕的追问环节而把将要分散的注意力重新凝聚起来,积极应对教师在课堂上的提问。但是,这样的方式能真正带动学生兴趣的效果极其有限,且不说强化学生的学习动机了。因为学生对正在学习的文本还没有足够熟悉,也没有对个别问题进行认真地深入思考。课堂上教师讲课的时间有限,教师提出问题后,留给学生的思考空间也极其有限,况且学生的个体差异导致学生对不同问题的理解程度、反应时间都是不同的。教师在课堂上提出问题,往往是使脑子反应快、专业功底好的学生受益,专业功底薄弱的学生受损。这与教育要尊重每一个学生的发展相违背。要使学生在课堂上对教师所提的问题立刻心领神会、一点就通,大部分学生估计都做不到。而把课前预习这种方式引入教学环节,则能有效解决这个问题。学生在课下进行自主预习,使每一个学生在课下都有足够的空间和时间进行独立思考,获得对文本的独到见解。在课堂上通过合作探究式的交流,使学生对文本的理解更加深入,也会更有针对性地听课。在交流过程中,一旦自己的见解比较好,便会受到表扬,从而强化学生课前预习的动机。学生在课堂上有针对性地听课,也可以强化学生认真听课、积极参与思考的动机。

2.提升课堂教学质量

传统的课堂教学环节主要是教师的讲课和课后复习。一堂课伊始,教师先让学生默读几分钟课文,然后就开始讲解新课,一个好的导入紧紧抓住学生的兴趣,然后教师津津有味地讲解,学生饶有兴致地听,有的听得很认真,有的听得云里雾里,有的在下面开小差。教师以为教学不可能顾及每一个学生,只要有部分学生认真听,就继续讲,只要讲完就算完成了教学任务,学习好的学生能听懂就行。于是,教师在讲解过程中就自以为是地开始提问那些认真听课的"好"学生,其结果让教师傻眼,认真听课的学生也居然一问三不知,只是在配合教师。此时,教师才蓦然顿悟,原来这堂课是自讲自演。此外,教师在课堂中也无力应对教学变故,其表面原因好像是与预设相差太大,其根本原因是"师不识生,生不知师"。

而将课前预习这种学习方式纳入教学环节,这种尴尬的局面不但能够得到缓解,而且能够提高教学效率。学生通过课前预习,对课文内容有了一定的理解,这样在课堂上便能有针对性、有重点地听教师讲解,并且能就教师在课堂中提出的问题进行积极思考。充分调动了学生课堂参与的积极性,使教师在课堂上不再孤单,不再自编自演。同时,通过学生的预习,教师对学生的学情有了把握,也不至于出现因课堂变故而不知所措的情况,从而整体提高了课堂教学质量。

3.增强学生自主探究能力

传统的满堂灌的教学方式,使学生被动接受知识。在课堂上教师提出问题时,为了节省时间,给予学生思考回答的时间极其有限,一旦超过了这个时间,教师就会越俎代庖,代替学生思考,代替学生回答,然后教师再把现成的答案让学生记到笔记本上。在教师看来,学生只要课堂笔记记得仔细,知识积累得就越深,遇到其他相似的问题,学生便可以运用笔记本上的知识进行迁移,从而解决问题。但是,其结果却让教师大跌眼镜,学生在遇到相似问题时,连照葫芦画个瓢也不会。原因就是教师经常性地代替学生思考,代替学生回答问题,久而久之,学生习以为常,认为教师还会给出答案,所以也就不去积极思考,脑子僵化,动手探究能力几乎消失殆尽。

而把课前预习纳入教学环节后,打破了原有的教师满堂灌的教学方式。学生在自主预习的过程中遇到疑难问题时,可以独自运用原有的旧知识分析、思考问题,再调用知识迁移解决问题。同时,利用原有的认知策略,进行预习方法的自我选择、预习时间的自我管理、预习情景的自我设置、预习效果的自我监测等。潜移默化中,学生的自主探究能力得到了提高。

四、培养学生的文学素养与学习兴趣

这是一个日新月异的时代,新的知识越来越多,新技术层出不穷,要跟上时代的步伐,就必须继续学习。然而,离开了课堂,离开了教师,学生是否具备自主学习的能力?能否独立"啃下"那一本本专业书籍?语文的学科特征决定了语文教学肩负着教会学生阅读方法、提高学生语文学习能力的重担,有自学能力的学生走出校园才会乐于终身学习,真正适应社会,实现自己的价值。预习正是一条通衢大道,因而教师在教学中需要指导学生学会预习,养成自学的习惯,为终身学习保驾护航。

在课堂教学中,教师是主导,教师精心设计教学方案,一步一步引导学生解决难题、赏析文本。可是,学生仍然难以将教师的课堂引导转化为自读能力。而通过预习,教师会教给学生自读的一般步骤、不同文体文本的自读侧重点以及自读的基本方法,这就培养了学生的自读能力。有学生表示,"以往觉得只有试卷上的古文诗词阅读和现代文阅读是有用的,因为直接关系到分数,并不会好好学课本,认为语文考试不会考课本知识,可是考试成绩一直不理想,直到在教师的要求下认真预习后,突然发现原来预习过程就是在完成自己最在意的阅读理解。通过预习,能够有质量、有效率地参与课堂,加深了对课文的理解,也提高了自读能力,试卷上的答题也渐渐入门了,成绩进步了"。可见,预习不仅使学生关注到学习的内容,也培养了学生的自读能力,有利于学生的知识迁移。

一般在语文课上,回答问题的就那么几个固定的学生,大部分学生只听不思,更不会参与讨论,一副事不关己高高挂起的姿态。那几位思维活跃的学生如果没有充分思考的时间,往往也会语言逻辑混乱、思考单一片面,久而久之容易养成毛躁的习惯,对其思维的发展是不利的。何况教育需要面对所有学生,对所有学生的学习能力负责。

叶圣陶、钱梦龙等教育家都强调预习的重要性,只是一直以来,义务教育阶段尤其是小学阶段的预习系统相对比较完善,高中面临着高考压力和时间问题,预习成为可有可无的存在。但是,无论是从高中生的心理特征还是从语文学科的特点来看,高中语文教学的预习环节都是必不可少的。更重要的是,有效的预习不仅能够让学生掌握知识,而且能够提高学生的文学素养,培养学生良好的学习习惯和态度,充分发挥语文学科的工具性和人文性的作用。

　　课前预习是一种学生预先独立自主学习的方式，通过预习活动的实施，可以有效提高学生的自主学习能力，增强学生的主体地位。同时，课前预习作为课堂教学的环节之一，至关重要。做好高效的课前预习工作，可以为"以学定教，先学后教"做好充足准备，从而有助于打造高质量的课堂。《普通高中语文课程标准》倡导"自助、合作、探究"的学习方式。因此，重视语文课前预习的学习方式、改进语文课前预习的优化策略迫在眉睫。

　　自新课改实施以来，诸多专家、学者、一线教师都对课前预习做了长期的跟进研究与不懈探索，也从各种角度探讨了课前预习的优化策略，取得了丰硕的成果。然而，这些课前预习优化策略付诸实施后，却并未取得理想的效果，成为诸多专家、学者的困扰，也无法为一线语文教师的教育教学工作提供正确的理论指导。笔者经过大量搜集与整理课前预习的文献资料，发现虽然学界尚没有人从提高课堂教学质量的角度来研究课前预习优化策略，但他们提出的诸多优化策略却都紧紧朝着有效教学的方向靠拢。为此，笔者选取本校高中生为研究对象，具体探讨语文课前预习，分析当前高中语文课前预习存在的最新、最普遍的问题，从教师、学生、家长三个角度分析其原因，进而利用有效教学与课前预习策略的相关性提出基于有效教学视角上的课前预习优化策略，并进一步对这些优化策略的实施效果进行跟进与监控，以确保提出对策的切实可行。通过分析目前高中语文课堂教学评课的现状，找出其问题所在，对其评价原则及标准进行归纳和总结，以期找出高中语文课堂有效教学系统的构建方法。

第四章 有效的课堂导入

"语文课堂教学的导入,是为即将开展的教学活动而进行的必不可少的学生心理和生理上的唤醒。"课堂导入作为课堂教学的首要环节之一,它设计的成功与否直接影响课堂教学的效果。教育实践家、教育理论家苏霍姆林斯基曾说过:"如果教师不想办法使学生产生情绪高昂和智力振奋的内心状态,就急于传授知识,那么这种知识只能使人产生冷漠的态度,而不动情感的脑力劳动就会带来疲倦。"由此可见,课堂导入在引导学生以积极的情绪投入课堂教学活动上起着至关重要的作用。无数的事实也证明了昂扬向上的情绪极大地促进了良好课堂教学效果的取得。因此,教师在上课开始阶段就应该精心设计自己的导入语,用巧妙的方式激起学

生的兴趣,引发他们的思维活动,以此更好地完成课堂教学和满足学生成长的需要。随着教育体制的改革完善以及新课改的推行,面对新的学情,不断有更多的教育教学领域的专家学者和一线教师认识到课堂导入在实际教学中的重要作用。

第一节　有效的课堂导入

俗话说:"好的开始是成功的一半。"大家可能容易忽略这句话最关键的字"好",把重心放在"开始"。同理,"导入"也是一节课的开始,至关重要,但也只有"好的""有效的"导入才是一节课制胜的法宝。有效的导入环节不仅能反映出教师对于整节课的把握,而且更能表现教师个人的魅力及特点。有效的课堂导入在教学过程中充当重要角色,能够起到总领全局的作用。对语文这门课而言,导入更是兼具艺术性与功能性。但在实践教学中,有许多教师对于导入都是浅尝辄止,未能对导入进行系统研究。教学是教师和学生互动的双边活动,长久以来,导入似乎成了教师的个人表演,学生只是被动的参与者。教师不能做到"知其目标而为之",学生更不愿主动参与课堂活动,这使学生丧失了一定的主导性和设计能力,成为学习的被动者。因此,高中语文教学中的导入策略不容疏忽,它是构成师生互动的一个重要环节。从系统性、整体性的角度研究导入环节,制订适宜的导入策略,更能够提高导入教学环节的有效性。

一、课堂导入的概念

课堂导入也就是通过一定的教学环节设计,教师使用富有启发性的导入语和激发学生学习兴趣的教学方式和手段展开的语文思维活动。可以说,课堂导入环节的效果可以直接影响到教师后续的课堂教学情况和效果。同时,课堂导入还可以利用简洁的教学语言拉开教学序幕,并随之展开教学主题内容。

导入是教学活动的首要环节,一般为 3~5 分钟的教学过程,具有激发学生创造力、唤醒学生积极主动性的作用。但在实际教学中,教师对于导入教学环节存在许多的误区。笔者在教学实践和专业学习中发现,语文教学过程中的导入环节处于一种微妙的状态。在专业学习过程中,导入是教学设计中一个必不可少的环节,在整个教学设计中能够起到提纲挈领的作用。在高中语文的学习过程中,有效的导入能够使学生更加体会到文学作品的魅力,让学生能够学有所获。但在实际教学中却并非如此,许多高中语文教师都会跳过这一重要环节。对于理论与实践的差异,让笔者感到十分诧异。同时,在互联网的时代背景下,教学形式发生了翻天覆地的变化,对于导入这种形式是否具有一定的存在价值也引起了思考。

在这个部分,以笔者熟悉的高中语文教学作为一个基础,发掘导入在语文这门学科中的特殊功能。同时,笔者对于导入的概念进行了具体阐述,使导入术语能够更加规范,提出了导入的作用、原则,有利于探索如何建立有效的导入教学策略。更重要的是,笔者研究了在多媒体环境下导入形式的与时俱进,以及导入的本质,这有利于教师在面对新挑战时,能够迅速抓住事物的本质,进行有效的教学活动。

为了谨防进入导入概念的误区,认为"导入语"就是"导入",需要明确二者之间的关系。导入是整个教学过程中的一个环节,包括许多教学方法的运用,有行动,也有语言。而导入语专指导入时运用的语言。导入语是导入教学的一部分,它们之间是包含和被包含的关系。

优质教学将新课程目标三个维度的整合、整体发展纳入其发展观,将思维过程、日常经验、开放建构和全局联系统筹纳入其知识观,将积极主动、开放创新和体验性纳入其学习观,呼吁教师转化为教学的促进者,追求知识到智慧的转变。目前,对优质教学的研究尚处于整体研究的阶段,对教学具体环节落实方面的研究还留有很大空间,对优质导入的研究也不例外。知识观、学习观、教学观的改变,对课堂导入的实施提出了新的要求,即在导入中不仅要创立教学内容之间静态的关联,还要实现教学内容中知识的动态联结。

由此,笔者归纳出优质导入的内涵,即关注学生的个人体验,在促进课堂教学的基础上,注重对学生能力的培养,从而促进其未来发展。优质导入最基本的目的是更好地进行教学,推进教学进程,不是"为导而导"。所以,教师作为教学的促进者,不能用传统的灌输式导入,应结合学科特点,选取适宜的导入方式和内容。在导入的过程中,教师应尊重学生的主体地位和独特体验,引导学生积极参与,激起其对课堂教学内容的学习动机;应注重现实生活和学生个人的联系,从而将复杂的原理转化为浅显的常理,能够化繁为简,变抽象为具体的内容;更应注重学生思考、探究的过程,既要促进当前教学的推进,还要着眼学生能力的培养。

二、课堂导入环节的作用

教学过程是一个由多种因素和变量共同参与的系统,要在多种因素的影响下取得令人满意的效果、优质高效地达到预定的目标,就需要对其进行全面细致、精心巧妙的安排。进入高中阶段的学生,各方面知识、能力等都有了一定的深度,在为教师备课提供更大的可能性空间的同时,也对教师的能力、课堂教学提出了更高的要求。

尤其是高中学生的学习任务重、压力大,课间学生忙于探讨、吸收刚刚学习过的新内容,或者利用课间进行放松,在下一节课开始之前,学生可能还处在课前混乱的状态。课堂导入则可以起到极好的缓冲、过渡作用。丰富有趣、多样化的导入方式,可以在视觉、听觉或者是在心理上对学生产生较为明显的"刺激",让其收心,逐渐把学生的注意力从课下散漫的状态调整到课堂集中的状态,转移到教学内容上。

（一）稳定学习情绪

学生在课堂伊始,往往还沉浸在课间的休息氛围中,并不能快速进入课堂学习氛围。这时,教师使用课堂导入的教学方法就可以稳定学生的学习情绪,使学生以最快的速度进入学习状态。同时,教师还可以通过课堂导入来平复学生的情绪,将学生从课下的轻松状态中拉回到课堂氛围中。因此,教师可以结合课堂导入环节,使用精彩的导入语言或活动来抓住学生的思维与注意力,并有序进入课堂教学环节。

（二）增强注意力

学生的注意力集中时间是有限的,因此教师应通过课堂导入的方式来尽快帮助学生将注意力集中在语文课堂上,以期提高学生的语文学习效率和促进课堂有效教学系统的构建。教师应该结合不同的教学导入手段,帮助学生以最快的速度提高自己的学习注意力,并将注意力集中在语文课堂知识的学习上。

（三）激发学习兴趣

兴趣是提高学生学习效率的重要动力,也是引导学生遨游语文文学海洋的重要手段。可以说,教育的艺术就在于使学生对教师所教的东西感到强烈的兴趣。因此,教师通过课堂导入环节来增加学生的学习兴趣,可以通过诙谐、幽默、引人入胜的导入手段来增强学生的导入环节参与程度,并帮助学生在兴趣的激励下积极投身于语文课堂学习。

(四)提高师生沟通互动

良好的、有效的师生互动是提高语文课堂教学导入的有效推动力,也是教师博得学生好感的重要教学阶段。可以说,人类是很重视"第一印象"的,而课堂中的导入环节往往就是学生对于这一堂语文课和语文知识的第一印象。因此,教师应该重视导入环节的安排,并利用导入环节来充分博得学生的好感,使用朴实亲切的语言来开展语文导入环节的师生沟通互动,以期在导入环节建立良好的师生互动关系,营造良好的课堂学习环境与氛围。

(五)明确教学方向与基调

通过导入环节的设置,教师可以明确语文课堂的教学方向和教学基调。也就是说,导入环节的设置可以明确教学目标,并帮助教师严格按照既定的教学目标进行教学。同时,有效的课堂导入还可以设定好课程的主旨与情感基调,这就需要教师结合语文课程的实际教学内容进行设定。只有依靠导入环节实现了教学方向的设定,确定了学习内容的主旨、教学情感的基调,才能顺利完成整个语文课堂的教学任务。

三、有效课堂导入的理论基础

随着时代的发展、社会的进步,更多的学者和教育者充分意识到导入在课堂教学过程中的重要性,并着手一系列的卓有成效的研究。从笔者查阅的文献资料来看,主要集中在对课堂导入语的功能与意义、原则和技能方法等方面的研究。

(一)国外课堂导入研究

20 世纪 70 年代,国外部分教育家研究了导入功能,提出了导入的四项主要功能,即吸引注意、触发动机、明确教学目标、建立联系。在其观点中,认识到了求知欲对学生的重要性;同时,考虑到了学生的心理状态,指出良好的导入能够使学生构建良好的心理准备状态。并且,导入在学生新旧知识的连接上起到了重要作用。知识的逻辑性与严密性决定了知识传授过程中的整体性和连续性,导入可以连接二者,使知识得到螺旋式的上升。

20 世纪 80 年代,国外部分学者对导入教学技巧进行了研究,提出了两个观点:首先,课堂活动社会化方法。教师在导入教学时,应使用多样化的导入方法,并且导入要促进课堂活动的社会化,使教师与学生、学生与学生之间进行自由交谈,彼此相互了解,由学生熟悉的话题导入新课,可以拉近师生的距离,使学生在轻松自然的氛围中学习新知识,进行发散思维,水到渠成。其次,导论技巧。把导论方式从学生比较熟悉的事物上牵引到所学的内容上。这种方法要求教师所要运用的方法有趣、易懂明了,能够迅速吸引学生的注意力,提高课堂效率。

较早之前学者的研究,大多都强调了在开始新的教学内容时,教育者应采取多种方法去吸引受教育者的注意,引起好奇心,激发求知欲,使受教育者进入良好的学习准备心理状态,建立起新旧知识之间的联系,为导入新课奠定基础。

(二)国内课堂导入研究

据中国知网可知,从 1994 年到 2017 年,关于"课堂导入"研究的相关文献有 4757 条,而关于"高中语文课堂导入"研究的相关文献有 55 条。此外,还有相关著作数十部。可见,对于高中语文导入的研究取得成果的同时,也有待继续发掘的空间。从现有的文献资料来看,无论是从宏观到微观,还是从理论到实践,各个方面均有涉猎。在众多研究者中,一线教师对于这个问题的研究格外引人注目。在现有研究中,主要涉及以下两个方面的研究。

1.导入方法的研究

导入是教学环节的一种,对于导入教学的研究属于教学实践的研究活动。绝大部分研究者注重它的实践效果,故对方法的研究更盛。比如,刘佳在《高中英语课堂教学的导入艺术探究》一文中提出了 16 种方法,包括看图提示导入法、温故知新导入法、设疑导入法、音乐导入法、想象导入法、悬念导入法等;郭静在《高中语文课堂导入教学研究》一文中从四个方面提出了 12 种导入的方法。对于导入方法的研究已经数不胜数,并且取得了显著的成就。

2.导入作用的研究

研究者对于导入作用的主要观点,就是导入具有激起求知欲、引起注意力、衔接的作用。王大宝在《导入技能结束技能》一书中指出导入具有唤醒学生的心理准备的作用;张艳红在《高中语文新课导入探究》一文中指出导入具有集中学生的注意力、激发学生的学习兴趣、建立知识联系、明确学习目标、创设良好氛围的作用;韦志成在《语文教学设计论》一书中明确导入具有启发学生思考,还有收心的作用。

以上就是在众多研究中涉猎最多的两个方面,也是最主要的两个方面。但这些研究并未系统地、整体地进行研究。此外,导入的统筹作用被忽略。虽然陈凯丰在《教育学教程》中提出过导入的统筹作用,但是没有对这一作用进行过多的阐述。导入还有一个重要的作用就是统筹作用,统筹课堂的整个环节、统筹整篇课文,具有一个整体性的作用。

除此之外，值得借鉴的是，郭芬云在《课的导入与结束策略》一书中，从导入的三要素入手，提出了相应的对策。其中，导入系统的三要素指的是人的要素（组织要素）、操作要素（形式策略）、物的要素（资源策略）。郭芬云按照导入系统分类，集中有效地讨论了导入教学策略问题，给广大一线教师提供了更广阔的思路，但并没有提出在教学过程中的具体实施细则。

语文课程的导入研究一般从教学、教材、教学对象三个方面出发，笔者所研究的导入属于教学研究中的一个极其细小的环节。前人研究颇丰，笔者只不过基于前人的研究，探讨高中语文导入教学中存在的问题，并且针对问题给出相应策略，从而能够更好地指导教学实践。

导入三要素中的"人的要素"，打破了之前只从教师的角度出发的局面，从教师、学生、师生合作多个视角来研究导入。笔者在所掌握的资料中发现，许多研究者对于导入教学研究的主体都是教师，即教师是导入的执行者，从多个方面来思考教师如何让导入更具有吸引力，但似乎都忽略了学生的能动性，或者说极少发挥学生的能动性。在教育学中，对教学的定义在学界已普遍达成共识："'教学'是教师的教和学生学的双边互动过程。"这里更加强调发挥学生的自主能动性，而不是教师对课堂的绝对控制。所以，需要多方研究导入。

导入的整体性，所谓整体性是指导入与其他环节具有呼应的关系，不是仅仅具有引入主体的作用。语文课是一个整体，从大的方面来说，整个教学阶段的语文课都是息息相关的；从小的方面来说，教师的每节课设计都是互相联系的，彼此之间都有着千丝万缕的关联。相比较之前研究者认为课程环节是一个直线发展的关系，课程环节应该具有整体性，是一个圆形环节,环环相扣、彼此相连。这种整体性更能体现教师对课文的解读,以及课堂中的呼应关系。这种连贯性可以使教学目标更清晰,尤其是对初入职的教师来说,掌握导入的整体性有助于提高教学效率。

导入三要素中的"物的要素",也就是资源要素中更加注重从纵向深入发掘课文的深层意义,同时加强横向的扩展。多方面开发课外资源,实现对资源的充分利用,充实导入教学的内容。此外,更加注重导入教学资源策略的开发方法。

对于一线教师而言,本书提供了开发资源的有效办法与多重视角。众多的文献对导入方法做了具体的介绍,具有简单直接的操作性。但学情万变,环境不同,教学方式也不同。与其掌握直接的办法,不如掌握运用的原理以及找到充足的资源支撑。本书旨在为教师找到能够开发多种资源的办法,让学生在学习中能够融会贯通,从而真正形成高效课堂。

第二节　课堂导入环节的重要意义

教学过程是一个由多种因素和变量共同参与的系统,要在多种因素的影响下,取得令人满意的效果,优质高效地达到预定的目标,就需要对其进行全面细致和精心巧妙的安排。进入高中学习阶段的学生,各方面知识、能力等都有了一定的深度,在为教师备课提供更大的可能空间的同时,也对教师能力、课堂教学提出了更高的要求。尤其是高中学生的学习任务重、压力大,课间学生忙于探讨、吸收刚刚学习过的新内容,或者利用课间进行放松,在下一节课开始之前,学生可能还处在课前混乱的状态中。课堂导入则可以起到极好的缓冲、过渡作用,丰富有趣、多样化的导入方式,可以在视觉、听觉或者心理上对学生产生较为明显的"刺激",逐渐把学生的注意力从课下散漫的状态调整到课堂集中的状态,转移到教学内容上。

总结发现,我国在导入的理论研究方面已经做得相当完善,只是在结合教学实例归纳总结方面还有待提高,尤其缺少对整个高中语文必修全面的理论结合实际的研究。因而我们可以在结合具体教学案例分析的基础上,对高中阶段的课堂导入进行研究。而致力于钻研和探讨教学导入对整个高中语文高效课堂的实现也显得尤为重要。从整体上看,高中语文导入教学还存在一些普遍的问题,如师生不重视课堂导入,认识不到它的重要性;教师在教学导入技能方面知识欠缺等。因此,教师要根据课文的教学目标、教材特色,还有学生的心理特点、教师的个人情况等创造性地设计导入语,营造气氛,促使学生更好地进入课堂学习情境。教师为了更好地提高个人的课堂导入水平,只加强理论学习还不够,关键是要结合实践,多与有经验的教师交流,多总结反思,以促进自己在课堂导入这条路上走得更好。

一、有效课堂导入的内涵

有效的课堂导入将新课程目标当中的三个维度整合,整体发展纳入其发展观,将思维过程、日常经验、开放建构和全局联系统筹的知识观,开放创新和体验性的学习观,呼吁教师转化为教学的促进者,追求知识到智慧的转变。有效课堂导入教学研究目前尚处于初步研究的阶段,在教学具体环节落实方面的研究上还留有很大的空间,对有效导入的研究也不例外。知识观、学习观、教学观的改变,对课堂导入的实施提出了新的要求,即在导入中不仅要创立教学内容间静态的关联,还要实现教学内容中知识的动态联结。

由此,笔者归纳出有效课堂导入的内涵,即关注学生的个人体验,在促进课堂教学的基础上,注重对学生能力的培养,从而促进其未来发展。即优质导入最基本的目的是更好地进行教学,推进教学进程,不是"为导而导"。

笔者将论述如何贯彻理论结合实际这一方针,对高中语文教学课堂导入的相关理论知识进行梳理,对现存问题的解决提出切实可行的改进策略,希望应试教育下的教师能重视导入这一课堂环节,更好地提高课堂效率。

1936 年,美国爱伦教授论述了导入的作用,即"引起学习兴趣,激发学习动机,引起学生注意,帮助学生进入学习情境,为新知识教学做好铺垫,使学生明确学习目的;划分了导入技能的类型;明确了导入原则,包括目的性原则、针对性原则、关联性原则、直观性原则、趣味性原则"。20 世纪 70 年代特耐等人提出导入的功能,为引起注意、激起动机、明确学习目的以及建立联系等。从国外学者对导入作用的研究分析中可以看出,他们都认为导入的设计只有在遵循一定原则的基础上,运用恰当的导入方法,才能实现它在课堂中的重要作用,即激起兴趣、吸引注意、活跃思维、明确目标、联系旧知,使学生尽快进入学习情境。

在 20 世纪 80 年代,西方学者洛格·戈尔等人研究得出结论,认为教师在课堂导入时要采用丰富多样的导入方式,用学生熟知的知识或话题导入,可以营造良好课堂氛围,促进师生、生生之间的感情交流,学生在这样轻松自在的气氛中更容易接受知识、打开思维。这种采用课堂导入的方法来打开一节课的教学方式能够吸引学生注意力，促进课堂教学的优质高效。我国当代的学者及教育工作者对课堂导入的研究也非常重视。例如，王宝大等在其编著的《导入技能结束技能》中指出："导入是在讲解新的知识或教学活动开始前，教师有意识、有目的地引导学生进入新的学习情境的一种方式，是课堂教学的领导环节。"此外，该著作还对语文课导入设计的类型以及导入的目的进行了介绍。韦志成编著的《语文教学设计论》中，将导入的作用分为收心、激情、启发思考等。郭成在《课堂教学设计》中阐述了导入的作用是激发学生的兴趣，启发学生思维，帮助学生营造良好的学习氛围等。他们对课堂导入的研究主要集中在其作用上，课堂导入在具体的教学中具有以下作用：稳定情绪，引起注意；激起兴趣，引发动机，启发思维；明确教学目标；联系旧知；拉近师生距离。课堂导入原则方面的理论研究有，彭新在《浅论导入语设计原则》中提出的趣味性原则、启发性原则、针对性原则等；《教学口才》中提出的贴近自然、启发性、迁移性原则等。因此，在教学中课堂导入应遵照以下原则，即课堂导入要结合学生的特点，要有启发性、迁移性、针对性，要新颖、有趣味，要具有简洁性、艺术性。随着教学理论的丰富完善以及教学手段的发展，教学方法也呈现出多样化的发展趋势。针对不同的文章、不同的体裁、不一样的学生等，应该具体情况具体分析。教师应在熟悉教材的基础上，在掌握教学各方面技能的情况下，遵循导入原则，选用适合的方法精心设计导入语，以达到课堂导入的作用。笔者通过查阅整理，总结出的课堂导入方法大致有问题导入，激疑启思；故事导入，妙趣横生；感染导入，进入情境；知识导入，开阔眼界。导入方法从细节处区分还可以实物、习题、活动、典型人物等来导入,教师可根据教学实际情况运用有差别的导入。教师在教学中无论采用哪种导入方法,都是为了调动学生学习的积极性、主动性、创造性,发挥他们在教学过程中的主体地位,提高其在课堂中的学习效率。

有效导入要求语文课堂的导入环节,不仅要创立教学内容之间静态的关联,还要实现教学内容中知识的动态联结。

二、有效导入是实现教学目标的前提

《普通高中语文课程标准》从知识与技能、过程与方法和情感态度与价值观三个方面确立了课程目标,是一个互相联系的统一整体。知识与技能是起点,是另外两个维度的载体,也是整个目标得以实现的着手点。过程与方法是获取知识、形成技能、培养能力的"纽带",其中"过程"更是情感、态度和价值观得以内化的"加速剂";情感态度与价值观中"情感态度"包括学习动机、学习兴趣、学习情绪和内心体验等影响学习的情感因素,也包含学习态度、科学态度、生活态度等;"价值观"则强调个人价值与社会价值、科学价值与人文价值、人类价值与自然价值的协调统一。情感态度与价值观的整体实现离不开前两个方面的落实,同样,前两个方面的实现,也离不了情感态度与价值观的支撑。所以,课程目标的三个方面是联系统一的,构成一个"铁三角",缺少任何一方面,其他两方面都难以实现。

传统教学侧重知识与技能,新课程标准从以上三个方面提出目标,使得知识与技能不再孤立,有了过程与方法、情感态度与价值观的支撑,得到学习动机、兴趣及学习责任感、学习态度的配合,学习就会成为发自内心的需要,成为一种乐趣。

但是,任何科学优质的目标,都依托课堂教学的实施才能实现。自课堂开始到进入学习状态,需要一个缓冲过程。尤其是高中阶段的学生,在学习和考试的双重压力下,时间被压缩得非常紧实,课间不得空闲,在下一节课开始之前,学生或许还处于对前一堂课学习内容的吸收、消化中。此刻,导入则显得尤为必要,能极为有效地将其调整到当前学习中,可以说是实现教学目标的前提。

三、有效导入帮助教师树立教学自信

在有效导入教学理论的推动下,教师变成了课堂教学的促进者,职责和任务变得多样、多重,作用更加多元。语文作为综合性极强的学科,教师若仅仅是有着传统的专业知识和教学技能已不能适应需求,而是应该有智慧教学的追求,要根据教学目标和学情进行优质教学。此外,一名语文教师若想从根本上提升自己的教学水平,也必须要树立优质教学的意识,从知识积累、教学技能、道德修养等多方面入手,从而获得成功。在导入环节中也应该贯彻这样的理念,兼顾各方面,实现导入的优质高效。如此也必将得到学生的积极配合,在踏上讲台之初便赢得学生对教学内容的期待、对教师能力的信任,让学生对后续学习有兴趣,并且保持住这样的热情。当学生从眼睛、神情、语言、肢体中将这种热情自觉地流露出来时,则是对教师莫大的鼓舞。而这种鼓舞能振奋教师的教学情绪,提高教师教学的兴奋度,增强了教师的自我效能感,树立教师的教学信心和威信,教学也会变得更有感染力,与学生的学习兴趣实现良性互动。

四、激活学生的学习兴趣

学生不是一张可以随意涂抹的白纸,任何新知识和新技能的学习都是建立在原有知识和经验的基础之上的,更需要学生有学习兴趣。兴趣在所有学习活动中都起着重要的作用,低效的教学,往往会忽视新旧知识间的联系,给学生造成学习困惑,使其望而生畏,因而丧失学习的兴趣,甚至

放弃学习。对于语文学习而言,兴趣是构成学生自主、积极学习的核心因素,是学习的催化剂。所以,要促使学生主动学习语文,就必须培养学生的语文学习兴趣。

有效的课堂导入要求教师结合具体教学内容,从学情出发进行教学的探求与创新,构建和谐的学习氛围,形成主动性、生成性、发展性的学习局面。课堂的每一分钟都非常宝贵,虽然在日常教学中不可能要求学生将每一分钟都用于学习,但也不宜将过多时间白白浪费在学习准备、环节转换等方面。因此,教师要在导入环节中用最恰当的时间、最有效的方式去激发学生的学习动机,从而为整个课堂教学的推进打下良好的基础。

综上所述可知,有效的课堂导入既关注知识,又注重思维、情感的体验和发展,与语文新课标的要求极为符合;既注重学生内在的发展进步,又强调学生外在的交往、成长,强调学生内外统一、终身全面的发展,顺应了时代发展的需求,符合马克思关于人类自由而全面发展的学说,其对语文教学的促进作用不言而喻。

第三节 课堂导入环节的分类

教学策略是指为达成教学目的与任务,组织与调控教学活动而进行的谋划。它的实施主体是教师,是教师为达到一定目的、任务,考察客观条件和主体的优势而采取的主观决策。在"以人为本"的教学观的影响下,教师在实施教学策略时更需要考虑学生的情况。为此,笔者将从导入组织要素方面,探讨如何实现"以生为本"的教学理念。

组织要素也称人的要素,按照人的参与程度与执行主次给导入分类,可分为"教师独导""师生共导""学生独导"三类。下面,笔者将对组织要素进行详细地介绍。

一、课堂导入组织要素的分类

教学活动是以教师为主导、学生为主体,在不同的教学环境中,运用适当方法组织的活动。导入作为课堂教学的首要环节,也有其组织系统。所谓"导入"的组织要素,即人的要素,也就是教师和学生在教学中的组织关系。一直以来,教师都是教学活动的设计者、执行者,在教学活动中发挥着主导作用。但是,随着"以生为本"教学理念的深入人心,学生在教学活动中的地位越来越突出,教育工作者更加关注学生的学习状况,不再盲目强调教师的权威,忽略学生的诉求,师生之间的关系发生了变化。教师从施教者,到既是施教者又是受教者;学生从被动接受者到主动探索者。从这些变化中可以看出,教学活动应强调发挥学生的主动性,培养学生的综合能力。因此,笔者将导入的组织要素分为教师独导、师生共导、学生独导这三种情况。

(一)组织要素的具体分类

一是教师单独导入。教师独导是指教师独自导入,也就是指以教师为操作主体的课堂导入。这是教学活动中最常见的组织形式。具体表现为,教师独自在讲台上滔滔不绝地讲说 3~5 分钟,类似于独白的方式。因其具有强有力的掌控力,深受广大教师喜爱。但这种组织形式,学生的参与度几乎为零,不利于师生情感交流。教师独导在教学中一般表现为教师以语言的形式独自来导入课程。因其具有巨大的优越性,故而,在教学中,往往成为教师进行课堂导入时的首选。教师独导的优越性在于以下三点：首先，其便于教师对教学目标和教学计划的掌控，在完成教学任务时，总会因为课堂中出现的意外而耽误教学进程，教师独导有利于完整地呈现教学预设；其次，相对于其他的教学形式而言，便于完成难度比较大的任务，教师意志至上，学生处于模仿学习的阶段；最后，教师独导易于实施，因不需要学生参与，极少发生课堂教学事故。

相对于教师独导的优点，它的缺点也有目共睹。首先，在教师独导中，教师容易表现出"绝对权威"，面对学生，经常呈现一种强者不容置疑的姿态，在这样的环境中，容易导致学生丧失自主学习的能力，形成一种被动教学；其次，教师在独导中用语言开场，形式单一，导致学生丧失学习兴趣；最后，教师独导不利于培养学生的合作精神。在新课标中多次提及要培养学生的合作精神、探究精神、创新精神，通过课堂教学活动，培养学生完整的人格。但教师独导这种形式偏向于对教师个人能力的展现，所以在采用这种形式时，教师需要慎重考虑。

二是师生合作共同导入。师生共导是指在施行导入时，由学生和教师一起来完成教学活动。一般在教学中，展现的形式是师生问答、活动互动等，相比较之前的"教师独导"，更能体现学生在教学中的作用。教师用平和、平等的态度来引导学生学习，调动学生的积极主动性。这种形式有极大的优点，首先，能够在短时间内集中学生的注意力。特级教师于漪有过这样一段话："上课如弹琴，第一锤应敲在学生心灵上，像磁石一样把学生牢牢地吸引住。"在一节课的开端，教师让学生深入参与导入活动，有利于激起学生的主体意识。例如，在上《故都的秋》这一课时，正值秋末，经过连日的秋雨绵绵，终于见到了久违的阳光。学生看着窗外的阳光欢呼雀跃，无心上课。面对这样的情况,语文教师从实际出发,利用师生共导的形式,成功地吸引了学生的注意力。

导入如下:

师:同学们好!

生:老师好!

师:秋意渐浓,寒气日甚。难得今天外面出太阳了,也怪不得同学们对窗外的美景恋恋不舍。如今正值秋末,我们有幸生在江南水乡,经历了无数江南的秋,不知同学们能不能说出江南的秋有什么特点呢?

生(跃跃欲试):江南的秋是美丽的,可以赏菊;五颜六色的,有黄色的银杏树,有依旧翠绿的香樟树,还有各种叫不出名字的小花依旧开放。

师:很好!看来你们对窗外的景物观察得甚是仔细。还有没有同学发表自己的观点?

生:江南的秋雨意绵绵,就是前几天还在不停下雨,有时候也很讨厌。

师:对于这江南的秋,故乡的秋,同学们情意满满,有喜欢,也有讨厌。那么,我们今天来看看郁达夫《故都的秋》,看看作者笔下的秋又有何特色,它又饱含着作者怎样的心绪,请同学们将这篇文章的第一、第二段大声齐读一遍,万不可辜负了这大好时光。

首先这位教师采用了"师生共导"的方法,有效运用问答方式,结合实际情况,让学生把对生活的感受和书本上的知识相结合,既能够引起学生的注意力,同时又能够让学生更加深刻地了解文章的主旨。

其次,能够掌握学生已有的知识储备情况,适时调整教学计划。师生共导的主导还是教师,其中问题的设计都由教师独自完成。但在教学实践过程中,学生的学情不一样可能会导致语文课堂偏离教学预设。这时候,教师需要发挥临场应变能力,即能够在任何突发情况下灵活运用教学方法与策略,解决教学中的问题,顺利完成教学任务。例如,教授《赤壁赋》时,教师的导入设计如下。

师:唐宋是中国古代文学繁荣的时代,出现了许多文坛大家,其中"唐宋八大家"享誉盛名。大家知道"唐宋八大家"都有谁吗?

生:苏门三父子(苏轼、苏辙、苏洵),韩愈、柳宗元、曾巩、欧阳修、王安石。

师:很好!大家对于文学常识很清楚。那么今天我们就来学习苏轼的《赤壁赋》,感受"唐宋八大家"的魅力。其实"唐宋八大家"之中的柳宗元也写过游记类散文,与该文有异曲同工之妙,那就是《始得西山宴游记》,同学们知道这篇文章吗?

生:不知道,以前没有学过。

师:不知道也没关系,下课之后同学们把这篇文章找来读一读。这节课先来学习苏轼的《赤壁赋》,感受其中深意,在课程结束的时候,我们再来对两篇文章进行对比。希望同学们在早读课或者课余时间里能够认真读这两篇文章,将两者进行对比。

讲授《赤壁赋》这篇文章时,笔者准备按照史金霞教师的方法,将苏轼的《赤壁赋》与柳宗元的《始得西山宴游记》两篇文章对比阅读,突出两篇文章共同的主旨。但是,在了解到学生未曾读过《始得西山宴游记》时,笔者迅速改变了导入方法,将柳宗元的文章作为课外补充阅读篇目,随后直接导入主题。这样处理有利于按时完成教学任务。

最后,师生共导能够培养学生的合作探究精神。在师生共导的形式中,教师以师生对话、师生问答的形式为主进行导入。这时,教师不再是教学中唯一的主体,反而学生的回答成了焦点,有助于学生之间相互学习、相互交流,培养他们的合作探究精神。例如,同为《赤壁赋》的教学案例,笔者这次采取了"师生共导"的导入教学策略,效果也是不一样的。所谓"知人论世",在开始上这节课时,笔者让学生分为几个小组,搜集苏轼的生平事迹,了解文章的写作背景。导入如下。

师:同学们,所谓"知人论世",在学习这篇文章之前,对于文章作者你们知道多少呢?各个小组人员谁愿意来汇报一下自己小组的研究成果?

组一:老师,我们了解到苏轼是"唐宋八大家"之一;他的人生经历比较波折,曾三次被贬;他很爱自己的妻子,曾经写过"十年生死两茫茫"的凄美悼亡词;还有他发明了"东坡肉"。

师:对,苏东坡是文学家、著名词人,也是美食家。不错,了解得很全面。那么其他组有没有补充的?

组二:苏轼是北宋著名的书画家、文学家;他经历了"乌台诗案",这也是这篇文章的写作背景。

各个小组都发表了自己的观点,最后笔者对学生的信息进行了综合整理,从文学、人生事迹以及其他等方面列出表格,用15~20分钟的时间完成了这个教学活动。尽管这样的活动没有遵循导入教学的简洁性原则,但这节课把作者介绍与背景介绍融入其中,让学生获得了更多有效的信息,同时让学生通过小组合作来完成作业,培养他们的合作精神。此外,通过这个案例,笔者发现了在教学中"师生共导、合作探究"的弊端,即耗时太长。究其原因,还是学生分工不明确,表达缺乏条理性。若改变现状,教师需要事先做好充足准备,同时,也需要多多给学生提供锻炼的机会。

师生共导的好处有许多,在千变万化的课堂上是具有共性的。相对于这种形式的优点，教学工作者也需要面对其缺点。师生共导能否有效实施，关键就在于教师对于问题、话题的设计。此外，教师还需要提高自己的组织能力。

三是学生主导。学生主导指导入时，由学生承担主要的导入教学活动。导入教学在一般情况下是指教师对教学对象提供的教学活动，教师是活动的主导。前面两种教学方法中，也同样是教师为主导来完成教学任务。但新课标要求积极倡导自主、合作、探究的学习方式，语文教学应为学生创设良好的自主学习情境。在新的形势和要求下，教师需要慢慢放开对学生的限制，把课堂交给学生。

学生主导这种教学策略一般运用于学生自主探究的活动课程。在活动课程中，教师起辅助作用。学生通过探究、合作，解决学习中的问题。在"以生为本"的教学理念中，学生是教学的中心，应以学生为主导。在实践中，教师先确定好主题，再由学生自己组织活动，研究这个问题。这种全面自主学习的探究类课程，更能考验学生各方面的能力，调动学生学习的积极性。

学生主导在教学过程中比较罕见，其缘由大致有四个方面，其一，教师乐于用传统的方式教学，以完成教学任务，忽略培养学生的自学精神和探索精神，不愿将时间交给学生。其二，学生主导的组织方式不是对每种课程类型都适合，主要针对的是学生主导的自主探究课程，运用的机会较少。其三，现实情况决定了难以实施。高中生面临高考压力，功课多、时间紧，而教师教亦无充足的时间给学生探索。其四，校园图书、资料等资源有限，学习资源开发不足。大部分中学图书馆建设不完善，没有对学生开放，学生无法获取大量的资料来进行自主探究。纵使有以上缘由使得"学生主导"的形式罕见,但其优点还是不可忽视。

　　首先,有利于培养学生的组织能力、创新能力。学生自己组织活动,更能培养学生各个方面的能力,发现自我不足之处。其次,从心理学角度来说,学生自己组织活动,有利于师生间的换位思考,有利于师生关系和谐发展,更有利于激起学生的求知欲。另外,高中阶段学生的同伴影响力巨大,甚至大于教师的权威。合作式学习有利于发挥同伴的影响力,有利于学生发现自我不足之处,自我调适,并自我完善。例如,学生主导的自主探究课《奇妙的对联》,导入实际上有两个时间点,一个是导入之前,就是在上课正式开始之前,学生或者教师会做一些准备工作;另一个时间点就是在导入之时。导入之前需要做好以下准备:第一,完成任务分配;第二,成果汇报展。通过合作探究的学习方式,学会资源共享,每个小组需要利用PPT来展示自己的成果。教师让学生从以下四个方面来了解对联的相关内容:其一,对联的来历;其二,对联的内容、形式、种类;其三,著名对联背后的故事;其四,关于对联的相关书籍或文献。

　　按照四个模块的内容,全班有 58 个人,分为 12 个小组,每个小组有10 个人,其中有两个小组 5 个人,其他小组 6 个人。抽出五个小组来完成这次活动。有四组分别完成以上资料的搜集,还有一个小组是进行后期的汇报演讲,以及最后的书面报告汇总整理。由于人数庞大,为了更好地完成工作,每学期有两次这样的活动,争取使每个学生都能够参加自主探究活动。完成所有的准备工作之后,学生将会进行汇报工作。教师全程的参与度比较低,都是学生自主进行探索,在这个过程中学生可以向教师求助。导入时,由学生自己担任主持人,来主持这次汇报。"天对地,风对雨,大地对长空",和谐之声响彻大地,对联以它特有的形式传递着中华民族和谐之风,展示先人智慧的结晶。在这次活动课中,学生是整个活动的执行者、主导者,可以锻炼他们的资料搜集能力、信息提取和概括能力。教师在此次活动中的作用是最后为学生点评、维持课堂纪律。当然,教师在之前必须对学生进行训练,让学生熟悉活动模式,在充分准备之后,才能达到理想的教学效果,否则将会出现任务分配不当等问题。

(二)导入环节组织形式运用注意事项

所谓"教学有法,贵在得法",教师必须遵守教学方法,同时又能够灵活运用。只有选择适当的方法,才能够使教学发挥最大的效果。上述策略同样也只有在了解教学内容和学情以后,才能够做出准确的判断。但学情千姿百态,每一个班级都有自身的特色,因此教师需要在教学中仔细观察,才能"因材施教"。而教材具有固定性,比较容易研究。一般来说,高中语文教材编辑者考虑到学生的心理状况,学习内容也是由易到难。这样的编排,有利于学生对知识的理解。下面以高中语文必修教材为基础,具体分析组织要素运用时的注意事项。

1.语文课程内容的差异

课程内容是课程的核心要素,从总体上讲,课程内容是根据课程目标从人类的经验体系中选择出来,并按照一定的逻辑序列组织编排而成的知识体系和经验体系。一直以来,对于课程内容的争议比较大。"传统学派"认为,课程内容是按照一定的逻辑系统组织的知识文化体系,目的是更好地学习知识。而"现代学派"认为,应该以学生的兴趣爱好为标准设计教学课程。目前,接受最为广泛的观点是,课程内容应该兼顾知识体系与学生兴趣,课程内容应该具有知识性、生活性、综合性的特征。

按照课程内容划分,课程应分为学科课程和活动课程。学科课程以传授文化知识为主;而活动课程是以传授学生感兴趣的实践活动为主,比较贴近学生生活。

2.学生的学情差异

学情指的是学生的情况,包括学生的心理、身体、智力等各方面的情况。了解学情,才能做到"因材施教"。目前,我国主要采用"班级授课制",在这种制度中,实行的是一种粗放模式的"因材施教"。大概有两种分类方式,第一种,按照全国中学考试水平,将学生分为实验班、普通班;第二种,按照学生的兴趣或是自由意志的选择,分为文科班、理科班。第一种分类方式曾引起了较大的争议,有人认为这种做法伤害学生的自尊,不考虑学生的感受。但实际上,根据学生的学习能力采用不同的教学方法,有利于教师教学工作的开展,同时也能提高学生的学习效率。

实验班学生普遍比较自律,目标性很强,善于发现问题,但教学过程中课堂气氛比较沉闷。他们更感兴趣的是对知识的吸收,而不善于发现问题。在这种情况下,教师可以采用"师生共导"的方法,引导学生发现深层次的问题,同时,采用"学生独导"的方式,鼓励学生自主探究,让他们学以致用。调动学生的积极性之后,他们才更愿意自己去主动学习。同时,减轻教师的负担,也给教师带来挑战,教师要不断更新知识,紧跟学生步伐。

普通班学生比较散漫,自信心和自我价值感较低。虽然课堂气氛比较活跃,但效率低。在教学中,学生更愿意以"活动"的形式来探究知识,不过教师在教学过程中需要起到重要的引领作用。从建构主义心理学上讲,学习犹如修建大楼,教师需要为学生搭建脚手架,以助学生能够一步步到达目的地。"师生共导"中,教师通过一个个小问题,慢慢引导学生完成教学目标,有利于学生发现自己的兴趣点,提高自信心。

所谓"教无定法,贵在得法",在变化多端的教学过程中,教师可能遇到更复杂的情况。但即使再变化多端,都离不开教学内容及学情分析。对这两点的分析,决定教学活动采用哪种组织形式更为恰当。

(三)导入组织要素的实践启示

上文详细介绍了组织要素的分类与运用注意事项,能够使大家更好地了解"导入"的组织要素,从而解决导入教学中的诸多问题,有利于建立高效语文课堂。从组织要素角度来看,无论是教师独导、师生共导、学生独导中任何一种组织形式,教师和学生必须好好沟通,这样才能将无意义的被动学习转变为有意义的主动学习。在教学组织方面,教师需要采取多种多样的教学策略,找到适合学情的教学策略,以此来解决忽视学情与情感交流的问题。此外,导入的组织要素对实践教学还有很多启示,主要包括增强自主探究活动、课程内容决定教学方式等。

1.增强学生的自主探究活动

新课标中强调加强学生的自主探究和创新能力,强调语文教学主要在于应用。学生只有在应用中才能体会知识的重要性,发现自己的不足之处。因此,教师在导入中应该增加自主探究活动,即以"学生独导"为主的导入形式。学生才是学习的主体,教育工作者应时刻谨记,但要真正付诸行动,则需从以下两方面来考虑。

第一,自主探究活动导入完全交给学生,教师监督。这种模式又叫公司模式,师生之间的关系变成公司中上司和下属的关系。教师严格监督学生的执行情况,却不直接参与到学生的活动中,让学生自己统筹各方面的事情,设计方案,执行方案。教师采用灵活多变的教学活动,锻炼学生全方位的能力——语言运用能力、组织能力与合作能力,甚至学生的自信心。

在此也必须明白，学生主导不仅是师生之间互换角色，更是考验教师对学生的信心，以及教师对教学活动的掌控力。了解学生的品格，有利于对学生进行正确的引导。

第二，做好导入前准备工作，分为教师准备工作与学生准备工作两个部分。日常的教学经常提及的是教师的准备工作，即备课，忽视学生准备工作，即预习。当然，在自主探究性活动课程中，学生准备工作占主体。学生准备工作不仅仅是对下次课的教学内容进行预习准备，如读书、查字典、完成教师布置的课后任务等，更倾向于自主挖掘相关主题的内容。例如，《奇妙的对联》一文中，活动主题的拟定、活动形式、活动任务分配、活动时间等，都是由学生自主完成，学生成为导入准备工作的主要执行者。教师留出时间让学生按照自己的方式做事，教师退居二线，负责审定。准备工作就是教师对学生指教的过程，不同于传统教学课堂上的知识性的指教，更能够指导学生如何与人相处。准备工作完成得是否到位，直接影响到活动的效果与活动目的的达成。

明确以上两点，自主探究性活动导入就比较容易实施。导入方式多种多样，最主要的依据是学生的特长。如"开场白"式导入、舞蹈式导入、讲故事式导入、试验式导入、图片展览式导入等。导入方式的运用，主要以学生的兴趣与活动形式来展开。

能否高质量完成"学生独导"，取决于上文所述两点，而是否运用"学生独导"的组织形式，还取决于课程内容。

2.课程内容决定组织导入方式

在选择组织导入方式时，哪种最适宜？笔者在对课堂中常见的两种课程类型进行整理与观察之后，根据教学实践效果给出以下两点建议。

第一，师生共导、教师独导比较适用于学科课程。笔者对高中语文必修教材整理之后发现，教材主要是以"学科课程"为主，而"学科课程"属于知识体系，学生在没有教师指导下很难独自完成。相对于"活动课程"来说，"学科课程"的学习难度比较大，学生自由发挥的空间比较小。在这种情况下，若是选择教师掌控力度较强的师生共导、教师独导的策略，有利于教学目标的顺利完成，有利于在教学过程中构建一个完整的知识体系。

第二，学生主导比较适用于活动课程。从上文"活动课程"的定义可以看出，其是以学生为中心的。卢梭的自然教育思想是活动课程的思想依据和理论源头。卢梭在《爱弥儿》中就主张让儿童能够不受任何束缚，自由成长。活动课程充分遵从这样的思想，以学生的兴趣爱好为依据，设计教学课程。这种类型的课程主要是培养学生的动手能力与知识运用能力，但知识体系不强，学生无法从中获得系统性的科学文化知识。为了避免这样的缺陷，在高中语文必修教材编排过程中，编者安排的活动课程难度比较小，可塑空间比较大，能够按照学生自己的能力自由发展，而且所占比例较小，起到辅助作用。

例如，"表达交流"中有五个活动课程，即演讲、辩论、朗诵、讨论、访谈。这些活动的自由度比较大，话题自拟、活动方式自拟等。这种活动属于综合性的活动，可以让学生自由发挥，尽量发挥班集体的力量来完成，还可以增强班级凝聚力。但若要有好的收效，首先教师必须事先做好相关知识铺垫。在教学中考虑到教学时间的问题，有可能没有时间让学生对活动的性质独自探究。为了解决这一问题，一般是教师在教授"阅读鉴赏"的过程中，通过具体文章的学习让学生了解这种活动的性质，再让学生通过活动的形式来主动吸收、运用。其次，班主任需要建立一个强有力的班级核心力量,以确保教学活动能够顺利进行。

本部分通过导入的组织要素,展示了导入的三种组织形式。从"人"的角度分析了导入环节,突出学生的主体地位,强调了师生之间的互动,发展和谐的师生关系。同时,笔者在这部分的讲述当中致力于将教师被动的"填鸭式"教学,转变为学生自主探究的教学方式,以此激发学生的生命主体意识,完善对自我的认识。

二、课堂导入形式策略的分类

形式策略是教学策略中的具体形式与方法。教师通过具体操作手段来达到教学目的,完成教学任务。不同于前文从"人"的角度分析探究,这部分的内容将从教学活动的"操作要素"入手,分类探究导入环节,将导入类型分为语言导入与行为导入两种。在下文中,笔者将对这两种导入形式做出具体的分析,同时,提出在实施过程中的原则,以及导入形式策略对于教学实践的启示。

(一)具体分类

导入的形式策略又被称为操作要素,即根据导入载体或形式的不同,可把导入策略划分为语言导入和行为导入两种类型。本书中采取了郭芬云的观点,将导入的形式策略分为语言和行为两个大的范畴。人文课程倾向于一个或者两个目标,即工具性目标旨在发展部分学生的技能和能力;人文性目标旨在增进学生的背景知识和形成态度,使学生能继承传统,增加和丰富经验。语文是工具性和人文性相一致的一门学科,以上关于形式策略的分类充分体现了语文学科的这两种特性。

1.语言导入

语言导入是教师经常选用的一种策略,主要是通过语言引入教学活动。其一般表现为教师用独白式的语言开场,吸引学生进入学习环节。在前文中笔者叙述了"导入"与"导入语"的概念辨析,展现了"导入语"在"导入"中的重要作用,充分有效地发挥"导入语"的作用,有助于提高课堂效率。但在教学实践中,教师经常会误用导入语,使其没有达到最佳效果。在实践教学中对于导入语的使用,经常会陷入以下三个误区。

第一,语言华丽,但没有逻辑性。美国心理学家弗拉威尔提出了"元认知"理论,指出人们会对自己的认知进行再认知。也就是说,人会对已有的认知进行再次的重组、建构、融合等活动,直到完全被自己吸收、接纳。这个过程是人与自己对话的过程,是一种隐性的内部语言。故此,语言不仅是一种交流工具,更是人的内部思维的反映与显现。语言展示的是人的内部思维, 教师不能清晰地表达教学目标, 不利于学生逻辑思维能力的培养,长此以往,会让学生走进一种误区,即学生会认为语言本无逻辑性,拥有华丽辞藻的文章就是好作品。这种误解将会妨碍学生对文学作品的解读,不能真正欣赏思想深刻的作品。为此,教师在导入环节,需要逻辑清晰,而不是迷失在华丽的辞藻中。

第二,独白式导入,忽略学生。正如前文中提到,教学是师生互动的过程,教师不能沉浸在自己的世界中,忽略学生的感受。鲍里奇的《有效教学方法》中,第二章写到"理解你的学生",书中还论述了学生在人格、智力、家庭、种族等各个方面的差异,指出面对这些差异的办法,努力营造一种公平的教学环境,从而做一个有素质的教师。因此,教师应尝试与学生交流,做一个有温情的教师,而不是向学生灌输知识的机器。

第三,语言苍白,毫无美感。如果说缺少逻辑性是教师导入语的硬伤的话,那么语言苍白就是教师导入语的内伤。语文导入需要展现有美感的语言。有美感的语言并非等同于华丽的语言。有美感的语言是直击学生心灵的语言,充满智慧与生命活力的语言;而华丽的语言,并不一定有生命力。苍白的语言无法传递有效信息与美感。课堂中,教师经常用类似"导致这件事的原因很多,上面所述很重要,但又不那么重要"的句子来表述,语言苍白而无逻辑,往往使学生抓不住重点。叶澜先生就曾提出建设具有生命活力的课堂,运用充满感情的语言教学。因此,语言要充满美感与生命力,而非苍白不堪。

上文列举了关于导入语比较典型的问题,除此之外还有冗长拖沓、节外生枝、大而不当、导而不入等缺陷。当然,导入语是导入环节最主要的语言组织部分,是导入环节中所有语言的总称,包括提问语、评价语、指导语等多种形式的语言。提问语一般运用于师生问答以及师生互动的导入形式中。评价语一般是教师对于学生发言的评价,一般鼓励性、表扬性话语居多。指导语是教师对学生在发言中的问题给予纠正的话语。这些语言都点缀在导入教学过程中,使教学语言形式更加灵活生动。

2.行为导入

行为导入是教师通过非语言的形式为学生创设情境引入教学活动。课堂中的行为可以分为两大类,一类是潜在行为,即教师无意识的行为动作,如教师的肢体动作、板书行为、站姿与穿着打扮等。另一类是有意识行为,即教师有意识地通过某种行为,达到教学目的。例如,化学、物理等学科中,教师经常通过某种化学实验或者物理实验激起学生的兴趣,导入课堂所教授的内容。而在语言类学科中,教师常常忽视行动导入的作用,并未有意识采取某种行为引导学生完成教学任务。因此,教师要重视行为导入的优势,重视自己的行为对学生的影响。行为导入的优势主要有以下三点：

第一，生动活泼，吸引学生。行为导入是一个动态的过程，抓住学生的猎奇心理和好动的特点，容易吸引学生的眼球。相对于语言传递的信息，行动更具有说服力。例如，化学教师利用语言向学生描述蜡烛燃烧所发生的化学反应，以及反应所产生的化学现象。学生只能借助于平时的生活经验来回应教师。但如果教师在课堂中完成蜡烛燃烧的试验，让学生观察现象，思考为什么会产生这种现象，实验会对学生产生刺激，从而激活他们的求知欲。

第二，行为示范，印象深刻。《世说新语》中有这样一则故事，谢公的妻子埋怨他不教导自己的孩子，谢公说："我常自教儿。"意思是说自己常常用自身的言行来教导儿子，这则故事表达了行为教育对于孩子的影响十分深刻。美国社会心理学创始人阿尔伯特·班杜拉，提出了观察学习的理论。所谓"观察学习"是指，一个人通过观察他人的行为及其强化结果而习得某些新的反应，或使他已经具有的某种行为反应特征得到矫正。学生通过观察教师在课堂上的行为，可以习得、矫正自己的学习行为。例如，教师在黑板上的板书，字体、格式会成为学生模仿的对象，更会影响到学生的书写能力。因此，教师应为学生树立良好的行为榜样。

第三，情景设置，利于观察。情景是观察的对象之一，情景设置是教师采取的一种有意识行为。通过对教学任务的深刻解读，教师设置相关场景，引导学生思考。班杜拉的观察理论要求人们正视观察对于学习的影响力。因此，在教学中，教师可以充分调动学生的观察力，设置相关情景，完成教学任务。例如，在语文作文教学中，教师可以通过表演的方式来引出话题，既可以考验学生的观察能力，又可以改善学生词穷的现象。笔者在实践教学中曾遇到过一个案例如下：

语文课上，上课铃声响起，学生都已经准备就绪，但语文教师迟迟未到。学生等了一分钟、两分钟……一直等到十分钟，语文教师才顶着乱蓬蓬的头发，满头大汗、衣衫凌乱地出现在学生的面前。这和之前文质彬彬、衣裳整齐干净的语文教师判若两人，学生在下面窃窃私语。只见语文教师拿起粉笔，在黑板上写了一行字——老师迟到了。之后对学生说："黑板上的题目就是今天写作课的题目，你们自选角度，写一篇作文。"学生开始都不知所措，抓耳挠腮，思忖良久，最终缓缓动笔。

这位语文教师就是通过行为导入，设置情景，为学生提供作文素材，考查学生的观察能力。同时，在后期的点评中，教师通过学生作品的对比，表扬学生的奇思妙想，建议学生之间学会相互学习。语文教师别出心裁，为学生制造小故事，让一直缺乏活力的作文课变得丰富多彩、妙趣横生。

这一部分，笔者着重介绍了导入形式策略的两种分类，即语言导入和行为导入，详细论述了这两种方式的优缺点。希望教师在教学中，能够注重对行为导入的采用，改变以往语言导入的僵化模式。在实施这两种行为时，教师需要依据一定的原则，这样才能提高效能。

（二）导入原则

教学原则是有效地进行教学工作必须遵循的基础要求。纵观整个教育史，教学原则是人类宝贵的财富，在时代发展中，不断有学者从不同的角度来思考这一最基本的问题。同样，导入教学原则也遵循着这一最基本的要求，立足根本，紧跟时代的发展。新课标指出，"以人为本"是教育发展的根本，教学中要突出学生的主体地位，时刻考虑学生的发展。笔者认为，导入教学的原则由简洁性、趣味性、多样性、审美性、整体性等系统构成。

导入语作为导入不可或缺的重要组成部分,其原则也十分重要。语言类学科导入语要遵循以下原则:贴近学生的生活、设置悬念、激起兴趣、富有文采、逻辑清晰等。为了能够更好地了解导入的形式策略,使之更加科学合理地运用于语文教学实践中,就需要遵循其原则。

1.简洁性

导入环节的设计应具备简洁性,例如,在戏剧之中,一句简单的台词就可以流传千古,可见,简洁之中往往蕴含强大的力量与深意。同样,简洁是导入教学原则的首要条件。简洁性具有两个方面的含义,一是导入语言需要简洁。语文课需要展现的是语言的简洁之美,冗长的语言可能会让学生丧失兴趣,失去重点;二是导入形式要简洁。在课堂上,经常会出现"乱花渐欲迷人眼"的状况,多种形式杂糅,不能达到良好的效果。在教学过程中贯穿简洁性的基本要求,教师就要做到以下两点:

第一,导入时间不宜过长。导入时间一般为 3~5 分钟比较恰当,时间过长会让学生抓不住重点,并且丧失兴趣。经过心理学家研究,学生上课的注意力一般集中在前 15 分钟,并随着时间的延长而变得涣散。随后,教师需要利用适当的教学方法吸引学生的注意力。实践证明,导入作为教学过程的一小部分,必须在极短的时间内让学生抓住整节课的核心问题,从而有效地利用课堂时间。

第二,导入语必须简洁。语文是具有人文性与工具性的一门学科。语言是人们交流的工具,同时也具有审美功能。因此,如何做到使用与审美相结合是语文教师必须认真考虑的,同时也是语文课堂的特色之处,导入语更能体现语文教师对于语言的把握能力,若两者不能兼得,简洁就显得尤为重要。简洁的语言有利于教师清楚明白地传递自己的观点;有利于提升学生的语言文字运用能力;有利于提高课堂的教学效率。

随着多媒体的出现,教学形式也日益多样化,但也出现了许多问题,如导入无目标、无学生、无课本等。所以,导入形式需要有针对性。例如,在教授《沁园春·雪》的过程中,教师就可以用《沁园春·长沙》的朗诵进行导入,以朗诵的形式来使学生感受诗歌情感,让朗诵成为这节课的主要方法,"书读百遍其义自见","见"的是诗的情感、诗的韵律、诗的美感,最终让学生学会朗诵诗歌,达到自学的目的,真正做到"举一反三"。

2.趣味性

学习是一个学习者自觉接受的过程。在教学过程中,教师首先要引起学生对学习的兴趣。学习兴趣的培养是一种长期有效的内在驱动,要能培养学生内在驱动型学习动力,最有效的办法就是通过外在行为刺激来使学生产生自主自觉学习的意识。"导入"就是一种教师对学生施行外在行为刺激的环节。一节课开始的几分钟内迅速吸引学生的注意力,才能在以后的学习时间里事半功倍。若要体现"导入"的趣味性,教师可以从以下两方面入手:

第一,内容方面要做到知趣知味。"趣味性"重在一个"趣"字,这种"趣味性"并不是一般所说的"娱乐性",两者有一定的联系,却又是截然不同的两个性质。在笔者看来,语文教学中的"趣味性"更突出的是对教学内容的深入理解,挖掘文本内容的深层含义,而非单纯的搞笑行为。

第二,形式方面要做到与时俱进、择优而取。在互联网时代,多媒体的广泛应用使人们的生活变得丰富多彩,更加自由与便捷。在多变的时代,教学也应与时俱进。教师将多媒体引入教学,可使学生享受更好的资源,调研结果也同样表明,学生更青睐于多媒体教学。因此,教师需要多多考虑与时代接轨的课堂教学方式,以开阔学生的眼界。例如,教师可以播放影片《三国演义》,让学生对文学作品《三国演义》产生兴趣。

3.多样性

多样性是生命活力的体现。历来有许多教师为教育事业奉献自己的智慧,探索教学的多样化。"导入"教学同样要通过发掘多样化的形式来保证其活力。课堂"导入"的多样化是由课程的性质差异和课程内容差异决定的。按照语文课程性质划分,有文本解读课、复习课、实践活动课等多种课型,每个课型的要求不一样导致了"导入"的变化。而课程的内容也是复杂多变的,按照课本内容而言,不同题材或体裁的文章需要按照不同的"导入"形式来对待。要做到导入的"多样性",需要教师熟练地掌握教学技巧,做到"因课制宜"。

4.审美性

语文是具有审美功能的一门学科,这就决定了教学环节要具有审美性,让学生能够在美的环境中受到熏陶。朱光潜先生在《谈美》中曾指出,美的三种态度为实用的、科学的、美感的。这三种态度也是三种境界。这三种态度在语文"导入"教学过程中取决于教师本身以及教学环境这两个方面。首先,在语文学习过程中,语文教师自身的修养极为重要,这决定了在教学内容的呈现上处于哪一个教学境界。其次,诚如古语所言"工欲善其事,必先利其器",无非做到"善假于物也",通过营造外部教学环境,弥补教师自身的不足之处,展现课堂美感。例如,在上古诗词《醉花阴》欣赏课时,语文教师选择在教室播放优雅古典的古筝乐曲,师生沉浸在音乐中,感悟诗文的美感,理解美的事物都具有共通性。

5.整体性

"导入"的整体性是指,"导入"并非孤立在整节课之外,它与其他的环节遥相呼应,彼此作用。但在教学实践中,教师经常忽视导入的存在。例如,教师说完"同学们,把书翻到××页,我们接着上节课继续学习"之后,就结束导入。这样简单的导入,没有体现导入应有的作用,更没有体现导入的整体性原则。要体现整体性原则,教师在教学过程中应注意两点,第一,教师需要对课本进行深入了解,提高自己的文本解读能力,同时能够对教学内容进行整合。充分了解教学内容有利于教师提出核心的主题,明确教学目标;有利于教学过程如行云流水般,一气呵成,教学中每个阶段的升华都是水到渠成。第二,对于导入形式,根据需要,恰当选择,与其他环节之间的衔接要做到自然过渡。这种过渡可以是内容上的呼应,也可以是问题"导入",以问答形式贯穿始终。

(三)导入语的设计

"导入"与"导入语"之间是包含和被包含的关系,但"导入语"在"导入"中的作用非同一般,它渗透在各种形式的"导入"之中,而且语言表达是语文教学中的重要内容,对于语言的熏陶应该是"润物细无声"。介于导入语在语文教学中的重要作用,笔者将在此单独提出导入语的设计原则。

1.贴近生活

师生之间无论是年龄还是思想上都存在着巨大的差距,差距的存在会消减教师与学生之间的亲密度。有些学生用"白天不懂夜的黑"来形容教师不懂他们的心情。另外,经典课本与学生之间就具有差距,强烈的时代感让学生无法理解课本中所要表达的情感。基于以上两点,教师在设计导入语时,需要考虑接受群体能否理解。

例如,《荆轲刺秦王》这一篇文言文的导入,教师就引入了"斩首行动"

这一现代军事化名词来对荆轲刺秦王的行为做出解释，讲述了美国在面对阿富汗问题时就实行"斩首行动"，成功地吸引了学生的注意力，并且顺利解释了荆轲此次行动的目的。这样不仅拉近了学生和课本之间的距离，而且填补了学生的知识库，让学生对教师的教学产生极大的兴趣。

2.设置悬念

艺术之间都是相通的，正如经典戏剧之所以成为经典，就在于其能够不断引起观众的思考。例如，著名的哈姆雷特之问，"生存或死亡，那是一个问题"，始终引导着大家去探索人性的奥秘。教学艺术也一样，不断地刺激学生发现问题，解决问题，从而不断成长。导入语以设置悬念的方式出现，有利于集中学生的注意力，有利于使学生掌握课程的主要表达内容，使学生在疑惑中找到人生的方向。例如，李清照的诗词是中国诗词史上一颗璀璨的明珠，"国家不幸诗家幸，赋到沧桑句便工"，李清照一生的不幸成就了千古女词人，她的词风也具有极大的变化，由前期的小儿女家"为赋新词强说愁"，到后期的"怎一个愁字了得"。这份愁从小儿女情怀到思国之愁。而学习《声声慢》这首词时，教师就运用设疑手法设计导入语，"'薄雾浓云愁永昼，瑞脑销金兽'是愁；'花自飘零水自流，一种相思，两处闲愁'是愁，李清照的愁绪溢满字里行间，到最后还是'只恐双溪舴艋舟，载不动许多愁'。而今，我们再一次与李清照相遇，遇见她的'怎一个愁字了得'。同学们，读了这首词以后，你们认为李清照在《声声慢》中的愁绪和之前在《醉花阴》《一剪梅》中的愁绪是否相同？如果不同的话，请说明理由"。这位教师就是通过李清照前后期的风格变化来激起学生的疑问，不仅做到了激起学生的兴趣，同时也使学生能够整体感知，了解作者的一生。

3.富有文采,逻辑清晰

优美的语言不仅能提升教师的个人魅力,还能营造良好的语言环境。俗话说:"熟读唐诗三百首,不会作诗也会吟。"尤其对于语文来说,语言就是语文生命力的根本。语文教师要在使用导入语时,充分发挥自身的专业优势,导入语不仅要文采斐然,更要逻辑严谨。语言是思维逻辑的外现,教学方法中的复述就是不断锻炼学生的口头表达能力,从而提高语言逻辑思维。再者,导入语的根本目的就是让学生能够清楚这节课的主要任务,如果语言组织凌乱,就会事倍功半。因此,教师在设计导入语时,必须做到逻辑清晰。

以上就是笔者所总结的基本导入原则,这些基本原则来源于语文课程的特殊性,同时也符合教学活动的基本规律,符合心理学的要求。在这些原则的指导下,教师在日常生活中对于"导入"教学活动得心应手,才能让"导入"在教学过程中发挥最大的作用。

(四)实践启示

导入的形式策略是将导入分为语言导入和行为导入两个方面,从这两个方面来分析导入形式模式化的原因,大致有两个方面。其一,导入中过度使用语言导入。在传统的教学方式下,以教师独导为主,忽略学生的存在。其二,忽视行为导入形式。语文是一门关于语言、文化的学科,操作性不强,行为导入的方式出现的场合和时机比较少,在教学中容易被忽略。

从以上两个缘由来考虑,应加大对形式策略的开发,为一线教育工作者提供可操作的策略,从而改变导入形式模式化的问题。著名语文教师史金霞曾经说过,她把每一节课都当作一节新的课,从来不用一种方法来教授同一篇课文。正如史金霞教师所言,导入形式也应千变万化。为此,笔者将从语言导入和行为导入两个方面提出可行的操作方法。

1.语言导入启示

语言是人类社会最重要的工具,是一种符号系统。语文课堂的有效导入通过传递有效信息激起学生的兴趣,明确教学目标,导入语在其中起到了非常重要的作用。导入语原则的提出为语言导入教学提供了依据,指导教师教学。面对忽视情感交流、形式模式化的问题,笔者在此结合导入语教学原则提出以下三种策略:

一是诗歌、名句导入。对语言华丽与逻辑二者之间的关系处理不好,容易走入两个极端,一面是语言苍白、毫无美感;另一面是语言华丽,没有逻辑。只有两者结合,逻辑与华丽并重,才能达到理想的课堂效果。语文课堂导入语更需展现语文学科的风采,经典诗歌、名句具有古典气质与雅韵,彰显语言风采。诗歌、名句导入,顾名思义就是利用诗歌、名句导入教学。为了体现语言的逻辑性,在选择诗歌、名句时,教师要注意以下事项:其一,诗歌、名句的选择要切合文章主旨,贴近文章内容,使导入语能够成为贯穿全文的一条线索,起到总领全文的作用。其二,选用的诗歌、名句贴近学生生活,最好是学生能够理解的诗歌、名句,有利于学生对于课文的理解。教师在引用的过程中需要条理清晰地讲解诗句的意思,消除学生的陌生感,引起学生的好奇心。

二是问答式导入。问答式导入又被称为提问式导入,是师生共导的一种常见方式。这种方法发源于西方苏格拉底的"产婆术",又称为"谈话法",通过激发疑问的方式刺激学生的求知欲。在问答式导入中,教师与学生之间通过交流促进了解,教师为学生设置一层层阶梯,让学生能够化大目标为小目标,逐步达到教学目标。这里淡化了教师的权威作用,为学生提供了话语权。问答式导入讲究的是提问的艺术,考验的是教师的提问能力。为了更好地发挥问答式导入的效果,笔者提出以下两条建议:

第一,问题设计要有整体意识。批判性思维是学会提问的关键思维。批判性思维要求有一套相互关联、环环相扣的问题意识。这种环环相扣的问题,也展现了导入的整体性原则。例如,在教授《塾师老汪》时,教师可按照叙事六要素(时间、地点、人物以及事件的起因、经过、结果)来提问。教师能够首先对整个故事理清思路,再通过老汪的行为,分析人物性格,揭示主旨。整体意识有利于教师清晰地授课,避免无效提问。

第二,问题表达中,多使用程序性词语。在表达中词语分为两类,一类是描述性词语,即"是……""不是……"等,是对事件的客观描述,无明显的行动要求。另一类是程序性词语,即"写出、读出"等,是具有操作性的词语。教师要求学生通过一定的行为操作,达到应有的能力水平。但现实中,教师使用描述性词语的频率高于使用程序性词语,最终导致学生学习效率低下。例如,在教授《寡人之于国也》时,教师在导入时,运用了两种不同的提问方式,效果截然不同。其一为"同学们,有没有读过这篇文言文?"其二为"同学们有没有读准文章中的字词? 有没有意思不懂的字词? 请大家自读一遍,用笔在不知道读音或意思的词语下面做上记号"。

第一种提问方式以及指令,没有给出具体的行动,学生读的时候没有目标,也不会留意自己的错误,导致这个教学活动完全无效。第二种,提问中用"读准""意思不懂""做上记号"等具体要求的程序性词语提醒学生,从而完成文言文教学的第一步,明确字词含义,疏通文章。可见,明确的指令,能够塑造高效课堂。

第三，多设计封闭型问题。问题可分为两种类型，即开放型、封闭型。开放型问题是指具有不唯一答案的文化价值型问题；封闭型问题指的是具有唯一指定答案的问题。鲍里奇在《有效教学》中指出，封闭性问题与开放性问题的最佳比例是7:3。因为封闭型问题要求学生掌握既定的知识，是一种常识性的知识积累。而开放型问题更能考验学生各个方面的综合能力，需要学生利用较长时间组织、表达。另外，学生对于开放型问题的回答也需要常识性知识做基础。故此，教师在设计问答导入时，可多选择封闭型问题。

2.行为导入的启示

行为导入是课堂导入中的特殊方法，打破常规，用行动表达思想。行为心理学认为，可以通过反复重复、强调一个行为动作，对学生的行为进行纠正或增强，如巴普洛夫的狗的实验、斯金纳的行为主义理论、班杜拉的观察理论等。这些著名教学理论的提出就是从行为角度来研究教育心理。但现实中，教师对于学生行为的观察和研究并不太重视，鲜少把它当作一种教学方法。行为教学对学生来说很新奇，同时也能够起到不同的作用，是我们经常忽视的。

在教学过程中，行为可以分为两种，一种是仪式，这种行为本身就传递一种信息，是一种行为暗示，如同自然界之中，蜜蜂通过跳舞向同伴传递路线信息。另一种是带有目的性的行为方式，是为了课堂教学特殊设计的过程。

一是仪式导入。行为是表达人的思想的重要方式，能够对学生起到重要的影响，教师和学生常常习以为常，忽略这种仪式的作用。上课仪式是进入课堂学习的准备状态，是师生相互确认和传递期待、信任的过程。简单的仪式对教学有着重要的作用。首先,仪式具有规范群体行为,约束群体的作用;其次,仪式具有强化群体内部认同感和归属感的作用;最后,仪式协同参与者的步调。

教学中仪式导入的形式多种多样,最为常见的是起立、相互致敬、互相问好等行为。这种形式适用于各个学科,但根据学科性质不同,各科教师对仪式导入的方式也不同。例如,在英语课上,教师也许要求学生读一段英语导入;在历史课上,教师可以让学生讲一个与课文相关的历史故事;在语文课上,教师以听、说、读、写为基础,仪式导入会更丰富。行为导入虽然形式各异,但都能提高课堂效率。例如,同一年级的两个班,甲班的班主任特别注意自己班的班规,如上课必须起立鞠躬并说"老师好"。而乙班的班主任对这种有仪式感的事物不是特别注重。两种不同的态度导致两种不同班风。甲班学生在上课的时候,纪律比较好,学习比较自觉;乙班学生在上课的时候比较松散,给人懒散的感觉。这些行为虽然看起来简单,却能反映出一个班级的整体风貌,上课"起立、鞠躬"的行为,一方面是为了表达对教师的尊敬;更重要的是提醒学生上课,使学生收心。

教育仪式不仅体现在教学导入环节,而且是校园文化的组成部分,如升旗仪式、早操仪式等,这些行为仪式是一种价值观的传承,应被重视。

二是表演式导入。表演式导入主要是教师根据教学内容与教学目标来设计,通过表演形式导入。教师有多重身份,扮演着不同角色。教师有时为了突出或引出主题,会精心设定一个情节,帮助学生加深理解,引起他们的注意,这种方式具有表演意味。表演也属于行为表现,表演式导入的优势在于,首先,学生能够迅速进入特定的环境氛围中,便于学生理解主题;其次,学生也是行动主体,是表演中的一部分,学生的反应能够刺激教师的教学行为;最后,语文课堂具有艺术性,能够带给学生美感。表演的艺术性能刺激学生的表现欲,同时也能够改善导入教学一成不变的现状。

导入前活动时,语文教师请每个学生都带一个苹果过来。导入时,语文教师请每个学生都把自己带来的苹果放在讲台上,全班 40 多个学生迅速有序地把自己带来的苹果放在讲桌上。

师:请你们再把自己的苹果拿回去。

学生一片迷茫,觉得教师是有意为难他们,在下面窃窃私语,但还是陆陆续续地上去拿了自己的苹果。有几个学生还在讲台上不停地徘徊,不知道讲台上哪个苹果属于自己,犹豫不决,最后还是随便拿了一个苹果。

师:同学们,你们都拿到了自己的苹果吗?

(有的学生点头,有的学生摇头说没有)

师:××,你来说说你是怎么找到自己的苹果的?

生 1:因为我的苹果上面有一个小黑点,一眼看不到,但仔细观察就会发现。这是我能够找到的最好的苹果。

师:原来是因为有记号,怪不得你最先领走自己的苹果。很好,观察仔细。那还有没有同学说说自己是怎么找到苹果的?

生 2:我的苹果有点歪,在众多苹果中虽然不是最好的,但却是最显眼的。

师:听了两位同学的发言,不知道同学们有没有发现一件有趣的事情。大家在水果摊挑苹果的时候,都会挑那种近乎完美的苹果,没有一点损坏的痕迹。但让你们把自己的苹果挑回去的时候,你们发现就是当初那点点瑕疵、那个坑、长歪了的形状,那些你曾经嫌弃的缺陷成为你们找出它们的标志。

（学生都纷纷关注自己手中的苹果，不断点头）

师：其实这就如同我们的人生，每个人都不停地追求完美的自己，却忽视了自己的缺陷也是一笔财富。换一种思路，就会有另一种人生。正如我们今天的讨论课题"美丽的缺憾"。

这是一个成功的案例，其成功之处体现在两点，第一，行动表演，记忆犹新。准备阶段，让学生们有好奇心——"老师为什么让我带苹果呢？"导入时，一系列行动，让学生参与其中，亲身感受，发现自己忽略的遗憾美。第二，教师选择的类比对象很常见，贴近学生生活。唯一的不足在于耗时过长。

综上所述，按照导入形式策略来分类，主要是语言导入与行为导入。笔者从导入的原则与导入语的原则出发，结合实际问题，提出了诗歌导入、问答导入、仪式导入、表演式导入等多种方法。

三、课堂导入资源要素分类

资源要素是对教学活动中使用的资源的总称。从"物"的角度来分析导入环节，根据导入材料和来源的不同，可以将导入策略划分为课堂教学资源导入、课外资源导入。中国教育技术协会曾经把教学资源分为两大类，即设计的资源和利用的资源。后来，教学资源的界定有所修改，主要包括教学材料、教学环境及教学支持系统。教学资源，通俗地说，是指一切可以帮助学生达成学习目标的物化了的显性的或隐性的、可以为学生的学习服务的教学组成要素。

语文课程资源包括课堂教学资源和课外资源，如教科书、教学挂图、工具书、其他图书；电影、电视、广播、网络；报告会、演讲会、辩论会、研讨会、戏剧表演；图书馆、博物馆、纪念馆、展览馆；布告栏、报廊、各种标牌广告等。

下面笔者将介绍关于导入资源要素的分类,以及资源要素在教学中运用的注意事项,进而提出对高中语文教学导入的启示。

(一)导入资源要素的分类

课程标准中明确提出要增强资源的开发意识,充分利用已有的教学资源,开发可以利用的教学资源。

1.课堂教学资源导入

课堂教学资源导入主要指的是利用课堂内学生熟知的资源导入教学内容。从上文可知,课堂教学资源包括教科书、挂图、工具书等。课堂教学资源主要是教科书,它是专家根据一定的逻辑思维与心理顺序编排,具有强烈的逻辑系统与知识系统,是课堂活动的主要依据。

教师在使用教材时,需结合学情,以及课程标准中的要求,采取适宜的教学方法。课程标准是教育部针对中国学生制定的,为教师教学设定了清晰的教学目标。自从教育部实行了教材多样化,课程标准更是变成了各版本教材编订的标尺。在课程标准当中, 高中生应发展以下五方面的能力:积累整合、感受鉴赏、思考领悟、应用拓展、发现创新。由此可见,课堂教学是教师对教科书的二次咀嚼与吸收。教师需加强教材研读能力,提高资源使用效率。

课堂教学资源导入具有极强的优势,其一,从学生的角度来看,课堂教学资源都是学校统一配置的,学生比较熟悉,运用起来更能贴近学生,方便快捷;其二,从教学内容来看,课堂教学资源的选择都经过专家审核,具有权威性;其三,从教师的角度来看,教师多次使用教材,对教材内容更加熟悉,更易于找到适合学生学习的教学方式。

课堂教学资源导入也有明显的缺陷,第一,对课堂教学资源的挖掘不够深入。教师仅仅教授知识点，教学内容浅显、苍白，没有感染力。第二，对课堂教学资源使用不充分。许多教师只注重教材的使用，对于教室环境、教室挂图等其他课内教学资源的使用率较低。第三，课堂教学资源毕竟有限，专家在编订教科书时，把它当作一种了解中华文化、学习知识技能的范本，而不是学生学习的全部内容。课堂教学资源的有限性不利于开阔学生的视野，也不利于打开学生的思维。

2.课外资源导入

课外资源导入是指利用课外资源进行导入的教学活动。课内资源的有限性，决定了语文学习过程中课外资源的重要性。调查和观察显示，"导入"教学具有单一化、模式化的弊端。解决这类弊端不仅要从课内教学资源入手，还需要课外资源的延伸，丰富语文课堂教学内容，运用多种教学方式。课外资源多种多样，主要可以分为两大类，即传统教学资源、多媒体教学资源。

一是传统教学资源。传统教学资源一般是书籍、文献资料等。课程标准规定，一名高中生课外文学作品的阅读量不少于150万字，足见课外资源对于学生发展的重要性。但现实中，无论是学生还是教师都生活在成绩的压力下，极少顾及文学作品的阅读。此时，教师的引导就显得极为重要。教师应该主要引导学生掌握读书的方法，养成爱读书的习惯。传统教学资源导入优势主要有两点，第一，具有文学性与民族性。传统教学资源中有一部分资源是文学经典作品，这类作品更能展现一个民族的文化和智慧。另外，传统资源中有属于我国民族文化所特有的文化形式，如对联、古诗等。第二，具有普遍性与通用性。经典在大众传播中认可度较高，有利于学生学习。另外，可读性强，思想深邃的经典作品，更能引导学生思考。相对于它的优势,其也有不足之处,最主要的是传统教学资源的配置不完善,获得资源比较困难;学校图书馆的建设不完善,图书资料不齐全。另外,现代阅读方式发生了巨大的变化,在网络化时代,人们已经习惯了碎片化阅读方式,对于整本书的阅读缺少兴趣,不能保证充足的阅读时间。

尽管如此,多种多样的富有中国特色的传统文化,仍为传统教育提供了丰富的资源。而高中语文教学需结合课本所学知识,传播中国传统文化。所以,语文教师必须重视传统教学资源的开发与运用。

二是多媒体教学资源。20世纪30年代,多媒体开始进入教育领域,成为一种连接教师和学生的课堂教学活动的教育中介系统。到20世纪90年代,进入了信息化教育时代,人们开始探索多媒体和教育的关系。人们对多媒体的利用打破了传统教育的局限性,并且创造性地提出了新的教育模式。至此,媒体资源在教育资源中的地位也变得越来越重要。"君子性非异也,善假于物也",相对于传统资源,多媒体资源给教育带来了诸多变化。多媒体资源本身具有全球化、网络化等特征,为教育提供了更多资源。机遇和挑战同在,多媒体资源在教学中的运用有两点挑战。首先,从硬件设施来说,目前中国学校的多媒体设备还不完善,但已经取得了不错的成就。短短几十年里,中国的互联网技术发展迅速,发达地区和省、市级学校基本上都配备了多媒体设备,如投影仪、白板等。而偏远地区和乡村的学校还没有配备多媒体设备。硬件设备是多媒体教育的基础,必不可少。其次,从软件来说,信息化教育对教师的要求也越来越高,教师对信息技术的处理能力直接影响教学质量。尽管有诸多因素影响多媒体教学资源的运用,但多媒体教学是时代发展的趋势。科技发展为多媒体教学提供了技术支持,同时网络教育发展迅速,规模逐渐扩大,拥有强大的市场。在此形式下，教师需要充分认识到多媒体教学的优点。其最大的优点在于开放性，即资源共享，有利于扩大语文课堂教学信息来源；使用迅速、便捷。通过网络，无论何时何地，人们都可以找到想要的资料。此外，多媒体资源在教学中运用形式活泼，更能博得学生的欢心。

（二）导入资源要素的运用

生活在信息爆炸的时代，学会对信息资源的处理十分必要。搜集信息、筛选信息、辨析信息是高中生所要掌握的重要能力。在众多导入资源中，课堂教学资源主要使用的是教科书。而课外资源中，主要是来自互联网的信息以及传统的经典书籍。为了能够更好地发挥教学效果，教师需要对教材进行再处理。教师的再处理不仅能体现教师的专业素养，更能够符合学情需求。通过对课堂教学的观察，笔者总结出以下两种处理信息资源的方式。

一是整合。整合是一种非常重要的能力，通过整合可以让已有的知识得到合理的运用与编排，从而获得新的认知。在有限的教学资源内，教师如果善于整合，会给学生带来不同的体验。整合无处不在，在"导入"教学环节中，整合主要是将教材内容按照不同的维度重新进行整理。进行整合的角度有很多种，常见的有按照体裁整合；按照主题整合；按照作者整合，如把相同作者的文章整合在一起，便于学生知人论世。此外，还有多种整合角度，笔者在此就不一一赘述了。整合的优点众多，最主要的体现在以下三个方面：

首先，整合使教材能够重复利用，并使有限资源发挥无限价值。例如，在"写人记事"的作文教学中，教师可以把语文课本中出现的"写人记事"的文章整合在一起，作为范文，来教学生学习"写人记事"的技巧。教授也可以把这些故事当作素材运用到作文写作中,这样就达到了"一文多用"的目的。其次,整合有利于培养学生的发散思维。孔子言"温故而知新",通过对旧知识的回顾来学习新的知识,不仅使学生更容易接受,而且使学生学会从不同的角度来思考问题。例如,在学习《林教头风雪山神庙》这一课时,教师可以从初中教材中出现的《武松打虎》导入,同样是出自《水浒传》,却在不同的故事当中塑造了截然不同的英雄形象。然后通过小说来分析林冲的人物形象,进行两位英雄的对比,并借此突出林冲的悲剧性,深刻揭示当时社会的黑暗。从这个例子可以看出,对课文的整合可以扩大到学生已经学过的课文。相对于其他的课外知识,学生对于已经学过的课本知识最熟悉,教师利用起来也更加得心应手。最后,整合有利于教师建立教学框架。教学是一种有目的的艺术活动,也就是说,教学必须有明确的目标和清晰的线索。教师在课堂上必须保持一种逻辑性,这种逻辑性有利于学生对知识的学习。板块式教学就是先建立语文知识框架,然后以课文为依托,对学生进行各方面的训练,从而能高效地完成教学任务。当然,整合的效果如何,还要看教师的个人能力和素养。

二是对比。对比是通过对两种有某种共同性质的事物进行比较,同中求异,学会迁移,灵活运用知识。相对于"整合"这种方式而言,"对比"的张力更大。"对比"的好处是使学生对于平淡无奇的课文产生强烈的好奇心,其也是继"整合"方法之后,能够让有限教材发挥无限潜能的方法之一。更重要的是,它符合学生的心理发展规律,有利于培养学生的观察能力和创新能力。在"导入"环节的教学中,经常从以下两个角度进行对比。

第一,不同观点对比。文学来源于生活却高于生活。文学作品为了追求艺术性效果,往往对人物或事件进行虚构,所以文学与现实之间存在差异性。这种差异性是一把双刃剑，其好处在于能够对学生的认知产生巨大的冲击，从而明白文学创作的美感与现实之间的差距；弊端在于使学生对某事物有一种先入为主的主观印象，不利于新观点的接受。因此，教师在教授过程中，必须明确指出两者之间的差异，教会学生用辩证的眼光看待问题。

例如，《三国演义》中塑造的曹操，阴险毒辣、奸诈狡猾，其形象深入人心。在初中学习过《杨修之死》这篇文章后，使学生对曹操这一形象记忆深刻。为了表现"忠义"的正统思想，罗贯中在《三国演义》中将曹操脸谱化，抹杀了他性格中好的一面，使其人格单一化。但高中课文中出现曹操的《短歌行》时，又出现了一个与《三国演义》中完全不同的曹操。但由于学生之前对曹操的印象深刻，使得他们不能很好地理解作者"周公吐哺，天下归心"的举动与心情。历史中的曹操与文学中的曹操相碰撞，火花四溢，这是一个契机也是一个危机。为了让学生辩证地看待历史人物，笔者对《短歌行》的"导入"设计如下：

师：今天我们来学习曹操的《短歌行》，在学习这首诗之前，老师希望你们说说在你们的印象中，曹操是一个怎样的人？要有依据，可以是他的成就，也可以是你听说的关于他的小故事。谁能主动与同学们分享一下？

生1：初中的时候学习过《杨修之死》的故事，感觉曹操是一个十分可怕的人，残暴，喜欢杀人。

生2：《三国演义》中曹操是一个大奸臣，做过许多坏事，对于救命恩人都可以痛下杀手，他曾说过"宁教我负天下人，不可天下人负我"。我不太喜欢他。

生3：其实曹操很有学问。他写了很多诗歌，是文学大家，很有才气。

师：同学们说得都很精彩。根据同学们的发言，实际上可以将观点分为两派。一派是文学中的曹操，心狠手辣，妒贤嫉能。另一派是现实中的曹操，著名的大文学家、军事家。鲁迅曾说过这样的一句话来评价罗贯中的《三国志通俗演义》，"欲显刘备之长厚而似伪，状诸葛之多智而近妖"。意思是说，这本书里面塑造的人物过度夸张，人物形象具有单一性。同样可见，文学作品中那个曹操不一定是真正的曹操，只不过是把曹操某些性格特征夸大化、单一化艺术处理了。那现实中的曹操到底是怎样呢？让我们走进《短歌行》，走进曹操的世界。

第二，不同风格对比。风格是指一定的话语秩序所形成的文本体式，它折射出作家、批评家独特的精神结构、体验方式、思维方式和其他社会历史、文化精神。作品风格是作家风格的具体表现。学生通过学习具体作品感受不同作家风格，或者同一作家在不同时期的风格。通过对比的方式使得学生学会对作品的鉴赏，提高文学作品的鉴赏能力。

例如，在高中课本中出现最多的唐朝时期的两位诗人是杜甫和李白。他们一位是"诗圣"，一位是"诗仙"；一位是现实主义的代表，一位是浪漫主义的代表；一位深沉稳重、忧国忧民，一位潇洒飘逸、自由洒脱。同处唐朝，两位诗人却差异显著。从"知人论世"的角度出发，让学生掌握鉴赏作品的技巧和方法。在学习《杜甫诗三首》时，一位教师通过对比的方式导入如下：

师：同学们好，上节课我们学习了李白的《蜀道难》，今天我们来学习杜甫的作品。他与李白齐名，并称为"李杜"。既然都是唐朝人，那么同学们猜猜，杜甫和李白哪个人的年纪更大呢？

学生的回答并不一致，有的说李白大，也有的说杜甫大，课堂气氛十分活跃。

师：好了，大家都有了自己的答案。那就分别请两位同学代表不同的观点说说你们的理由。请同学们自由发言。

生1：我们认为李白大。因为课本上写了李白的生卒年为701—762年，而杜甫的生卒年为712—770年。所以李白比杜甫大。

生2：我们认为杜甫比较大。因为每次读杜甫的诗歌的时候，脑海里都有一个苍老的形象；而阅读李白诗歌的时候，总感觉是一个意气风发的翩翩少年。所以，我们感觉杜甫比李白要大。

师：看来同学们都有自己的理由，不过很明显，数据证明一切，李白比杜甫大。但这位同学的感觉十分正确。那究竟什么原因会导致他们作品风格差异巨大呢？在学习这三首诗歌之前，我想请同学们将李杜的生平以及创作背景进行对比，看看同学们能不能找到答案。给大家五分钟时间，请同学们分小组讨论，给出各组的意见。

以上是不同作者风格对比，还有同一作者不同时期风格对比，这样的对比达到了迁移的效果，让学生理解了"知人论世"的鉴赏方式，同时也能够激起学生的学习兴趣。

整合与对比是常用的处理信息资源的方式，但并不是唯一的方式。教师可根据自己的实际情况合理利用课本，发挥其作用。这两种方式针对的是有限信息的扩展与再利用。

(三)导入资源要素对课堂实践的启示

导入的资源要素，是导入教学中重要的部分，是导入的主要支撑。导入资源要素的原则也决定了导入方式的变化。通过上文对导入的资源要素的了解与分析，笔者将会在这一部分中提出导入资源要素对课堂实践的启示。

前文论述了处理课内资料常见的两种方式,通过处理,在课堂上主要呈现以下三种形式:第一种是通过对题目的解释导入;第二种是通过介绍作者的背景来导入;第三种是通过介绍写作背景来导入。这三种分类是按照课内资料导入的内容来划分的。

1.介题导入

介题导入,指的就是通过介绍题目导入课文。介绍题目也并非仅仅是为了"导入"新课,更多的是通过题目来了解文章的主旨,或者是能够清晰地呈现一个知识点。这种方法的好处在于能够第一时间抓住学生的注意力,教授相关知识。同时,也显示出了教师的专业素养。例如,在教授《烛之武退秦师》的时候,教师就曾用介题的方法导入。导入过程如下:

师:同学们,今天我们来学习进入高中以后的第一篇文言文——《烛之武退秦师》。从这个题目大家能够猜出文章主要写了哪些内容吗?

生:本文主要讲了烛之武劝退了秦国的军队。

师:语言简洁,概括有力。你是怎么知道的呢?真的像我说的猜的吗?

生:也不是猜的,只要把题目翻译成白话文就可以了。

师:哦,这样的话,看来文章的题目极具概括性。其他同学认为他的翻译准确吗?有没有不同意见?(学生都摇头,纷纷表示赞同他的观点)既然大家都没有意见的话,那老师想问一下,其中的"退"是什么意思?

生(齐声):劝退。

师:很好,看来很相信自己的答案。你们的解释也没有错,只不过你们的解释属于意译,并非直译。在翻译古文的过程中,首先要直译,其次才选择意译的方式。这里的"退"实际上属于古汉语中的一种特殊用法——"使动用法"。什么是"使动用法"？又如何判断"使动用法"呢？我们先来解决这两个问题。

教师在这堂课的教学过程中,通过介题导入的方式来进行课堂导入,不仅可以快速帮助学生进入学习状态，还可以帮助学生高效参与课堂学习,提高学生的学习效率,促进语文课堂有效教学系统的构建。

2.作者生平导入

作者生平导入,就是教师或学生通过作者的背景来导入新课,主要是作者的生平、写作风格、经历事迹等方面。大多数教师喜欢用这种方法的原因在于,作者的生平故事可以吸引学生,有助于学生理解文章的主旨。例如,在上《包身工》这一课时,有位教师就是通过介绍作者夏衍的故事来导入文章,激发学生探索文章的兴趣。

师:同学们,今天我们来学习新课《包身工》,在进入新课之前,我想问问同学们对于其作者——夏衍了解多少呢？

生:夏衍,浙江杭县人,现代著名剧作家,主要作品有剧本《赛金花》《上海屋檐下》《法西斯细菌》等。

师:看来同学们预习得很认真,你的这段介绍就是来自课文注释。那么同学们有没有注意到夏衍的身份是什么？

生:剧作家。

师:对,就是剧作家。每个人都有多重身份,这多重身份之间又是相互联系、相互影响的。就像艾青既是诗人又是画家,所以他对色彩很敏感,才有了"紫色的灵魂"这么新奇的诗句。夏衍作为一个剧作家,他的画面感比较强,能够在不同的场景中切换自如。看《包身工》的时候,就像是在看一部纪录片。实际上这篇文章中也同时运用了电影中的创作手法,如画外音、蒙太奇等。不知道同学们有没有这种感受？那夏衍又是如何切换镜头的呢？文章有几条线索，又是按照什么顺序来写的呢？下面请同学们在三分钟内速读文章，找出文章的线索，以及文章的写作顺序。

这位教师在介绍的时候从作者身份入手，考虑到作者的剧作家身份，将电影与文学结合起来，异中求同，使得文章的解读具有新颖性。

3.写作背景导入

如果说作者介绍是"知人论世"，那么写作背景就表现了白居易的主张，即"文章合为时而著"。了解写作背后的故事，就更能够深刻地揭示文章所要传达的思想。

例如，在解读戴望舒的《雨巷》的时候，就需要结合作品的背景，才能体会到这首诗歌的伟大之处，不然就会听信有些评论者的一面之词。有人曾言，中国古诗"丁香空结雨中愁"就完全表现了此时的意境，新诗没有创新力。这种说法当然有失偏颇。当时，中国已经进行了新文化运动，白话兴起，在文学的各个领域都取得了一定的成就，打破窠臼。诗坛之上也掀起了白话风潮，当时很多诗人都尝试着新诗创作，著名的有胡适、刘半农等，但都没有找到适合的方法，直到叶圣陶推荐了戴望舒的《雨巷》，并且称这首诗"替新诗的音节开了一个新纪元"，中国新诗才有所发展。学生在学习这首诗的时候只有了解了作品背后的故事，才有可能体会到作品的伟大之处。

写作背景介绍同时也增加了作品的多重解读。就如《雨巷》这首诗歌，有人说它是一首爱情诗;有人说它是一首政治诗。之所以说这首诗是政治诗，是因为这首诗发生的政治背景。这首诗写于 1927 年，蒋介石发动"四·一二"反革命政变，对革命者进行了大规模的逮捕和屠杀，全国笼罩在一片"白色恐怖"之中。作者就曾经参加过革命宣传工作,此时正躲在朋友家中。所以有人揣摩,戴望舒在文章中表达了对当时革命道路的迷茫与彷徨。这种多重解读丰富了作品的内涵,也展示了作品的魅力。

四、其他课外导入方式

在信息资源极大丰富的今天,教师的语文课堂教学已经不能满足于单纯的书本内容了。因为,不同的、丰富的、多样化的导入方式才能提高语文教学的有效性,并促进语文课堂有效教学系统的构建。因此,教师应该结合课外多种多样的教学资源,来提高学生语文知识导入环节的认可和接受程度。

(一)课外故事导入

课外故事导入就是以讲故事的形式来进行语文"导入"教学。讲故事是学生喜闻乐见的一种教学方式,故事的情节性和趣味性能够迅速吸引学生,帮助学生更好地理解文章。高中生对于新鲜事物都具有强烈的好奇心,教师需要抓住学生的这一心理认知,好好引导学生。因此,对于教师所选用的故事有一定的要求。

首先,所讲的故事必须具有趣味性,情节跌宕起伏。这点最为重要,也是抓住学生眼球的根本。其次,故事必须要结合教学实际的需求,具有一定的目的性,为了教学而服务,围绕教学中心,使整个教学过程具有整体性。再次,从"导入"教学"简洁性"原则来考虑,无论是教师还是学生在讲故事时,都需要简明扼要,不拖拉,一个故事最好保持在三分钟以内。最后,所选的故事要范围广、种类多。可以是中外经典;可以是乡村野史;也可以是发生在生活中的小故事。多角度来讲故事,有利于开阔学生的视野。当然,这也是对教师的一种考验。

（二）课外对联导入

对联音韵和谐、种类繁多、妙趣横生，是中国五千年文化的积淀，充分展示了中华民族的语言美。在高中语文必修一中，"奇妙的对联"实践活动要求学生了解对联的起源、形式、结构以及对联背后的文化。通过这次活动，希望能够提升学生的民族自豪感和认同感，自觉继承中华民族优秀的文化，提高语言的美感。对联形式短小，但包含信息量比较大。通过对联可以了解作家、时代背景还有作品感情。同时，对联中运用了多种修辞手法，如对偶、谐音、顶针、双关等。合理运用对联，有利于学生对知识的理解，增添学习的趣味，活跃课堂气氛。例如，在教授《纪念刘和珍君》时，教师使用了对联导入。

译著尚未成书，惊闻陨星，中国何人领呐喊？

先生已经作古，痛忆旧雨，文坛从此感彷徨！

师：这是一副悼念鲁迅先生的挽联。挽联中有两部鲁迅先生的小说集，分别是《呐喊》和《彷徨》。鲁迅先生的杂文集有《野草》《华盖集》，这节课我们将会学习《华盖集》中的一篇纪念逝者、警醒世人的文章——《纪念刘和珍君》。鲁迅是中国革命道路上的英雄，他用自己的笔做武器，与帝国主义和封建主义做斗争。直到他生命中的最后一刻，他也不曾放弃自己的武器。在发生三·一八惨案几个星期之后，社会从开始的喧闹走向沉寂之后，鲁迅先生提起了自己的笔杆为三·一八惨案中的逝世者写下这篇文章。请同学们细读文章，看看鲁迅是如何拿起笔杆和社会的黑暗势力进行斗争的。

（三）课外史实导入

史实导入就是将与课文相关的历史史实作为资料导入。实际上，史实导入和故事导入的实质都差不多,都属于讲故事的一种导入方式。之所以将史实导入单独提出是由于史实具有真实性。故事可以是虚构和编纂的,但史实是建立在真实性的基础之上的。高中生正处于发展阶段,这一阶段的孩子世界观还没有形成。所以,教师需要以辩证的方法来看待历史事件,不可盲目偏见,以身作则教会学生用辩证的观点来看待事物,有利于学生思维的发展,帮助他们看待生活中遇到的一些问题,用乐观向上的态度来面对生活。在上文中已经提及的《观沧海》的导入,可以讲述曹操的成就,打破大家对曹操的刻板印象,辩证地看待这个历史伟人。教师在讲述史实的时候不能妄下评论,要做到有理有据地评论事件或者人物。

(四)音乐导入

20世纪30年代,视听技术进入教育模式以后,音乐导入的方法就颇受教师喜爱。这种方法的适用性很强,可以当作背景音乐,使整节课都充满音乐,营造课堂氛围;可以当作调剂品,在课堂教学中使用,活跃课堂气氛;也可以当作情感体验,在结束的时候,慢慢品味。其实,在高中语文课本中有许多诗歌、名句都有配乐。如《红楼梦》中的唱词;《赤壁赋》中的客人所唱部分。更典型的是诗词,如李清照的《一剪梅》,苏轼的《水调歌头·明月几时有》。这些若是唱出来,不仅使学生更容易理解作者的感情,而且还能快速吸引学生,给学生留下深刻的印象。

例如,语文课本中的《赤壁赋》,文言文的难度比较大,学生对学习文言文具有畏难情绪。因此,教师一般都是遵循着先易后难的规律。这篇文言文的教学目标有好几个层次:第一个层次是对文言实词、虚词,还有特殊句式的梳理;第二个层次是体会苏轼乐观、豁达的思想和人生观;第三个层次是学会迁移,把所学到的思想用自己的文字表达出来。显然,第一个层次的知识性东西并不难理解和学习，第二个和第三个层次比较难。第三个层次建立在第二个层次之上，因此，掌握第二个层次的思想很重要。作者主要是通过主客问答的形式，使客人和主人之间的观点形成鲜明的对比，以此来突出主旨。教师在教授《赤壁赋》第二课时新课的时候，用音乐将学生带入教学之中，调动学生多种感官来学习，易于理解文章的情感。

在现实中教师自身的特色极为重要，一般有才艺的教师更受学生的欢迎，即使没有过多的才艺，也要学会欣赏，带学生体会到各种艺术之间的互通性。这是音乐的魅力，也是语文的魅力。

（五）影视作品导入

所谓影视作品导入，就是利用网络中出现的影视作品和小短片来导入教学。如今，中国影视事业特别活跃，越来越多的文学作品被拍成影视作品。学生在生活中接触到影视作品的机会也越来越多。影视作品是一种资源，如若善加利用，会起到良好的效果，引起学生的认同感，使学生学会如何利用资源，搜集信息，而不是盲目地追求娱乐性。

影视作品导入需要注意以下四点：首先，所选影视作品一定是积极向上、充满正能量的；其次，作品必须要和教学内容息息相关；再次，教师应该注意时间，作为导入一般时间比较短，可以选择时间比较短的经典片段，或者是动画小短片；最后，值得注意的是，教师运用影视作品的根本目的是让学生能够学会赏析电影，同时能够通过电影学习相关的知识。

在进行作文教学时，教师就运用了影视作品导入的方法。教师在导入时，直接播放了一个三分钟不到的短片——《一只大鸟和许多小鸟》，这是一个获得奥斯卡动漫短片奖的作品。动画的内容是一只小鸟快乐地在电线杆上歌唱，随后又陆陆续续地来了一群小鸟。他们之间为了争夺位置，不断地排挤对方、辱骂对方。但没过多久，来了一只大鸟，微笑着和他们打招呼，然后自然地落在了电线杆的另一边。此时一群小鸟意识到自己有危险，于是，停止吵闹，一致对抗大鸟。它们恐吓大鸟，排挤它，希望它从电线杆上摔下去。终于经过多方努力，它们成功驱逐大鸟。只是在大鸟落地的一瞬间，电线杆反弹，众多小鸟也被弹到天空中去了。最后一个个身上的羽毛都被弹飞了，只剩下光秃秃的身子。影片在大鸟的笑声以及小鸟无处躲藏的身影之中结束。从头到尾没有一句台词，简单的动漫却有着不简单的哲理。

本课的教学目标为，观看影片，用自己的话来描述影片内容；观察影片细节，参悟其中的哲理。这个教学目标，主要是培养学生的观察能力和表达能力，具有开放性，能够充分尊重学生的观点，让学生自由表达自己的同时又能够正确引导他们进行观察写作。

对课堂教学资源与课外资源的开发，带给教师多样的导入方式，而其中多媒体资源的运用和方式的呈现，其作用主要有两种。一种是教师为了达到教学目的，运用多媒体教学手段来设置场景、营造氛围，使学生在心理上能够获得认同与满足。相对于传统教育资源，多媒体教学资源进行"情境教学法"，具有生动有趣、画面感强的特点。这也是时代发展的必然要求和趋势。另一种是为教师提供新的教学资料。多媒体教育资源具有丰富性、新颖性，所提供的资料能够开阔学生的视野，给学生以新鲜感。

《易经》中曾说过"穷则变，变则通"。以上各种策略都有其局限性，没有一种是万能的，教师只有学会变通才能做到游刃有余。在教学中"教无定法、贵在得法"，相对于对导入教学方式的研究，对于导入进行系统性的认识，结合自身的实际情况，选择最合适的"法"才是真的"法"。与其为一线教师提供不计其数的导入教学方法，不如为他们提供新的视角，使其突破原有的思维限制。

第四节　有效课堂导入环节的构建

要获得有效的语文课堂导入，离不开对语文课程标准的研读，也离不开对教育学、心理学、语言学等内容的研究，但更重要的是要以高中语文课堂导入的现状为出发点，对其进行调查和分析，找准问题所在。为了更加全面准确地了解现状，同时也为了更明确地体现出当前高中语文课堂导入环节存在的问题。接下来，笔者将从语文教师的课堂教学实践来分析高中语文课堂导入现状，希望借此来分析目前语文教学导入过程中存在的问题，并加以改进和提高，以期提高语文导入环节的教学效果，并完善高中语文有效教学系统的构建。

一、教学导入现状分析

第一，课堂导入的实际运用很普遍，甚至必不可少；第二，高中语文课堂导入的效果被低估或忽视；第三，导入方式、设计理念有待提升；第四，学生的主体体验、感知被忽视；第五，预设性强，缺乏生成性。同时，不论是普通语文教师还是语文名师，对导入环节的设疑式、多媒体导入、激趣型导入、运用问题导入四种导入类型的选用都有相当比例。笔者通过详细对比发现，普通语文教师更常采用激趣型导入，其次则是设疑型导入，借助

227

多媒体技术,运用问题引导的方式最大限度地引起学生的学习兴趣,而渲染型导入运用率相对较低。与之相较,语文名师的导入中渲染型导入却具有极大比例,其次则是设疑型导入,具体方式上则更加注重言语导入和问题导入,对多媒体技术的应用明显低于普通语文教师。

综合而言,语文名师在课堂导入中不仅仅追求教学的趣味性,更加注重对学生思维的启发,更加关注学生的情感体验,体现出对学生主体地位的重视,同时也更加注重教学语言的运用,体现出其专业素质的优势,更体现出有效语文教学理论的发展观、学习观、教师观。

(一)教师对于导入环节不够重视

在实际的教学教研中,相当一部分教师较少使用和关注语文课堂导入,或者只是在公开课上使用、关注。同时,有一部分教师的语文课堂导入的设计中还存在省时省力的倾向,只图引发兴趣这样浅层的考虑,而较少考虑导入的有效性,几乎不考虑导入是否优质,更不会对导入语进行反思总结。

笔者经过调查和实际教学观察发现,很多教师在教学过程中,往往不会单独对导入环节进行设计,而是仅仅通过几句话一笔带过。这种情况会严重影响学生的课堂积极性,并且对语文有效教学系统的构建都是非常不利的。

(二)导入过程缺乏语文学科意识

当前是一个信息获取极为便利的时代,部分教师在设计导入时,缺乏学科意识,为了有趣而有趣,为了导入而导入,借助与学习内容无关甚至粗浅的内容进行导入,例如,下面一则《荷塘月色》的导入。

师:广场舞以迅雷不及掩耳之势红遍整个中国,说到广场舞,不得不提凤凰传奇。提起凤凰传奇，大家就会想起他们特别火的"广场舞曲"《荷塘月色》。

生(小声唱)：苍茫的天涯是我的爱……

师：不过，我们今天要说的《荷塘月色》可不是有关广场舞的歌唱家的，而是有关一位大名鼎鼎的学者——朱自清。月映清荷，风摆杨柳，昔时古人对月畅饮，对酒当歌，写出许多流传千古的诗篇，朱老也曾于荷塘月色旁抒己之情。下面让我们走进课文《荷塘月色》来细细品读吧！

初看之下，该导入借助学生熟知的内容顺利地引出教学的主题，具备一定的趣味性。但深究起来，"广场舞"或"广场舞曲"本身是一种快速流行或消亡的社会现象，与《荷塘月色》这篇文章无论是风格还是内涵都没有任何关系。所以，教师在设计导入时应当避免"为导而导""导而不入"的情况。

高中语文强调"在阅读与鉴赏活动中，不断充实精神生活，完善自我人格，提升人生境界""注重审美体验，陶冶性情，涵养心灵"，所以课堂导入也不应局限于语文学科知识，还应当结合课堂具体内容做出有益的跨越，扩大学生的眼界和思维。通常语文教师看书较多，接收的知识、资讯较多，生活经历也较为丰富，善加利用对教学是有益处的，但有的语文教师却不自觉地走向一个误区。又如，一位教师在理科班教授《张衡传》时的导入如下：

师：为了研究出这台古老仪器的工作原理，课题组的同志进行了长期的探索、实验，最后终于有所发现。(出示地动仪及其工作原理图)这就是课题组最后确定的"悬垂摆动原理"示意图，由此……

生1(小声地)：这个"悬垂摆动原理"还是离不开惯性的作用……

生2：还有杠杆的原理……

案例中，为了引起理科班学生的课堂兴趣，该教师选择了与物理学科相关的内容，并对其进行了介绍、展示。本意是用来引起学生对教学内容的兴趣，反倒将学生的注意力引到地动仪原理探讨上，是对教学内容的误导，教学效果也将大打折扣。

（三）导入缺乏思想深度

在课堂导入实际中，不少教师会陷入"为导而导"或"导而不入"的误区，同样以上面《荷塘月色》导入为例，教师为了导入而导入，并未细细品味和思考导入内容对于学生学习的意义，仅仅是为了提高课堂教学效果。那么，这种导入方式和内容就显得颇为单薄和无意义。该导入引入凤凰传奇的歌曲增加了趣味性，却也只停留在趣味性层面，仅仅通过流行歌曲引出课题，对教学内容并未真正进入，着眼点短浅，有"导"却不"入"，只是唤起了学生关于"荷塘月色"浅层的思考，导向的是字面的肤浅的理解，对其内蕴的关注、体会则远远不够。而有效的导入重视对学生最近发展区的充分利用，强调将未知过渡到已知，从不会到会、不能到能的转变，旨在引领学生走向有效的语文学习过程中。例如，笔者在教学实践中，曾听到过一位语文教师开展的教学导入。在学习《父母与孩子之间的爱》时，一位教师选取一段导入语来导入语文课程，"有的家长认为，现在每个家庭当中，也就一个或者两个孩子，只要我有能力，孩子要什么，我就给他什么，图的就是让孩子快乐幸福；也有家长认为，对孩子来说，最重要的是多学点知识技能，在聪明才智上超过别人，至于其他方面，用不着怎么教；还有一些家长认为，孩子小时候任性一点很正常，长大以后自然会好的，更有甚者，还把孩子的任性、自私、霸道表现视为孩子的聪明、童真而加以纵容……"之后,教师引导学生针对上述情况发表自己的看法。

从表面上看,结尾"你如何看待以上观点"属开放式的问题,旨在引发学生对该问题发散思维、畅所欲言,直到学生实现与文本观点的对接或冲突,顺势进入课题。但是,对这类问题的回答,学生通常利用原有的认知、个人直接经验来进行浅层次的泛泛而谈,难以从中提炼出有价值、有深度的观点来对照文本的内容。如果教师在后续不能及时提炼归纳,学生则可能停留在对个人经历和感慨的抒发上,无法实现导入的目标。

(四)导入环节缺乏情感、情境

优质教学理论的学习观强调学生主体对学习过程的体验,认为营造与日常生活类似的学习情境有助于激发学生的学习热情,从而以主动、自发的心理进行学习。部分教师有重视情境营造的觉悟,只是在实际操作中尚欠"火候",语言较为单薄,没有将"情感"渲染到位,或者在"情境"营造中只是过程性的呈现,忽略了体验的唤起,降低了导入的效果,如《故都的秋》的导入。

师:秋天是个神秘的季节,没有春的妩媚,没有夏的热情,没有冬的凝重,仿佛一个遗世独立的清丽女子,随落叶而至,随飞雪而归。在郁达夫的笔端,零落的牵牛、疏落的长草、弱蝉的残声、风中的枣子等,这些在故都中看似最为普通的、不起眼的景物,却成为一幅写意的长卷,奏响了一曲属于作者的生命的悲歌。究竟是为什么?何以至此?让我们一起翻开语文课本去细细品味,静静聆听吧。

从设计上而言,该导入结合学生常见的秋日景象,结合连续的否定句式,渲染出一派冷清萧瑟的景象,再与文本碰撞,引出郁达夫笔下的"秋",显得非常自然。但教师在导入中似乎急于完成情境的渲染,结尾将"悲歌"

直接点出,忽略了学生主体的感受,而且存在给文本"定调"的嫌疑,限制了学生思维。

综上,通过对现状调查研究可知,广大的语文教师在高中语文课堂导入中还有很大提升空间,与有效的课堂导入还存在着极大差距。

二、有效的语文课堂导入设计

有效语文教学系统教学理论强调学生的整体发展,侧重具有丰富生活经验的,具有开放性和全局性的,具有学生思维过程的知识观念,提倡开放、积极,具有创造性和实践性的学习观念。教师的角色由知识的传授者向教学的促进者转化。有效教学的核心是学生的优质发展,由此对课堂导入也提出了更高的要求。教师要尽量追求课堂上各个环节的"有效"。一堂课的导入是教学过程中的首要环节,应受到教师的重视。笔者将在下文中对高中语文课堂有效导入的实践体系进行研究,以期让有效导入更好地发挥自身作用。

(一)有效导入的基本原则

当前的课堂导入,大部分是有意识或无意识地围绕有效教学进行设计。笔者认为,语文教学过程中的有效导入应遵循以下五个原则:

一是导向教学。导入,是为了在学生和新的教学内容间产生有形或无形的联系,从而顺利地进入课堂教学,促进整个教学的推进,这是其最根本的目的。所以,在导入设计上,必须要考虑其与教学的相适应性,不能仅仅为了追求内容的趣味性、形式的多样性或环节的完整性等而忽略其最根本的目的。本末倒置,为了导入而导入,结果必定适得其反。有效导入则要求立足学情,围绕教学内容有针对性地进行导入,即导入的方式、选材、时间长短等都要根据学生的情况和教学的具体内容灵活展开。总之,导入的一切内容和环节都应当紧扣教学目标,为教学服务。

二是导向生活。有效教学理论的知识观强调日常生活经验、直接经验的价值,提倡"回归生活世界""课程即生活"。所以,语文教学既要注重对课堂内书本间接经验的学习,又要注重对日常生活经验和直接经验的体验学习。因此,在有效导入中要注重与日常生活经验的结合,既能丰富学生的知识,又提高了生活的质量,使得课堂与学生生活成为一个联系的整体,教师的教学引导学生在生活中潜移默化地学习。所以,在语文课堂有效导入的实践中,教师应适时结合学生的日常生活经验和个人直接经验,借助学生对日常生活的主体体验来更好地导出教学内容。

三是导向兴趣。有效学习理论主张学生学习的自主与自觉性。这就要求学生有非常大的学习兴趣。"兴趣是最好的老师",所以教师在课堂教学中要注重趣味性,以便引起学生的关注。导入作为课堂的初始环节,更应该注重趣味性,将学生的兴趣在课堂伊始牢牢地抓住。所以,在语文教学的有效导入课堂实践中,教师应对学生的兴趣加以关注,结合学生的特点,选择适宜的材料,用以吸引学生的注意,在导入的方式上,应结合教学内容适当地变化,运用导入策略,实现多种方式灵活运用。

四是导向能力。有效教学理论注重三维目标整合的整体发展观,着眼终身发展,面向未来的、可持续的发展,强调发展的后劲和潜力,所以学习的能力显得尤为重要。语文学习的一个重要途径就是在语文的学习课堂上。因而语文教学还担负着为学生终身的学习奠基的使命,发展学生的终身学习力是语文有效教学的核心,它要求语文教师在课堂上尽快实现从基础教学的完成到有效教学的转变。

学生在学校的学习时间是有限的,那么在这个有限的时间内,教师就要致力于发展学生独立自主的学习能力。在语文课堂导入过程中,教师不仅仅只是引出当堂课的教学内容,更要注重对学生自主学习能力的培养,让学生知其然并且知其所以然,获得属于自己的学习方法。

五是导向体验。语文学科承载着东西方的文化知识,它既包含了中华民族五千年来劳动人民的思想、智慧,还蕴含着世界各个民族的劳动人民对世界的感悟与总结。这些都是人类的宝贵财富,是人类努力奋斗、创造美好生活的源源不断的动力。我们要不断地传承并发展这些珍贵的财富。那么这就需要我们不断在真实体验中去感受。有效教学理论不仅主张内在主动性与生成性的发展,还强调要侧重学生的体验式学习,因此有效的课堂导入就是要引导学生不断地深入文本,形成深刻的自我体验,在体验的过程中陶冶情操,得到相应的启发,形成自己的独特体验。

概而言之,有效的语文教学致力于培养学生独立自主的终身学习能力。不论是生活的实践经验还是学生学习的积极主动性、方法、态度、价值观都与他一生的学习息息相关,作为课堂教学过程中的第一环节——导入,就是使学生重视这些部分的好时机。所以,加强对导入环节的重视对教学效率的提高有重大的价值。

(二)有效导入的具体要求

一是激发学习兴趣。兴趣是最好的老师,浓厚的兴趣可以激发学生学习的内在积极主动性,在这样的学习状态下学生的学习效果会更好。因此,教师在导入中就要增加学生感兴趣的内容,最快速地抓住学生的注意力,使他们更好地投入课堂教学中。相比较于大多数教师的兴趣导入止于导入的缺陷,优质的导入环节要求教师能够将学生的学习兴趣延伸到整个课堂中去,最大限度地使学生整节课都处于好的学习状态。

例如,笔者在教授《再别康桥》这首现代诗时,设计的导入语为"有一座桥,风景秀丽,闻名遐迩;有一个人,风流倜傥,才名远播;有一首诗,清新空灵,诗坛奇葩。他是一个生来就为追寻感动的浪漫诗人,是中国现代文学史上一颗耀眼的流星。他才华横溢,文笔洒脱;他感情丰富,风度翩翩;他谈话是诗,举动是诗,毕生行径都是诗。他轻轻地来,又悄悄地走,不曾带走人世间一片云彩,却永远投影在读者的波心"。

在这则导入中,既向学生介绍了诗歌的作者"风流倜傥,才名远播",又从整体上评价了诗作"清新空灵",还巧妙地化用了诗歌语句"轻轻地来""云彩""波心",在课堂伊始就为全局营造了诗意的氛围,犹如一根丝线,将诗歌的作者、背景、内容、情感等一个个点串联在一起,既有趣味性,又能推进教学,与课堂内容相得益彰,意味深长。

二是引发认知冲突。矛盾是推动事物发展变化的根本动力,所以矛盾也可以促进学生的积极学习。学生在学习新知识前,心理上应该处于一种平衡状态。而当新知识与旧知识内容或结构出现矛盾冲突时,原有的平衡心理将会被打破,认知的冲突也随之产生,学生的心理就会失去平衡。学生为了恢复原有的心理平衡状态,就会发自内心地产生解决问题的需要,而学习则是重建心理平衡的最佳途径。

在学习过程中,认知冲突的产生可以分为主动和被动两种情形。当这种冲突如上文所言,是学生发自内心自动生成的,那么学生的失衡感就会非常强烈,会促使学生想尽各种方法缓解自己内心的这种失衡感,再次回到平衡状态。而在这种寻求平衡的过程中,学生得到学习能力的提升。反之,如果是在外力作用下才产生的心理失衡,学生就会处在一种被驱使、强迫的消极心理状态中,学习兴趣低下,甚至产生厌学情绪。在语文名师的课堂导入中会注意避免学生被动失衡的消极状态,想方设法去引发学生主动的认知冲突,并对其合理充分地利用,从而激发、维持学生的求知欲。

三是唤起阅读等待。"任何一位读者在阅读作品之前,都处在一种先在理解或者先在知识的状态,没有这种先在理解或者先在知识,任何新事物都不可能为经验所接受。这种先在理解就是期待视野。"这种阅读期待,对于学习动机的激发,促使学生带着兴趣、忘我地投入学习中去极为有效。

在语文教学过程中,不能奢望学生在学习之初就产生强烈的学习动机,而应该是一个循序渐进的过程,在课堂教学活动中逐步地去培养、激发内在动机。在实际的教学工作中,也不可能完全凭借学生的内在动机来进行学习,完全忽视教师或外部环境的强化作用。因此,在语文课堂有效导入的实践中,应该把学生的内在动机与外在力量结合起来,以促进学生内在学习动机的培养和发展。而阅读期待的激发则要通过外在力量来唤起,再由内在动机来推动他们的学习。而施加这个外在力量的最佳时机便是导入阶段。

例如,笔者在《短歌行》的导入环节中,曾这样设计导入语,"中国诗人与酒有着不解之缘。陶潜的菊花酒是人格高洁的标志;阮籍大醉六十天为了避婚;李白饮酒的豪情壮语无人能比,曾写下'会须一饮三百杯''金樽清酒斗十千'等佳句;诗圣杜甫,饱经沧桑,深沉忧郁,也曾写出'白日放歌须纵酒,青春作伴好还乡'般诗句。苏轼既有'把酒问青天'的纯真,也有'一樽还酹江月'的无奈;李清照有'沉醉不知归路'和'浓睡不消残酒'的欢乐与温馨;那么,今天,请同学们与我一起,共同品味曹操的

'对酒当歌'"。

这是曹操《短歌行》的导入，它以"酒"贯穿前后，与诗歌中的"对酒当歌"相照应，同时借助历代文人借酒抒情的"诗句"，带领学生融入浓厚的文化氛围中，在一系列的对照、呼应中引发学生对《短歌行》情感的好奇，唤起阅读期待，顺利进入课题，既起到了导入的作用，又串起历史文化，散发出浓厚的人文气息。一个好的开端能有事半功倍的效果，如果在导入环节教师能够激发起学生内在的学习兴趣，那么一堂课的教学过程中就能达到教学相长的效果，使教学效率不断地得到提高。

四是重视课堂造境。学生学习语文不仅仅局限于课堂之内，在课堂之外的生活也是语文学习的一条重要途径，他们之间既互相影响又互相补充。课堂中的情境教学法可以最大限度地弥补课堂上言语情境被弱化的缺陷。情境教学就是教师依据教学内容、目标、重难点让学生处于类似真实的场景里，使其中的教育因素对学生产生相应的影响。其优点在于可以让学生在潜移默化中受到相应的教育。有效的语文课堂导入不仅是教学内容的引入，也是师生思想沟通、情感共鸣的过程。重视学生的情感体验，教师在导入中要饱含深情，还应该态度积极。否则，再华丽精美的语言也无法调动起激情、感染学生的心灵。

首先，表达方式上，要引起学生的注意和参与，语文教师在课堂教学导入语的情感表达应当结合教学的实际需要。内容不同，情调不同，叙述时应从容不迫，娓娓道来；抒情时应真情实感，发自肺腑；说明时应言简意赅，贴切明了；说理时应逻辑严密，条理清晰。情感不同，方式不同，表达喜爱之情时，要气缓声柔；表达憎恨厌恶之情时，要气足声硬；表达悲伤之情时，要气沉声缓；表达愉悦之情时，要气满声亮等。

其次，具体内容上，教师在导入语中要注重唤起学生的情感，在选取导入材料、确定切入点时应注意与学生的相适应性。学生熟悉的内容，体验过的经历，思考过的问题等更容易引起共鸣，再加上语言的渲染、引导，不断强化学生的情感体验。例如，在《雨巷》的课堂导入环节，教师的设计如下：

师：同学们知不知道夏天最明显的天气特征是什么？

生：多雨。

师：是的，俗话说"能叫十天旱，别叫十天涝"，一到了阴雨天，天总是湿漉漉的，地面也是湿漉漉的。同学们的心情也会变得阴沉。雨总是带给人们一种莫名的忧伤和阴郁，但这种微妙的情绪却又很难准确把握，但是，"雨巷诗人"戴望舒却非常成功地做到了这一点。下面就让我们一起走进《雨巷》。

教师以学生已知的地理知识"夏季多雨"切入，再唤起学生对生活中"雨"带来的"湿漉漉"的感受，从理性到感性反复渲染，既注重了学生主体的体验，又重视对情境的营造，引出"忧郁""哀伤"等微妙情绪，不断强化学生的体验，与诗歌内容相适应的"忧郁""哀伤"氛围，又扣住诗歌的语言表达，引起学生对诗歌语言风格的关注，启发学生思维，一举多得，体现出有效导入的要求。

五是关注学生主体。在教学过程中突出体现学生的主体地位是新课程改革中许多教师比较重视的事情，但是在真正的教学实践中操作却比较困难。教学名师的课程就非常值得我们借鉴，他们从导入环节开始就注重对学生主体性地位的体现。在一堂课的教学过程中，学生不是稳定不变的"一张白纸"，他们的原有认知基础、学习能力的差异、对学习内容的了解程度都或多或少地影响着一堂课的教学效果。这就要求教师要十分了解和熟悉自己的学生,对接下来的教学环节不断进行调节,以求教学效果的最优化。教师在导入时询问学生的预习时间就可以了解学生对所学内容的了解程度。在此基础上对学生预习的情况进行情感关照,接下来还要仔细地了解学生对文本的感受、建议等。不仅充分地给予学生话语权,尊重他们的主体地位,而且使学生的思考角度更加广泛。例如,洪劬颉教师对《滕王阁序》的导入如下:

师:读完了《滕王阁序》,大家喜欢这篇文章吗? 喜欢的请举手。(寥寥六人举手)

师:喜欢的理由往往都是相似的,而不喜欢的理由却未必一样。我想听听不喜欢的理由。

洪教师的导入尽管很简短,但对整堂课的作用很大。问学生是否喜欢这篇文章,起到了初步了解学生的作用,而接下来请多数不喜欢这篇文章的学生谈理由,起到了深入了解学生的作用。这样做,促进了课堂中"教"和"学"两方面向有效导入教学的方向前进。教师对学生情况分析得越深入,教的方向就越明确,方法手段也越多,学生的初读感受得到了教师的尊重,就能更投入地配合教师积极主动地去思考学习。

六是着眼于学生的未来。好的教育能够撑起学生幸福的未来,这是教育工作者坚守的信念。对于人类社会来说,教育带给人们的不单单是本能的生存和生命,更重要的是一个人不断发展的未来、为社会所能带来的价值,以及对自由和美好生活的期待与追求。简而言之,高中语文课堂教学的立足点不单是为了学生当前的兴趣和启发, 更是为了学生未来的成长和发展。所以,有效的语文课堂教学导入语也应该引导学生超越现实,放眼未来,体现出对生命价值和存在意义的根本关怀。

综上,一堂课中要落实学生的主体地位,不是光靠课堂教学过程中的某几个精心设计的"出彩"环节就行,而是从课堂的导入环节起就要重视。这些有效的导入环节设计各有各的特点,有的是以文本的内容为中心与学生进行真挚的对话交流,让学生说出自己心之所想,使师生之间的交流更加深入与充分;有的直接让学生说出自己关于文本的观点,激励学生勇于发表自己的观点;有的激励学生使用各种各样的方法解决学习中的问题,从而完成课堂任务。这些方式多样的导入为学生快速进入教学内容提供了最有效的途径,也最大程度上尊重了学生在教学过程中的主体地位。

一个优质高效的课堂导入必须建立在教师对一堂课的内容、教学目标、教学重点都非常明确的基础之上。在这个前提下再选择相应的导入角度,确定合适的导入方法。语文教学名师王荣生教师认为,在新一轮的语文教学改革中对教学内容有了更大的要求,语文教学内容要源于教材又要高于教材,教师不能像过去一样将教材直接用作教学内容。教师要对教材进行重组,增加内容,对课内外的内容进行拓展延伸。在新课程的理念中教学内容不再是一成不变的,已经成为一个动态的发展体系。那么,在语文教学课堂上优质导入的实践中,也应当使这个动态的体系更加完善。因此,教师要明确地掌握一堂课的教学内容,深入了解其不断发展的体系,才有找到合适的导入角度、有效的导入方法的可能性,为课堂中其他环节的顺利开展铺好道路。

第五章　有效的教学方法

　　课堂教学是一所学校工作的重中之重,教学质量的高低决定着学校培养合格人才的目标能否顺利实现。教学实践证明,教学质量与教师的教学方式有很大关系。让课堂教学充满活力,这是课堂教学改革的追求和探索,可以说,教学方法的转变是教学效果提升的有效途径,也是保证教学质量的关键。因此,教师应该在语文课堂教学过程中,结合学生的学习状态,及时更新教学方法,使自己的教学方法与时俱进,不仅能够提高学生的语文学习能力,还可以有效构建语文教学系统。同时,学生在有效教学方法的帮助下,可以显著提升语文学习积极性,在课堂上紧紧跟随教师的教学步骤,全身心投入语文知识的汲取过程中。

第一节　有效教学方法的理论研究及意义

在语文教育的发展过程中，教学方法是随着时间而不断更新和变化的。在基础语文知识学习过程中，教师往往会采用游戏等教学方法来提高学生的注意力，促使低年级学生专注于语文知识的学习；伴随着年龄的增长和社会的进步，语文教学方法变得愈加丰富和多样化。

例如，在笔者身边的教学实践当中，有些教师会使用"微课"作为课堂教学方法来开展语文教学；还有的教师会使用翻转课堂来进行授课等。可见，多样化的教学方法不仅有利于学生掌握语文知识，还能提高教师的语文教学效果，这对于构建有效的高中语文教学系统是十分重要的。因此，教师应该在教学实践中逐步探索最为适合语文教育的教学方法，并结合实际教学过程来不断完善教学方法的使用过程。

一、有效的教学方法理论研究

过去的时代经济发展主要依赖于自然资源或者是物质力量的比较，而现在一个国家各方面的发展主要依赖于具有高度科学文化素养和人文素养的人才，21世纪的发展更是如此，人的发展是最主要的。因此，现在要让学生为未来的工作做准备，他们应具备一些如创新能力、应变能力、职业生活能力等，这些能力的培养与课堂教学有很大关系。杜威说，教育即生活；陶行知说，生活即教育。可见，教育与生活的关系非常密切，多样化的教学方法会给学生丰富的体验，增长他们的社会阅历，为学生的终身发展奠定基础。

在进行高中课程的文言文知识学习过程中,笔者发现,大部分语文教师对文言文阅读教学的态度是很认真的,教学工作也都是兢兢业业、踏踏实实,但却收效甚微,甚至在私下里被学生和家长评价为"少、慢、费、差"的一种教学,对非专业人士的评价,除了否认外,很少有人会再往深处思考。教师要向文言文阅读教学要效果,必须弄清楚一些看似基本、简单,却十分重要的问题,即文言文阅读教学的目标是什么;我们如何将这些目标尽可能地达成,在这样一个追求效果和效率的时代背景下思考这样的问题已经刻不容缓。

有效性教学是 20 世纪极具代表性的一种教学理论,也可以称为一种教学思想,由美国的加涅提出。它起源于西方 20 世纪上半叶的教学科学化运动,在美国行为主义心理学和实用主义哲学影响的教学效能核定运动后,引起了世界各国(地区)教育学者的关注,并在 20 世纪 80 年代形成了一股研究的潮流,之后逐渐扩展到我国。

关于有效教学的含义,我国学者通过对西方这一理论的系统考察,认为有效教学的解释可以归纳为三种基本取向,即目标取向、技能取向和成就取向,但是到目前为止并没有一个统一的解释。笔者认为,文言文阅读教学的有效性,事关教师、学生教学活动的意义和价值,所以,作为语文教育的一线教师,有责任和义务去认真探寻其中的要义和行之有效的策略。目前国内对"有效教学"内涵的阐述主要有以下三类观点:

第一种观点是文章《有效教学:理念与策略》中提出的,分别解析"有效"与"教学"。其认为"有效"主要是指教师在一段时间的教学后,学生所获得的具体进步或发展,"教学"是指教师引起、维持或促进学生学习的所有行为,而教学是否有效则以学生有无进步或发展作为唯一指标。

第二种观点是程红、张天宝在《论教学的有效性及其提高策略》中提出的,认为教学的"有效"是指教学活动有效果、有效益和有效率。其认为要做到教学有效,教师应遵循教学活动的客观规律,以尽可能少的时间、精力和物力投入,取得尽可能多的教学效果,从而实现特定的教学目标,满足社会和个人的教育价值需求。

第三种观点是龙宝新、陈晓瑞在《有效教学的概念重构和理论思考》中提出的,认为"有效教学"应有三个层面的含义:表层上,有效教学是一种教学形态,它兼具了一切"好教学"的外在特征;中层上,有效教学是一种教学思维,集中体现为教师对教学进程的全面干预和主动调适;深层上,有效教学是一种教学理想、境界,显示着教学的开放性和时代性。

辽宁师范大学的研究生包宇认为,有效教学主要包含以下三层含义:第一,学生有效学习是评价有效教学的标准,学生的进步和发展是有效教学的核心内容;第二,实现教学的"三维目标"是有效教学的基本内涵,学生在教师引导下,在"三维目标"上获得全面、协调、可持续的进步和发展,这样的教学就是有效教学;第三,学生的进步和发展是通过有效果、有效益、有规律的教学获得的,有效果,主要是指通过教学给学生带来进步和发展;有效益,即要求教学效果或结果与教学目标相吻合,满足个人和社会的教育需求;有规律,即遵循教学规律,科学地运用教学方法、手段和策略以实现教学目标。

二、有效的教学方法提升学生学习积极性

一提到高中生的生活,人们头脑里就会蹦出水深火热、黑暗、痛苦、压抑等词语。学生感受最多的是做不完的习题,枯燥无味的课堂。教师在自己的教学设计中没有人文关怀,没有生活体验,没有活动设计,只是围绕着考试的考点,反反复复地讲解试题。语文本应是最具趣味、最具人文关怀的科目。许多语文教师却把本来应该生动有趣的课堂,变得枯燥无味。讲课的教师自己疲惫,听课的学生痛苦厌倦。

如何让学习成为一件幸福的事?如何让学生既能取得好成绩也能在学习的过程中感受到幸福?笔者把目光投向了有效教学方法的改进,希望能从这部分语文教学方式研究过程中寻找到答案。如今语文教学总是只管高考,不管做人。各学科的教育都是人的教育,都在教授学生积极掌握数千年来人类在历史的进程中积淀下来的科学智慧,让人类更好地适应不断进步的社会生活,让人们实现自己的价值,不断创新,奉献社会。那些只顾"语言"不顾"人文",只管"高考"不管"做人"的语文教师的教育是舍本逐末的,不能培养出高素质的全面发展的学生。

有效的教学方法正是从人的角度来关注语文教学。有效教学方法是从学生的学情出发,借助教学领域的一个新思潮、新领域,帮助高中一线教学的语文教师在教学实践中遵循有效的语文教学方法,培养学生健康快乐的感受,做到高效率学习,发展学生潜能,提高学习力,提高学习成绩。最重要的是让学习成为幸福的事,让学生积极参与到语文教学过程中,并真心热爱语文知识的学习。

第二节　高中语文教学设计现状

语文文学原本拥有得天独厚的艺术优势,教师可以引导学生走进充满奇幻的文学世界,从而提高学生的鉴赏能力及审美能力,以提升人格品位,实现文学教育的终极目标。但是,就现状而言,高中语文教学效果不尽如人意,几乎让这种美好的愿望成为水中月、镜中花。高中生喜爱阅读课外文学作品却不爱学习课堂语文知识的现状让人深思。反观语文教学,无法让学生爱上语文学习,无疑是因为高中语文教学自身存在不少问题。

一、教师课堂教学观念陈旧

20 世纪以来中国文学迅猛发展,不同的文学流派争相涌现。因此,对于广大语文教师来说,不断更新语文教学观念,汲取新的"血液"是教师会教语文、教好语文的前提和关键。可笔者通过调查发现,绝大多数教师教学时对文学的认识还停留在传统文学的基础上,远远落后于现代文学理论的发展,语文教学与文学的发展不相适应,存在严重的滞后性。

笔者在调查时首先了解了教师对讲授语文的态度,有 88% 的教师很喜欢讲授文学知识,8% 的教师觉得一般,仅有 4% 的教师不喜欢。这表明绝大多数教师对讲授语文文学知识有较浓的兴趣。有了兴趣引领,教师就会努力研究学习,这是教好语文的前提。可是由于备课任务繁重,再加上其他烦琐的工作,批改作业、考试、阅卷等,教师更多的是关注考试考什么,怎样让学生考试得高分,用于研究学习、提升自己的时间很少。

笔者通过走访和调查发现,只有少部分教师能及时更新自己的语文教学观念,做到与时俱进。笔者进一步与教师进行访谈,发现绝大多数教师对文学相关理念偶尔关注,但知之甚少。随着时代的发展,小说界、文艺理论界新陈更替,百花齐放。而很多高中语文教师对意识流小说、超现实主义、后现代主义、魔幻现实主义等文学流派只知其名不知其实,对叙事学、接受美学、建构主义等文艺理论一知半解,更有甚者对这些理论从不关注,闻所未闻。绝大多数教师尤其是一些年长的教师,没有系统地学习过文学理论知识,也很少订阅相关杂志书籍,只读教材参考书,因循守旧,仍以自己固有的观念进行语文教学。教师不能借鉴先进的文学理论指导教学实践,语文教育观念陈旧落后,自己的知识越来越匮乏,教学水平落后,这样的现状让人担忧,促人深思。教师如果不继续学习,教学就成了应付差事,这不仅会耽误学生的语文知识学习,还会断送教师的职业生涯和前途。

二、语文教学方法套路化

新课程改革以来,语文阅读教学从理论到实践取得了很多令人振奋的成果,可是到实际的课堂教学中,尤其是在小说教学中几乎没有激起任何波澜。目前在中学语文教学的课堂上,对语文文本的解读依旧停留在"人物、情节、环境"等一些陈旧的分析套路和模式上,几乎没有理论知识上的更新换代。的确,一提到语文课文,教师首先讲的就是小说三要素,笔者在调查中发现,96%的教师在讲授语文课文时重点关注小说三要素和主旨,不管这篇语文文本是何种类型,教师进行语文教学时基本上就是照本宣科,先是作者简介,接着介绍写作背景,然后三要素分析,最后总结出主旨和艺术特色。倪文尖、朱羽在《对小说教学的思考》中提到,"传统语文教学一直把重点放在对小说主题的解读上,而阅读重点也总是集中在其内容如人物形象、故事情节等与当时社会的相关性上,由此解读文学作品的目光也落在了诸如批判历史、反映现实的问题上,以期在社会历史的框架中找到关于作品的解释(包括形式和内容)。语文课上的归纳中心思想,概述文章主旨无不是从这些框架里找到的"。例如,一些教师在讲授《祝福》时,分析祥林嫂这个人物形象,分析祥林嫂所处的社会环境,到最后归纳出这篇小说的主旨,教学的最终目的指向"认识封建礼教的罪恶本质",让学生认识封建思想的愚昧、冷酷,了解封建礼教对妇女的残酷迫害,揭露封建社会的罪恶。如果这就是学习这篇小说的终极目的,无异于从祥林嫂这样一个血肉丰满的人物身上剥离出一堆政治意义,学生即使不学习这篇课文也知道这种观念,这堂课的价值何在? 又如,《边城》这篇小说,淡化情节,人物性格相对单一,却有大量的人物描写,充满意境,极具中国味。如果对这篇小说的解读也紧扣三要素,最后总结出"人性美""人情美",恐怕学生会大失所望。长此以往,学生一看到旧社会就解读为罪恶、黑暗,一抽象到人性,就必然是"爱""美"或"复杂"。小说解读的"套路化"让学生切割文本,解剖人物,必然导致学生对文学和语文学习兴趣的下降。

文学本是充满魅力的,每一篇课文的选取都有其不可替代的独特性和丰富性。也许学生在阅读课文的过程中对于某处细节产生了细微的甚至难以言表的独特体验或感受,还没来得及仔细回味,就被教师匆匆拉入三要素和主旨的框架之内,语文文本还没细读,就要赶紧拿出程式化的主题模式去套作品。在应试教育的背景下,阅读文学作品变成了完成任务,一篇篇鲜活生动、语言优美、意蕴深刻的文学作品立刻被抽离成干巴巴的几个要点,支离破碎,面目全非。对语文课文这种"套路化"的解读,必然忽略了语文文本的独特性,无视学生的体验与感受,可想而知,学生在这样的课堂上会是一种什么状态。

三、教师在现代化的教学形式中迷失

新课程标准积极倡导自主、合作、探究的学习方式,很多教师的教学方式渐渐地由过去的"满堂灌"变成把课堂交给学生。因此,现在的语文课堂往往很热闹也很花哨,尤其是公开课,如果没有设计一些花样就害怕被评课者批评为违背了新课程理念。教学形式可以追求多样化,借助现代化手段使课堂丰富多彩,引人入胜。但现在很多教师似乎迷失在现代化的教学形式前,好像不运用一些现代化的教学手段教学就无法进行。其实在传统教学中适当地加入一些现代化手段,使知识更形象化,会大大激发学生的学习兴趣,活跃课堂气氛,但是,过于追求形式化会使语文课堂变味。

笔者通过研究著作和实际走访调查发现,大多数教师都在进行语文课堂教学时运用多媒体课件展示教学内容,也会就某些问题让学生小组讨论。大部分语文文本都有相关的影视作品,教师也会选择让学生观看,使学生对课文内容有更直观的了解。众所周知,适当运用多媒体教学课件,能创设情境,大大增强教学的生动性和创造性。但过犹不及,多媒体课件在课堂教学中的滥用、课件的满堂演示反而会造成意想不到的后果,用感官取代思维,抑制了学生的学习主动性。多彩的画面、优美的音乐、哗众取宠的声光取代了教学目标、教学内容,课堂上看似很热闹,但是却把学生本用于赏析文学作品的精力转移到其他无关紧要的东西上,

反而干扰了学生对文本的理解。有的课堂上学生分组讨论，一些无必要的讨论、无主题的讨论，脱离主题无目的的探究毫无意义，甚至有些公开课教师事先已经把学生要说的答案分配好了，在课堂上再做出讨论的假象。还有些课堂教师对学生讨论的结果全都加以肯定，不管学生怎么说都夸赞，看似民主、尊重学生个体，实则无策略、无方法，师生之间并没有形成真正的对话。

例如，有的教师在讲授《林黛玉进贾府》之前播放电视剧《红楼梦》相关的情节，学生对剧中人物林黛玉、贾宝玉、王熙凤的外貌、穿着有了直观的印象，也大致了解了故事情节及贾府概貌，再去读课文时，电视剧中的印象就先入为主，原本一千个读者可能出现一千个"林黛玉"，在文字的感染下，学生想象中的林黛玉该有千种姿态，万种风情。事先观看电视剧反而抑制了学生的想象力。甚至有的学生认为看了电视剧，这篇文章就算学完了，没有必要再看文本。相关的影视作品只能作为教学的辅助，像这样喧宾夺主，就背离了语文学科的特点。

还有的教师把语文课上成表演课，例如，在讲授《祝福》时模拟法庭判案，替祥林嫂主持公道，审判杀死祥林嫂的凶手。表演时学生倒是兴趣盎然，课堂热闹非凡，但课后回想起教学内容，学生到底学到些什么，记得些什么，结果恐怕不尽如人意。笔者有一次去某中学参加语文大阅读活动，听了一节公开课《赤壁之战成败的因素》，授课者本意是通过课内阅读延伸到课外，多角度分析影响赤壁之战成败的主客观因素，通过研习和交流培养学生的发散性阅读思维能力。学生本来分组研读《三国演义》，教师却让学生表演了一段"草船借箭"，表演的学生很卖力，表情动作都很到位，其他学生一阵哄笑。表演过后学生继续分析文本，可是由于表演"草船借箭"浪费了时间,教师在最后没有来得及总结赤壁之战成败的原因,也就不了了之。

传统的教学策略固然存在一些弊端,但不能一味求新求异,过度依赖多媒体,盲目追求新的教学策略,追求形式化,无视语文学科的规律和本质,将语文教学脱离正常的轨道,会使语文课无语文味。

四、语文教学学习现状

高中语文教学是学生语文知识学习的重要环节。在教学活动中,教师是主导,学生是主体,教与学密不可分。教师在语文教学中存在诸多问题,而占据主体地位的学生在语文学习中出现的问题也不容忽视。如果想要提高语文课堂的教学有效性,就必须从教师和学生的角度都找出语文学习的问题,并针对问题进行解决,以期提高语文教学的有效性构建效率。

(一)学生的语文学习兴趣缺失

兴趣是最好的老师。调查发现,88%的学生最喜欢阅读文学作品,平时也有阅读的习惯和爱好。再进一步调查发现让学生最感兴趣的文学作品是武侠小说、言情小说、推理小说、玄幻小说、穿越小说等。经典名著在学生的书单里似乎已经不见踪影。不难看出,浮躁的时代、浮躁的社会对学生造成巨大的冲击,产生了负面的影响,网络日渐风靡,读屏时代兴起,生活节奏加快,很多快餐式阅读顺时而起,严重地冲击着学生的阅读观念。他们只关注离奇曲折、扣人心弦的故事情节,无法判断文学作品的好坏,更无法揭示和理解文学作品的真正价值。多达73%的学生依赖网络进行阅读,他们更愿意从那些网络小说中寻求快感,满足自己的好奇心,作为娱乐消遣。

据相关调查显示，只有 24% 的学生喜欢读课内经典小说，60% 的学生对教材中的文学作品兴趣一般，还有部分学生一点也不喜欢。对于选入教材中的文学作品，鲁迅先生的小说是学生最不感兴趣的。学生在初中时就接触过鲁迅先生的作品，很多时候传统的解读把鲁迅先生简化成热衷于阶级斗争的政治英雄，将他的作品模式化地解读，导致学生对鲁迅先生望而生畏。提到语文文学学习，学生的兴趣就提不起来。学习是有任务有压力的，不能轻松对待，教材中的很多文学作品不容易很快就读懂、读透，需要静下心来思考、琢磨、体验。很多学生很难沉静下来捧起墨香四溢的书籍，仔细品味经典，与大师心灵沟通，与智者思想交流。长此以往，学生学习兴趣缺失，势必导致学生视野狭窄，心灵枯竭，精神匮乏，严重阻碍学生对小说的审美体验。

（二）文学作品阅读量偏少

现代社会对学生的语文能力和语文素养的要求越来越高，小学初中时把课本上的内容读读背背也许还能应付考试，但进入高中以后，更注重学生的个性化阅读、感悟和审美能力，有些学生发现课堂学的东西试卷上根本不考，就认为高中语文没什么用，语文课上不上也无所谓。如此恶性循环，语文能力一落千丈。笔者通过访谈发现，语文能考高分的学生都有一个共同点，就是阅读量惊人。当然，我们进行语文学习，多阅读的终极目的不是为了考试，但这个现象从客观上说明了多阅读的重要性。

笔者通过调查发现，学生的阅读量偏少，远远不能满足语文学习的需要。除了教材中的小说，55% 的学生阅读的小说经典名著量不到 10 部，32% 的学生阅读过十几部经典名著，只有 13% 的学生阅读过 20 部以上经典名著。初中阶段必读书目里包括《童年》《鲁滨孙漂流记》《骆驼祥子》《钢铁是怎样炼成的》《西游记》《海底两万里》《水浒传》《格列佛游记》《简·爱》等经典名著,学生都应阅读,另外还有一些选读书目。到了高中学生的阅读量理应更大,可事实并非如此。现在高中生很少花时间进行课外阅读,更少读经典名著,对经典名著的态度冷漠,阅读状况令人担忧。在人格和个性养成的关键时期,高中生如果缺乏人文阅读和思考,就会制约自己精神世界的和谐发展。古人说"博观而约取,厚积而薄发",只有积累丰富,思想源头才会丰盈,才能在语文世界中自由遨游,永葆梦想和激情。

(三)语文阅读方法匮乏

语文学习是一项复杂的精神活动,既是智力活动,也需要具备一定的操作技能。笔者在教学中发现很多学生不会阅读,不想动脑筋思考,阅读文学作品时受到教师讲解套路化的影响,也落入三要素和主旨的"陷阱"中,跟着教师的思路大步前进,缺乏自己个性化的阅读体验。

调查结果显示,大部分学生阅读教材中的文学作品时没有目标,阅读有很大的随意性,阅读时重点关注文章情节。对绝大多数学生来说,大致浏览故事情节后,很多人不希望教师讲授,只想自己看或观看相关的影视作品,究其原因是缺乏阅读方法,不愿调动思维。所以,学生很难自己发现问题,即使发现一些问题,主动查阅资料解决问题的学生也很少,学生自主学习能力较差。总体来看,学生阅读方法匮乏,阅读策略单一。

在课堂上,学生自主阅读文学作品的方法主要有以下两种:一是整体粗略式速读,扫除字词障碍,大致了解故事情节,初步感知文本概貌,结合文下注释对作家写作背景等有一个大致的认识和了解;二是局部分析式研读,这种阅读是对文学作品的重点部分、精妙之处进行细致的品读、挖掘,包括对情节、人物的分析,对语言的品味,对主题的研讨等。不过这些阅读方法更多是为了应试,也存在一定的套路与模式,用于解题有较强的实用性,却不能体现出文学作品独特的美感与魅力。而在课外阅读中,学生阅读文学作品则多为完成任务或消磨时间,很少讲究阅读方法。

古人说"不动笔墨不读书",可是大部分高中生阅读大都以心读为主,习惯快速浏览、跳读,不利于活跃阅读思维,阅读速度虽快,但阅读效率低下。学生阅读时也不会动笔标注、圈画、写关键词,很少摘录,阅读后不会写读后感,做读书笔记,当然更不会反思。不动笔、不思考的阅读习惯不利于激发学生的阅读兴趣,不能有效培养和发展学生的思维能力。

另外,没有明确目标的阅读会让学生在阅读过程中注意力不集中,阅读时间与方法的计划不明确,阅读时遇到问题时也没有对策,不能够对自己阅读后的理解进行及时有效的反思,这些都不利于阅读的有效进行。

高中语文教学存在教师教学观念陈旧落后、文学作品解读套路化,教师在现代化的教学形式前迷失等问题,高中语文文学学习现状也不甚乐观,学生文学学习兴趣缺失,文学作品阅读量偏少,文学阅读方法匮乏。教材、教师、学生存在的种种问题不容忽视,下面,笔者将对这些问题进行反思,并试图给出相对合适的解决策略。

五、教学方法反思

现代教学理论认为,教材、教师、学生是教学活动的三要素。在教学活动中,三者缺一不可。教师的教和学生的学通过教材而互相联系,密不可分。因此,当现阶段的小说教材、教师教学、学生学习的现状不尽如人意时,我们要正视其中的问题,积极反思,以期寻求相对合适的解决方法。

(一)重视语文教材的价值

荀子有云:"君子性非异也,善假于物也。"中学语文教学也必须"善假于物"，从而实现自己的教育目的，语文教材就是教师教学的所假之"物"。教材是"教学之本"，作为教学的主要凭借，联系着教师与学生，在教学活动中占据十分重要的地位。如果教材选编不太理想，会直接导致教师在确定教学目标、组织教学内容、选择教学方法、进行教学评价时，偏离甚至滥用教材，不利于开展语文教学，不利于提高教学效率。因此，要促进语文教育现代化发展，势必要加强对教材的科学研究。

中学语文课程标准是国家制定并颁发的中学语文教学的纲领性文件，它体现了国家对不同阶段的学生在知识与技能、过程与方法、情感态度与价值观等方面的基本要求，它明确了语文课程的性质、课程目标、教学建议、评价建议等，提出了很多理想化的愿景，不过它毕竟只是一个抽象的、概括的指令性文件，其中抽象的精神必须通过一个中介来落实，以指导中学语文教学的实践活动。这个中介就是语文教材，通过教材中具体的选文、引导材料、课后练习等内容将课程标准的理念具体化。

每个学生都是一个独特的个体，要激发学生的学习兴趣，促进他们的学习，就要激发他们学习的动机。而要激发学生的学习动机就必须唤起学生的心理需要，引起阅读期待。教师在教学过程中要考虑学生的身心特点，满足学生的合理需要，必须考虑选择有效强化物来强化其学习动机。教材中的选文就是学生学习的直接"有效强化物"。

高中语文教材中的文学作品选文不受学生欢迎，一个很重要的原因就是选文一味讲求"文质兼美"，过分注重经典性，却忽略了高中生的现有年龄和心理所能接受的趣味性，如鲁迅先生的作品。鲁迅先生在中国现代小说史上的地位举足轻重，编者偏爱鲁迅作品是理所应当的。但是学生从初中开始就读鲁迅的《孔乙己》《故乡》等小说，另外还有《从百草园到三味书屋》《藤野先生》等散文,学生一直对鲁迅先生的作品心存畏惧,高中阶段再读鲁迅的《祝福》,心理上排斥,又因为鲁迅作品具有极强的时代批判性,脱离了特定的时代背景很难理解,更难以吸引学生。当然,经典作品不可避免地与现实社会存在一些差距,但某些选篇不符合学生的心理需要,无法成为促进他们产生学习动机的有效强化物。

语文教材是实现课程目标、实施语文教学的重要载体。教材中的选文应依据课标而编写,符合课程标准的要求和规定。作为教学的主要凭借,教师凭借它来有目的、有计划地教,使教有所本;学生凭借它来有目的、有计划地学,使学有所据。如此,语文教材才体现出它应有的价值。

(二)有效教学方法实施的意义

语文教学的价值就如黑格尔所说的那样,艺术的最高职责就在于帮助人认识到心灵的最高旨趣,在于它可以给我们以无穷的安慰,它可以安顿我们的生命,提升我们的生命到一个新的境界里去,开拓精神空间,建筑精神宫殿,它扩展了我们的存在,延伸了真实世界的背景和前景。因此,高中语文教学也具有重要的意义。

第一,有效激发学生的学习兴趣。毋庸置疑,文学是绝大多数学生都很喜欢的艺术类型。尽管笔者在问卷调查中发现学生对教材中的文学作品不太感兴趣,但相比较其他艺术形式,文学还是有一定优势的,对学生较有吸引力。传统的文学作品因其曲折动人的故事情节、生动鲜活的人物形象容易吸引学生的目光,例如,《林黛玉进贾府》中对贾宝玉、林黛玉、王熙凤等人物的描写精彩万分,读文字即能想见其人,学生在细细品读之际自然会领略到小说文体独有的魅力,从而激发学习兴趣。当然,教材中除了传统写实作品之外,还有一些类型的文学作品,诸如诗歌化写意小说等,这些文学作品也许学生初读时不感兴趣,但通过教师的有效教学同样可以让学生体会到别样的风采。学生对语文学习有了兴趣之后,就会形成自主学习的意识。有的学生可能读了《林黛玉进贾府》之后会迫不及待地去读整部《红楼梦》,也可能读了《红楼梦》后对诗词产生了浓厚的兴趣,学生在兴趣的带领下打开了语文学习的大门,进而养成终身学习的习惯。

第二,提高学生的文学鉴赏审美能力。语文教学过程主张"注重个性化的阅读,充分调动自己的生活经验和知识积累,在主动积极的思维和情感活动中,获得独特的感受和体验"。还提出"学习鉴赏中外文学作品,具有积极的鉴赏态度,注重审美体验,陶冶性情,涵养心灵"。

在语文教学中,教师可以通过带领学生鉴赏文学作品来渗透美育,进行审美教育,使学生的身心受到美的感染与熏陶。小说是进行美育很好的载体。例如,学生读《边城》,在沈从文所营造的如诗如画的湘西美景中体悟翠翠细腻而纯真的情感,领略田园式的牧歌情调,人性的善与美随着诗意的语言流淌出来。教师在语文教学中可以引导学生鉴赏品味,提升学生的个性解读能力,丰富情感体验。

第三,促使学生树立正确人生观。很多文学作品都是经过了岁月的沉淀而流传下来的精华之作,代表着人类的精神文化。语文文学所表现的主题丰富多彩,多关注人性和灵魂深处,人世间的美与丑、善与恶被文学家用生动的语言表达出来,对"人"和"人性"进行了深刻的探讨。教师教学生阅读文学作品,其实是让学生带着自己的人生经验去体验小说中的人生,也是换一种方式去观察生活、体验人生,引导学生广泛而深入地思考"人性",从文学中优秀的人物身上看到人性的伟大,汲取力量,也认识到人性的种种弱点。读文学作品就是读世界读人生,阅读不同的文学作品其实就是在经历不同的人生,等同于间接地丰富了自己的人生阅历和生命体验。语文文学教学可以促使学生拥有积极的人生目标,树立正确的人生观和价值观,完善人格修养,升华人生境界。

俗话说:"教师要想给学生一碗水,自己得有一桶水。"在知识爆炸的信息化时代,教师只有一桶水已经远远不能满足教学的需要,还得有源源不断的活水。新课程改革之后对教师的要求越来越高,教师要能成为教学活动有效的引导者、组织者、参与者,需要教师转变思维,积极主动地继续学习,提升自己的专业知识和技能,从而能更好地驾驭课堂。而从语文教学现状来看,一个不容回避的问题就是高中语文教师语文教学观念陈旧落后,文学素养普遍偏低。许多教师自从成为教师之后,已逐渐失去了对文学发展、文学理论的兴趣,甚至于不愿意再读文学作品,其知识大都停留在大学读书时代,工作之后就很少更新,用之前储备的"陈水"去浇灌学生,还有的教师连大学的储备都渐渐遗忘了,以至于在进行小说教学时,一切以教参为依据,习惯于现成的结论和套路,不愿也不会去认真品味文学作品的优美语言和深刻意蕴,更不会带学生走进小说体会文学之美。教材参考书给广大语文教师的教学带来便利的同时也大大束缚了教师的主观能动性。再加上高考指挥棒的影响,客观原因导致大多数教师会结合高考文学作品的考点进行语文教学,使教学的套路化延伸到学生答题的套路化。如此漠视文学教学,只会让学生和教师对文学失去兴趣,距离语文教育的目标越来越远。在语文教学时,教师应该了解小说的发展历程,适当地吸收有关的文学理论成果,如接受美学、建构主义等,不仅可以给学生传授新的知识与方法,有利于文学文本的教学,还能开阔视野,激发学生的学习兴趣,更好地实现小说教学的终极目标。

例如,笔者在讲授《流浪人,你若到斯巴……》时深有体会。刚开始读到这篇课文时,笔者一头雾水,充满了疑问,却没有深入思考,仍然按传统解读小说的方式去讲授,课堂上学生似懂非懂,无人应答。后来再讲授这篇小说时,笔者一直在思考这是一篇怎样的文学作品。通过反复阅读和查阅资料,觉得文中充满了主人公的心理活动,所以认定这是一篇"意识流"小说。学生难以理解,笔者找来"意识流"的代表作弗吉尼亚·伍尔夫的《墙上的斑点》与之进行比较,发现《墙上的斑点》中整个意识的流动毫无逻辑,空间时间上有很强的跳跃性,而《流浪人,你若到斯巴……》中主人公的心理活动围绕着一个话题展开,遵循一个模式,主人公先是看到什么,再想到什么,接着回忆在学校的生活,然后猜想自己此刻是否就在学校。这样的思维具有逻辑性,所以《流浪人,你若到斯巴……》这篇小说不能等同于"意识流"小说。作者选择了一个非常特别的角度去反思战争,展示战争、军国主义如何对人产生异化,揭示了"现代"人类的生存困境。笔者又去思考《流浪人,你若到斯巴……》算不算一篇"现代主义"小说,在反复的思索中希望能更好地解读文本,挖掘其精神内涵。如果笔者没有更新自己的小说观念,继续拿套路化的小说解读方法去讲授这篇小说,小说文本就失去了其意义和价值,学生也毫无收获。

　　21世纪的语文教学亟待教师更新文学观念,提高文学综合素养。只有这样才能满足学生日益增长和变化的审美需求。教师必须要经过长期刻苦的修炼,不断学习、反思、上下求索,"衣带渐宽终不悔,为伊消得人憔悴",终有一天会觅得"灯火阑珊处"的"那人",品尝成功的喜悦,让自己的语文教学"更上一层楼"。

第三节 有效教学方法的设计与实践

进入 21 世纪,信息化时代的大背景推动着各行业理念的更新和技术的变革,教育信息化时代随之到来。2010 年 7 月,《国家中长期教育改革和发展规划纲要(2010—2020 年)》明确提出:"信息技术对教育发展具有革命性影响,必须予以高度重视。"随着"互联网+"行动计划的提出,传统的一位教师、一间教室、一所学校的封闭式教育将逐渐变为一张网、一部终端的"互联网+教育"。高中教育也不断强调信息技术与基础知识课程整合,以信息化促进人才培养模式改革,使每一位学生都获得良好的语文教育体验,并借此机会获得语文文学熏陶和人格的完善。

一、翻转课堂与类似教学方法

翻转课堂教学作为一种新型的教学组织形式,主张将课堂上的"知识传授"与课后的"知识内化"进行反转,这便对学习支持服务系统提出了更高的要求。在加快推进教育信息化和课程改革的背景下,"翻转课堂教学"作为一种新型教学模式,很好地体现了当代教育发展的两大趋势,即教育民主化和教育信息化。它能有效地避免传统教学中教学内容的强制性和思维过程的依赖性,真正实现"以学生为中心"的目标。它所强调的培养学生独立、合作、反思、探究等能力的理念,同高中语文教育改革的要求不谋而合。

关于"翻转课堂教学"的研究,实践早于定义,早期的实践和研究集中在高校。随着研究的不断深入,各界学者和一线教师都根据自己的理解和实践对"翻转课堂教学"进行定义,同时衍生出与"翻转课堂教学"息息相关的微视频、微课、慕课等相关概念,笔者将就它们之间的关系进行阐述,并梳理出"翻转课堂教学"的特征。

哈佛大学物理学教授埃里克·马祖尔于20世纪90年代创立同侪互助教学,将教学分为知识传递和吸收内化两个过程。同侪教学把重心放在传统教学忽略的知识的吸收内化中。在这种教学模式中,教师从演讲者转变为教练,帮助学生解决学习过程中不易被察觉的误解。这是翻转课堂教学的雏形。J.韦斯利·贝克在第11届大学教学国际会议上提出了大学"翻转课堂"的口号,教师"成为身边的指导"替代以前的"讲台上的圣人"。同时他还提出了翻转课堂教学的模型。2007年,美国林地公园高中,两位化学教师成为勇敢的先行者。他们的翻转课堂教学受到学生喜爱的同时,也得到同行的认可,很快便在全美进行了推广。2011年,萨尔曼·可汗和他的可汗学院红遍全球,有力地推动了翻转课堂教学在全球领域的发展。

"翻转课堂"翻译自英文"Flipped Classroom""Inverted Classroom",关于这一概念的译法还包括颠倒教室、翻转教学、反转课堂等。Flipped有两层含义:一方面是一个动词,指课堂形式的翻转,即传统的课堂、课后的环节翻转为课前、课上、课后三个环节;另一方面则是一个名词,指为课权或者学习权的翻转,即强调让学生成为学习的主人,自己决定学习速度和学习内容,包括对学习效果的自我评价。"翻转课堂教学"最初没有定义只有描述,"学生晚上在家观看教师录制的教学视频,第二天则可以跟同伴一起在教室做作业"。随着研究的不断深入,美国林地高中提出了"翻转学习"的概念,"翻转学习是把直接教学(讲授基本事实、知识和技能)从群体学习空间转移到个人学习空间"，以有更多时间用于师生在课堂上的互动交流。这一说法更加强调课堂的组织，体现了建构主义学习理论。

翻转课堂教学进入中国后，国内众多学者从不同角度对其进行定义。华东师范大学慕课中心田爱丽基于操作层面提出对"翻转课堂教学"的解读，"学生课前学习微视频，完成进阶作业；根据学生微视频学习和作业完成情况，教师在课堂上有针对性地帮助学生完成知识的巩固强化、梳理总结、拓展深化或创造研究等"。南京大学张金磊教授和陕西师范大学张宝辉教授团队共同认为"翻转课堂教学"是借助信息化手段将课堂内的知识传授转移到课外，课堂中师生通过交流协作等多种活动完成知识的内化。这是从教学结构上对"翻转课堂教学"的定义加以界定。

综合以上对翻转课堂教学的定义，笔者认为，所谓"翻转课堂教学"，简单而言即教师运用信息化手段，为学生提供教学微视频、音频、动画、PPT等学习资源，学生在家完成知识的学习，进入课堂后，教师引导学生答疑解惑、运用知识，从而实现教学目标的一种教学模式。

同时，教师还需要在教学过程中弄明白翻转课堂与其他相近教学方法之间的联系和区别，以便在课堂上合理利用，并有效提高语文课堂教学的有效性。翻转课堂与微课、微视频和慕课的区别与联系为，微视频是短则30秒，长则不超过20分钟，内容广泛，视频形态多样，可通过多种视频终端摄录或播放的视频短片的统称。教学中所涉及的微视频主要是指教师根据教学内容，借助信息化手段制作的教学视频。它是教师提供给学生课前自主学习基础知识的主要资源，是翻转课堂教学的核心要素。

关于微课的定义一直处于一个百家争鸣和发展衍化的过程中。当前众多实践和研究将其作为翻转课堂教学的配套学习资源来界定，认为微课是"为支持翻转学习、混合学习、移动学习、碎片化学习等多种新型个性化学习方式和网络教研方式，以短小精悍的微型流媒体教学视频为主要载体，针对某个知识点或教学环节而精心设计开发的一种情景化、趣味性、可视化的数字化学习资源包"。

MOOC(慕课)是英文"Massive Open Online Course"的首字母缩写，指的是"大规模网络开放课程"，是网络课程的一种形态。教师课前将讲授知识的视频等资源利用信息化手段压缩并存储在网络云端，供所有人学习，学习者使用电子教材、数字课程等网络学习资源，可以反复学习并与人共享。从慕课和"翻转课堂教学"的定义上可以看出，两个概念的外延是不一样的，前者强调网络学习，后者则是以网络学习为先导，但仍少不了课堂中师生的互动。但华东师范大学李明华教授将慕课分成了三种模式，其中内核式慕课为"网络课程+本地大学教授面对面深度参与教学模式"，与"翻转课堂教学"较为类似。

综上所述，从学校教学的角度而言，"翻转课堂教学"不等同于微视频、微课、慕课，但又有着不可分割的联系。首先，它们都依托于"大智移云"时代的网络信息技术，并且网络信息技术的发展及其越来越广泛的应用，为教育变革提供了似乎无穷无尽的想象空间和探索空间。除此之外，"翻转课堂教学"与微课、慕课的核心要素均是微视频，而系列微课、专题微课近似于慕课，内核式慕课则近似于"翻转课堂教学"。

（一）翻转课堂的特征

一是随取的学习资源。学习资源是学习者自身之外一切与学习相关的事物的总称。翻转课堂教学为学生的学习提供了丰富的学习资源，除去传统概念中以教师和同伴为主的智力支持资源外，以图书馆、网络为主的材料支撑资源以及以教材和微课为主的学习内容资源也包括在其中。在获取学习资源的方式上，传统教学模式中是由教师为学生提供学习资源，学生则按部就班地被动获取学习资源。翻转课堂教学中，教师作为学生学习的支持者只是学习资源的一部分，学生可以根据自身需要，请求教师的指导，寻求同伴的协助，通过互联网搜索信息，通过社交渠道与专业人士对话等，多种途径获取学习资源。

以翻转课堂教学中的核心资源微课为例，这种学习资源借助信息技术，丰富了教学内容的表现力，弥补了教师口头讲授知识的短板。在传统的课堂讲授中，学生一本笔记一支笔，既需要认真听讲，又需要在瞬间即逝的语言中辨析适合自身需要的重点，同时进行记录，结果是学生听不清也记不全。大多数学生在课后采取的弥补方式是借同伴的笔记补全，但彼之全并非此之需，学生花了时间却无法查漏补缺。在翻转课堂教学中，学生可以借助学习平台及手机等材料支撑资源，随时随地观看微课，并根据自身特点和需求，自行控制视频进度；在面对难点和重点时，可以反复观看进行理解强化，还可及时记录下疑难之处，以用于课堂上师生的互动交流；在对知识和技能进行练习和复习时，可以及时检索巩固。可见，随取的学习资源是翻转课堂教学这一教学模式的重要支撑，它能帮助学生超前学习或查漏补缺，同时实现学习者的个性化学习。

二是教师角色更新。古人云："师者，所以传道授业解惑也。"随着翻转课堂的出现，教师的角色也随之更新甚至翻转，教师不再是以单纯的知识传授者和灌输者出现，而更倾向于学生的学习咨询师，是课堂的组织者和学生的学习教练。学生课前通过微课的学习只能获得结构良好领域的基础知识，所以仍需在课堂上通过与教师和同伴的交流探究，获得结构不良领域的深层知识。课堂上,教师从传统的传递知识的身份中解放出来,以组织者的身份带领学生合作探究,解决问题。学生在讨论解决问题时会出现信息缺乏的问题,教师以指导者的身份对学生进行个性化指导,帮助学生完成对新知的内化。

另外,翻转课堂教学中的教师还是学生学习的陪伴者。教学微视频能较有效地向学生传递新知,但冰冷的屏幕不能替代有温度的交流。翻转课堂教学中的教师利用面对面的交流,帮助学生内化知识的同时,更能有效加强对学生情感价值观和人文素养的培养。同时,教师在课堂上组织学生自主探究、合作交流,对培养学生的合作能力和创造能力均起到一定作用。

三是学习主体个性化。翻转课堂转变了师生角色,使学生成为学习的中心,他们通过观看视频、积极讨论与交流来完成知识的自我建构。课前,学生自主学习教师上传至学习平台的教学视频,根据自身情况自定学习步调,安排学习步骤。学生可以在个人学习状态佳的情况下选择舒适轻松的环境完成愉快而高效的学习。学生在学习过程中遇到疑难点时,可以自行调整教学视频进度条,反复观看反复学习,最终通过自主且个性的形式完成新知识的学习。不同于传统课堂中学生被教师"牵着鼻子走"的情况,翻转课堂中学生被赋予了更多自主学习的权力。学生经过课前自主观看教学视频所产生的兴趣点、疑难点,向教师及同伴提出疑问,共同参与到师生、生生面对面的分享、讨论、探究、交流中。学生不再被"批量化生产",而是选择更适合自己的课堂活动参与其中、激发思维,从而完成对知识的内化吸收。

四是丰富的课堂学习活动。翻转课堂教学中,教师将教学视频上传至学习平台,学生在课前即可自主学习,同时进行记录、思考、质疑等学习活动。需要指出的是,这种学习活动并不等同于传统意义上的课前预习。传统教学模式中,课前预习也曾受到大众的提倡,但实际收效甚微。因为它要求学生对课本内容进行自学,这无疑是对学生提出了较高要求。认真的学生会借助工具书学习,带着问题进入课堂,而不认真的学生则只是圈圈画画做个记号,应付教师的检查。而翻转课堂教学中,课前学生通过观看教师制作的教学视频自主学习,跟随教师有目的地学习新知,声光影技术的渗透远比教材上的公式和文字更能激发学生兴趣,自然效果更好。

翻转课堂教学中课堂的学习活动包含讲授、讨论、互助、探究、反思、阅读、演讲、操作等,部分活动学生可以自主进行,部分活动则需要在教师的指导下有序开展。学生可以就自己在观看视频中的疑问和同伴交流、向教师请教,师生共同探讨。学生提出疑问的同时也可以作为答疑者解决其他同伴的问题,以此激发学习热情,增强学习信心。若学生没有提出疑问,教师可以根据学生情况提出更高层次的问题,要求学生解答。这样的课堂就成了教师和学生、学生和学生之间的一个交流对话平台。曾经的教师和学生之间的讲台障碍、心理隔阂会随着教师走到学生中间,与学生热烈讨论而消失。

五是多元化的教学评价。翻转课堂教学中学生的学习行为、学习过程以及学习成果都是通过多样化形态呈现,因此评价方式也随之多元。伴随着信息化技术的使用,翻转课堂教学这种新的教学模式能够更灵活地实现对学生课前的诊断性评价、课中的形成性评价和总结性评价相联合、他人评价和自我评价相联合,定性评价和定量评价相联合的目的。这种多元化的评价方式,能全面反映学生在学习中知识的获取、能力的锻炼、素养的提升等情况。同时,多元评价方式具有导向和激励的功能,有助于发现学生的特长,激发学生的上进心。

(二)翻转课堂的教学应用

　　面对高中语文教学的困境,各教育同行纷纷提出脱困之道。其中依靠信息技术支撑的翻转课堂教学是当前高中语文教师乐于尝试的形式。但翻转课堂教学在理科、工科课程中实施得较为频繁,语文课程是否适用翻转课堂教学仍存在一定疑问。有学者认为,"其他学科更注重知识层面的理解与运用,而语文学科更注重对学生能力的培养与品格的塑造,注重学生与文本的对话、学生与教师的对话、学生与学生的对话"。但在笔者看来,高中语文及高中学生具有其自身特点,故在语文中实施翻转课堂教学具有一定可行性。同时,大量教学实践验证,翻转课堂的开展可以显著提升高中语文有效教学系统的构建。

　　笔者认为,高中语文翻转课堂教学应该是多样化的。新时期的教学改革强调要培养高中生的核心素养,即以三维目标为基础的"适应信息时代和知识社会的需要,解决复杂问题和适应不可预测情境的高级能力与人性能力"。同时,翻转课堂教学中课前的学习,侧重于学生对知识目标的达成,课中的质疑讨论交流则侧重于对学生解决问题的能力和人格的塑造,这正与高中生的核心素养相契合。在高中语文教材中,很多教学内容都是十分适合使用翻转课堂教学方法的。例如,"悠远的情思"收录文质兼美的经典散文,给学生情感陶冶的同时能训练他们的写作能力;"千古流芳一诗心"这一模块收录具有较高成就的古诗,学生课前诵读、课堂畅谈,个性解读能力得以提升;"格物而致知"是说明文单元,清晰的说明顺序、丰富的说明方法,让学生在自学和讨论中得以格物致知。同时每个单元的表达与交流及语文综合实践活动因为知识点集中,实践性较强,都更适合开展翻转课堂教学。

翻转课堂要更好地运用于高中语文教学中,必须在教学内容、教学活动及教学评价上遵循符合语文教学实际的原则。在原则的指导下,为更好检验翻转课堂教学与高中语文结合的适切性,笔者结合语文教材当中三大模块——阅读与欣赏、表达与交流和语文综合实践活动,选取相关课例进行阐述,以探究翻转课堂教学在高中语文中的具体实施途径及效果。

1.翻转课堂教学方法实施原则

为了更好地发挥翻转课堂教学的优势,真正提高高中语文教学效率,笔者认为,高中语文翻转课堂教学必须遵循以下三个原则。

(1)适用性原则

所谓"适用"的教学内容就是既符合高中语文特点及高中生特点,又能有效发挥翻转课堂教学特性的教学内容。笔者认为,虽然关于高中语文翻转课堂教学的研究一直处于较为安静的微妙境地,但即便如此,高中语文翻转课堂教学仍然要秉持宁缺毋滥的原则,不必停留在形式上的翻转,更不能选择不适用的教学内容。因为高中语文作为一门人文性与工具性结合的学科,其结论不能以一概之,其过程不能通过一个定理、一个实验推理得知。其学科知识交叉融合,因此,学习教材的准备就要融入更丰富的内容,制作"翻转课堂"课前知识传递所需学习教材的难度就更大,现行高中语文学科的教材是将语文知识融合在每一篇课文中螺旋式安排的,不容易进行整合,是否每一项内容都适合用来翻转,这有待商榷。

笔者认为,高中语文翻转课堂教学不能只是图一时的新鲜,更不能奢求一两次翻转就能使学生的语文素养迅速提升。教师应该有整体的宏观布局和控制,选择操作性强的教学内容,并将其分散于整个学期的语文课堂教学中。教师可以一个知识点、一个模块甚至是一册书、一个班级为抓手,整体把握教材内容,精心选择具备翻转课堂教学适用性的内容,如诗歌、应用文写作、口语交际、语文综合实践活动等。具体到每个内容,教师还需要加强对学生的了解,明确学生学习中的疑难,挖掘到对学生而言的知识的"闪光点"进行翻转。

(2)适当性原则

语文作为一门人文性极强的学科,既是高中生学习专业技能的基石,也担负着学生人文素养提升的任务。在高中语文翻转课堂教学中,教师和学生都从知识的传授和接收的境况中暂时解放出来,得以有更多时间在课堂上开展丰富多彩的活动。学生在教师的引导之下积极参与,动口、动脑、动情,提升能力的同时获得情感的熏陶。

高中语文翻转课堂由学生课前的自学和课堂的答疑练习组成,但这并不代表学生的学习活动只能是冷冰冰的屏幕和练习,它应该有更多的温度,这种温度就是师生、生生在课前获得知识的基础上,课堂上情感和思维的激烈碰撞。所以笔者认为,应该安排"适当"的学习活动,让高中语文翻转课堂教学的语文味儿更浓。

以诵读为例,这是传统语文课堂教学中的一个活动,运用在高中语文翻转课堂教学中同样"适当"。它能让学生将文字转换成声音,从而内化为审美,提高高中生学习语文的兴趣。学生披文入情,得以更加深刻而准确地理解文字中所蕴含的情感。同时,在反复的诵读中,学生积累语文知识,当达到一定量后,自然会得到质的提升,即写作能力的提高。翻转课堂中的诵读因为学生课前对知识的自学以及个性的理解,应该是更深刻、更富有情感的。所以, 高中语文翻转课堂教学不能忽视传统语文教学中的诵读,而应将它持续渗透在课堂教学中。

(3)适时性原则

高中语文翻转课堂教学更加强调学生的主体性,从时间和空间上都给了学生学习的充分自由,但高中生因为学习目标的不明确,对学习重视程度不够以及多方面原因,学习的自觉性上较为欠缺,部分学生甚至缺乏对规则的遵守意识,若只是一味地给他们学习上的自由,最后很有可能无法及时有效地实现教学目标。所以,高中语文翻转课堂教学中,教师要制订好规则并严格执行,根据规则给予"适时"的评价,以促使他们更加自觉。

当学生在课前通过网络观看微课自学时,教师首先要保证网络的纯净和健康,其次可以通过笔记、博客等方式及时检查;对少数不自觉的学生,教师要利用学习平台上的跟踪模块重点关注、跟踪督查;当要求学生进行网络资料的搜集时,教师要明确查阅资料的范围和要求。当然,教师在准备学习资料时,要尽量选取贴合高中生特点的,符合他们审美倾向的。

在课堂上,因为学习活动的丰富和因材施教的原因,学生的座位可能会被打乱,甚至出现"下位置"的情况。教师首先要做到宽容,同时要合理安排座位,并且向学生提出明确的纪律要求,避免出现"放羊式"教学。教师布置任务,责任到人,由组长监管组员。在检查讨论效果时,教师不能只针对个别学生进行提问,而是采取随机或测验等方式,以确保每位学生合作探究的有效性。课堂上教师可采用多种手段刺激学生学习,如模拟情境展示、册本制作展示等,考核学生的学习成果,在学生已有水平的基础上肯定其努力和成绩,增强他们的自信心。在整个高中语文翻转课堂教学过程中,教师将诊断性评价、形成性评价和总结性评价相结合,对学生的学习行为进行适时且适当的评价,以促进高中语文翻转课堂教学的有效开展。

2.翻转课堂的具体实施

翻转课堂教学作为一种新兴的教学模式,借助信息技术的支撑,将知识传授和知识内化的顺序进行重新安排,使学生成为学习过程的主体,自己掌控学习的进度和速度。

笔者在梳理了"翻转课堂教学"的理论基础,并确定了高中语文翻转课堂教学的实施原则后,学习了国内外翻转课堂教学模式的特点,结合高中语文教学现状,尝试构建符合教学现状及特点的翻转课堂教学一般模式。

同时,为进一步检验翻转课堂在教学中的适用性,笔者结合现行高中语文教材三大模块——阅读与欣赏、表达与交流和语文综合实践活动,选择课例进行呈现,同时分析其效果及问题,试图在实践中寻找更合理、更可行、更有效的翻转课堂教学途径。以《回忆鲁迅先生》为例,笔者进行了详细的教学方法分析和安排。

教学对象:

高一三班全体学生40名。学生学习态度较为端正,但语文学习积极性并不高,同时文化基础不够扎实。学生的形象思维比较活跃,口头表达能力也较强,但理性思辨、分析归纳的能力较弱。经过初中语文中散文文章的学习,学生已经具备一定的散文鉴赏基础,虽领略散文的"美",却未能品出散文的"味",同时他们了解了散文的写作手法,却不能熟练运用。因此,在散文教学中,教师要带领学生通过对语言包裹的深情进行体悟,同时借助写作训练掌握手法。

教学内容：

该单元属于散文单元，回归朴实语言的同时，呈现出思想上的梯度性，对学生散文学习起着承上启下的作用，旨在帮助学生认识散文特征，学习散文手法，理解文中情感，既是对学生散文鉴赏所得的总结，又帮助学生积蓄足够的鉴赏能力和审美趣味、人文思想和大众关怀、语言技巧和写作素养，为终身阅读打下坚实的基础。

萧红的怀人散文《回忆鲁迅先生》原文长达两万多字，是敬献于先生灵前的一朵永不凋谢的花环。作者从鲁迅的日常生活细节出发，以女性作家的细腻，用极为简洁的语言真实地再现了鲁迅先生的生活片段，表现了鲁迅的审美情趣以及魅力气质，展现了一个生活化、人情味十足的鲁迅形象，抒发了对鲁迅的爱戴、崇敬和怀念之情。《回忆鲁迅先生》是"悠远的情思"这一单元的首篇课文，通过这篇课文的学习，学生眼前展开一幕幕鲁迅先生的人生片段，在散淡的文字中体验感悟，为接下来的散文学习打下基础。

文章通过生活细节刻画人物形象这一知识点适用于翻转课堂教学，学生可以在掌握细节描写手法的基础上进行写作训练，完成知识内化；同时利用微课帮助学生对萧红和鲁迅先生情感的探源，能有效锻炼学生的搜集处理信息和思辨概括能力；而对鲁迅先生形象的讨论和完整认知，则能有效提升学生的人文素养，促进其学业发展。

3.翻转课堂的教学目标

能了解散文、诗歌、小说、戏剧等文学形式的特点；注重阅读中的情感体验，感受教材中文学作品的思想情感和艺术魅力，学会初步欣赏文学作品。语文学习肩负着提高学生语文素养的重任。语文素养并非一种纯粹的知识或能力,它除了关联语文知识、能力的习得之外,还与学生的认知能力、学习能力、情意人格等密不可分,且彼此之间无法完全割裂。因而,在确定《回忆鲁迅先生》的教学目标时,笔者结合教学内容和教学对象的特征,整合三维目标,拟定为以下四点:一是赏形象,理解鲁迅先生平易温和可亲可敬的形象;二是品情思,体会萧红对鲁迅先生的怀念之情;三是习妙法,学习本文通过细节表现人物的手法;四是思人文,培养人文情怀,提高审美能力。

本文细节琐碎,但饱含深情,为此笔者将学习从生活琐事中展现人物性格的写作手法作为重点,以培养学生的语文应用能力。而体会作者在字里行间透露出的情思则是教学中的难点,以此实现语文课程的熏陶感染功能。

4.翻转课堂的教学环境

为了更好地对教法、学法进行操作,笔者运用网络平台将文本资料有效整合,为任务的发布完成及评价搭建平台,借以实现师生、生生之间的交流互动。教师制作课件及微课,为学生创设平等的课堂环境,珍惜学生闪烁的机智,同时鼓励学生深入图书馆,结合专业实践,积累经验,在鉴赏人物形象中有效迁移。将学生按照组内异质、组间同质的原则进行分组,全班共 40 人,分成 5 组,由组内推选组长,组长负责分配学生职责,要求人人有事做,事事有人做。

5.翻转课堂的具体教学过程

《回忆鲁迅先生》是一篇精讲指导课文,安排了 2 个课时,运用多元对话引领教学,通过诵读体悟润泽课堂。

笔者将学习任务及微课资源《笑谈大先生——关于鲁迅书目推荐》

《刹那萧红》及《细微处见真情——细节描写手法》发布在学习平台上,明确学生的学习目标和主要活动,请学生观看微课,自主学习,完成任务。学生通过公共教室或者家中的多媒体资源来查看相关资源,观看微课,自主学习、探索,并在校园公共平台的答疑模块中汇报自己自主学习的情况,与同伴、教师进行交流。

笔者通过平台中的跟踪监测系统关注学生的自学情况,请学生在讨论区交流"我心中的先生",并完成课文后的思考与练习一和练习二,将完成情况上传至平台,让学生对鲁迅先生的形象有一个初步的感知,以此检测学生的学习效果。学生完成自学任务,大部分学生对鲁迅先生的印象仍然集中在伟人的认知上,这正好为本文学习中全面认识先生形象打下基础。同时课后两个思考练习难度也不大,学生基本能完成对先生事件的整理,但对连缀这些毫无关联的事件的线索以及部分细节有所疑问,而这正是第一课时的重难点,课堂将以此展开讨论。

在正式授课的语文课堂上,笔者用庄重的语调朗读《怀鲁迅》,总结出众人印象中的先生——伟人,同时邀请学生思考"萧红是如何怀念先生的?"

展示学生"寻找先生"这一课前自测完成情况,汇总学生答疑模块中的问题,交由学生小组讨论;教师巡视,个别辅导,同时将典型问题进行提炼,作为课堂的难点讨论,使得课堂教学更有针对性和有效性。

学生活动:学生小组讨论疑难问题,并相互交流,最终形成集中性的疑问,即"连缀这些毫无关联的事件的线索是什么?"(疑难一)"萧红为什么对先生有着如此深情?"(疑难二)

教师活动:针对疑难一,点拨对情感的体悟,同时提问"这种深情体现在哪里？请找出文中的相关语句"。

学生活动：学生小组合作，找出文句并体悟交流。如"这种眼光鲁迅先生在记范爱农先生的文字里曾自己述说过，而曾接触过这种眼光的人就会感到一个旷代的全智者的催逼"，这句话体现出萧红对先生的崇敬之情；又如"许先生说鸡鸣的时候，鲁迅先生还是坐着，街上的汽车嘟嘟地叫起来了，鲁迅先生还是坐着"体现出萧红对先生的敬爱与担忧等。

师生共同总结：萧红对先生的感情——亲近、敬重、爱戴。疑难一的解决为之后深入理解萧红笔下"凡人鲁迅"做好情感铺垫，同时训练学生筛选和组织材料、推敲和体悟关键词句的能力。

教师活动：为了让学生更好地理解萧红对先生的深情，教师提出问题"萧红为什么会对先生那些日常琐事产生如此深挚的情感？这份情感的源头是什么？"课前任务单中已将本讨论题作为任务布置给学生，并准备了微课《刹那萧红》。

学生活动：各小组就课前观看微课感受进行交流，学生能从萧红的身世、先生为《生死场》所写的序言以及萧红和萧军刚到上海时，先生对他们生活的帮助等方面进行思考。各小组形成观点后，派代表在全班进行汇报。

师生共同总结：亦父亦师亦友。通过"翻转课堂"的形式本课的难点得以解决，学生自主探究及小组讨论的能力得以提升，课堂效率因此提高。

教师活动：萧红运用怎样的手法表现先生的凡人形象？（细节描写）以此总结怀人散文的特点，帮助学生掌握语文知识。为了将知识转化为能力，布置片段写作"微写作《那人》(100字)，要求通过细节表现形象和情感"。这也为评价提供了指标。

学生活动:完成微写作,组内先行交流。由组长组织,相互评价,推选出组内最佳作文在全班进行交流,也可以自愿的形式让更多学生进行展示,形成小组竞赛。师生对学生作品进行点评,着眼于细节和情感两方面。学生根据意见,课后修改作品并上传至学校的公共学习平台,评选出"最美'那人'",全面提升学生的语文素养。

《回忆鲁迅先生》翻转课堂教学,很好地实践了建构主义学习理论提出的知识的获得应该是学生在一定的情境之下,借助他人和必要的学习资料,对知识进行主动探索、主动发现和主动建构。例如,在对萧红和先生的深情的探索上,笔者课前在学习任务单中提出相关问题,并在教育传播论和视听教学理论的指导下,制作微课《刹那萧红》,为学生获得新知、内化新知、感受真情提供具体经验。在这一过程中,学生自始至终沉浸在文本的情思中,并在个体主动和共同协作中建构新知,探索出萧红对先生深情的源头,提升人文素养和思辨能力,也为后面的品读细节打下基础。

至此,一堂完整的翻转课堂语文教学方法实施就算圆满完成了。可以看到,在教学过程中,学生不仅可以掌握语文知识,还能通过自己的思考和参与锻炼自己的语文学习能力和提高知识掌握水平。因此,教师应该在语文课堂上充分结合语文教学资源,帮助学生提高自主学习的意识,将"翻转课堂"教学方法不断推广和完善。

(三)翻转课堂有效教学实施的意义

第一,激发学习兴趣,培养主体意识。高中生对传统的语文课教学兴趣较为单薄,在课堂上往往处于被动消极状态,忽视自身的主体性。但在翻转课堂教学中,教师将接受式学习和建构式学习相结合,利用声光电技术制作可看性较强的微课,并提供给学生多样化的学习资源,如文字、视频、音频、图片等,吸引高中生兴趣。高中生利用他们兴趣颇浓的手机网络展开学习,在好奇心中探索新知,得到直观体验后,进入课堂对知识做进一步探究。在教师设计的针对性的活动中,学生的主人翁意识也会增强,不再是被动地听,而是主动要求参与其中。在翻转课堂教学开始阶段,学生的参与可能仍然是一种"被参与",但通过竞赛、奖励、评优等方式,学生获得更多展现的机会,在多样性的活动中收获了成就感,渐渐从"被参与"过渡到"主动参与"。

第二,掌握学习方法,提高核心素养。高中语文翻转课堂教学利用信息化手段将课前、课中有效连接,学习活动丰富、灵活且有针对性。学生在课前观看教师制作的微课,不再拘泥于课堂 40 分钟,且能根据自身情况反复观看并发现问题;课堂上通过小组合作探究,质询答疑。教师作为学生学习的引导者和陪伴者,设计学习任务,引导学生搜集资料、讨论探究、展示成果,在多样化的学习活动中,高中生学会了学习的方法,同时观察能力、阅读能力、表达能力、动手能力、理解能力、思辨能力等核心素养都得到相应提升,为自身的专业成长和个人发展奠定了基础。

第三,实现因材施教,注重个性发展。高中语文翻转课堂教学将高中生的"差异"看作教学资源,在班级管理背景下有效实现个性化学习。教师从传统课堂繁重的知识讲授或课文分析中解放出来,能有更多时间关注每位高中生的"最近发展区",注重根据学生之间的差异性,制订不同层级的目标,让每位高中生都能够踮起脚尖够到知识。课前,学生依据自身学习风格选择学习资源;基础好的学生可以学得更快,先行进入教师安排的关于课文深度探讨环节或实践训练环节,基础较弱的学生则可以暂停或反复,将基础知识补足后再进入深度学习;学生在学习过程中有任何疑问,教师都可以为其提供个性化指导。进入课堂后,教师根据学生课前自测情况对教学内容进行取舍,设置问题情境,并有更多时间针对学生的疑问进行个性化指导,学生也可以在异质小组中相互交流取长补短。在学习评价中,师生结合学生基础和表现对其进行肯定并指出不足或发展空间,促进学生持续投入学习中。这从根本上体现了"教学内容问题化、学生学习个体化、教师指导异步化和教学活动过程化"的特点。

同时,翻转课堂的实施也有几个需要注意的问题,"翻转"内容要紧密结合语文课程;强调实践性和综合性的表达与交流,以及语文综合实践活动较为适合实施翻转课堂教学,而阅读与欣赏模块,则需要根据不同文体调整模式。

文言文和诗歌教学一直是高中语文教学的难点, 也是学生学习的难点。考虑到高中生对文言知识及典故易产生畏难情绪,教师可以就这部分运用朗读、小动画、小故事、图片、音效等多种手段录制视频进行讲解,增加趣味性,加深学生的印象,能取得事半功倍的效果。例如,对辛弃疾的《京口北固亭怀古》一词,教师可将"孙权败曹军""刘裕建政权""刘义隆望敌而逃""佛狸击败宋文帝"和"老年廉颇不得重用"五个典故制作成精美有趣的动画微课,让学生产生聚焦式的体验学习,从而加强对辛弃疾"以文为词"的词作创作手法的理解,进入课堂后进行答疑指导,进而探究词作主题。

在教学非文学作品类的文体,如记叙文、议论文、说明文时,因为其知识点较明确,有方法可循,故教师在进行表现手法、说明方法及顺序或论证三要素的教学时,可进行"翻转"。学生在掌握文章写作方法后可在课堂中对主题做深入探讨。

小说戏剧因其篇幅较长、知识点较多以及主题丰富,故不适合整堂课"翻转"。笔者认为,教师可先行提供有关故事情节的教学视频供学生观赏,以整体把握,同时结合文本特点就环境、人物或台词中的某一要素进行切入,制作微课引导学生自主学习,进入课堂后进一步探讨主题等其他深入性的问题。

　　值得提出的是,高中语文阅读教学开展翻转课堂教学时,不能忽略对文字的品味与目光的对接。例如,上文中《回忆鲁迅先生》一课中的细节鉴赏就缺少了"语文味儿",师生、生生之间缺少了互动的活跃和心灵的对话。所以,高中语文翻转课堂教学在教学内容的选择上始终要注意"适用",不能在翻转中丢失了课程本身的味道,"没有了导入的精彩,没有了预设的苦心,没有初读的尴尬,没有诵读的音韵,没有字词的咀嚼",那么两者之间的适应性就有待商榷或进一步探索。

　　"翻转"实施要紧扣课程特点,上文主要是针对最新授课的教学来讲高中语文翻转课堂教学实施。但从知识点的集中性来看,翻转课堂教学更适用于复习课。复习课一直存在课堂气氛沉闷、复习效率不高的特点。教师可以从学生角度出发,采用翻转课堂教学模式,将新授课中的导学案变成导复案,课前明确复习目标和复习重点,围绕复习知识点制作微课,包括知识整合、答题技巧、典型试题分析等。学生在微课的指导下完成导复案中的自测,课中质疑,通过讨论和讲练把握复习知识,课后运用知识自查巩固,并接受个别指导。例如,在进行病句训练时,教师可制作微课介绍常见病句类型和真题例句,学生观看后完成相应自测题。进入课堂后,教师根据学生自测情况进行指导,再通过练习、学生自行讲解等方式深化对知识点的掌握,课后进一步巩固。

此外，"翻转"实施要抓住教学难点。通过阅读各种优秀作品，加深和拓宽对自然、社会、人生等问题的思考和认识，并能表达自己的理解、体验或感悟。这无疑是高中生在学习某些内涵较为丰富的文章时会遭遇的难点。此时教师应抓住这一"资源"，利用"翻转课堂教学"将其解决。例如，讲授《神的一滴》时，为了让学生对梭罗的隐逸观有更鲜明的认知，教师可以制作微课"在自然的沉思中相遇——梭罗与陶渊明隐逸观的比较"，通过讲解配合图片、视频，从时代背景、文化氛围等方面让学生认识到不同于陶渊明用隐逸的方式反抗现实，梭罗的隐逸更多的是一种济世情怀，是用简单的生活反对工业社会的物欲横流。

通过微课的拓展，引导学生关注内心，尝试思考符合在当今浮躁的社会中，寻找属于对自己的桃花源或是瓦尔登湖，从而实现对学生情感的熏陶和价值观的引导。

高中语文翻转课堂教学强调学生学习的自主性，但要做到完全自主则是一种理想状态。高中生长期以来习惯了跟着教师的节奏亦步亦趋，对主动学习缺乏明确意识，更缺少强烈意志。这就需要教师在实施翻转课堂教学时利用多种手段始终关注学生的自主性和积极性。

高中语文翻转课堂教学引进多媒体手段，能较好地吸引学生的兴趣。但要注意这种吸引不能仅仅停留在手段上，而是要将内容和手段紧密结合，让学生在被形式吸引之后自觉地进入内容的学习中。这就需要教师从高中生的心理特征出发，提供高质量的微课——技术要适度、方法要匹配、内容要精简。同时，教师要注意微课的内容要与学习平台中的作业、练习和课堂中的交流讨论等相联结，以便学生对知识进行巩固以及教师对学生进行诊断性评价，也促进学生在一定压力下自主观看微课。教师也可利用平台的检测系统及时关注,遵循适时评价的原则,在平台上与学生展开互动,"旁敲侧击"学生的观看效果,推进学生的有效学习。

高中生参与"翻转"的有效性,一定程度上依赖教师组织"翻转"的能力,这种能力包括专业素养和信息技术能力。首先,教师应该精通高中语文课程和教学大纲,在开展教学时能将教材的模块、知识点等进行整合,建立教学框架;能结合翻转课堂教学理念,有效选择合适的教学内容进行翻转。同时教师要有创新和独立意识,不将"翻转课堂"神化也不刻意曲解,大胆探索出最适合高中语文特点的翻转课堂教学模式。其次,教师要积极学习信息技术操作能力。上文中提到,教师要提供给学生高质量的微课,其来源包括两种,一是教师自己制作,这要求教师具备熟练操作 PPT 及各种录屏软件、音视频处理软件的能力,并且具有较好的审美力;二是教师借助网络平台下载微课,这要求教师对教授对象和内容的特点精确掌握,避免微课和教学实际的脱节。同时,翻转课堂教学与网络学习平台紧密结合,教师要熟知各种学习平台的操作方式及系统模块,以充分利用平台功能有效开展"翻转"。最后,教师要具备较强的课堂操控能力。这里的操控并不是控制学生,而是把握课堂的节奏。翻转课堂教学因其学科特点,课堂生成性较强,常常会出现突发状况或意外情节,教师要具备严谨完善的语文课堂教学机制和较扎实的人文素养,灵活应对。

综上所述,翻转课堂作为高中语文教学方法的有效性尝试,在实际教学实践中已经取得了不俗的效果和成绩。因此,教师可以结合语文课程的特点和学生的接受程度,积极开创翻转课堂,努力通过这种教学方法来提升学生的语文成绩,并通过这种教学方法来促进高中语文有效教学系统的构建。

二、情景模拟教学方法

情景模拟教学法是以哲学、心理学、教育学为理论基础,在教学一线的实践中萌芽生长的。情景模拟教学法以马克思主义认识论为哲学依据,以建构主义学习理论和情境认知理论为心理学依据,以社会学习理论和"从做中学"理论为教育学依据,融合了现代教育家李吉林的情景审美教学理论,它们为情景模拟法的研究提供了丰富的土壤和坚定的基石。论及情景模拟法的理论基础,笔者认为主要可以从以下三个方面展开论述。

一是哲学基础。学习过程本身也是一种认识活动,作为教育者应该懂得,教学过程就是帮助学生通过其主观认识去了解外在的客观存在的过程。因此,作为教育者本身在运用情景模拟教学法时,应该首先对马克思主义认识论的哲学理论有所认识。马克思主义认识论正是从物质第一性、意识第二性的基本前提出发,认为认识的内容来源于客观世界,认识是人脑对客观世界的反映,没有被反映者就没有反映活动的发生。情景模拟教学法并不是教育者把课堂直接搬到社会生活中去,让学生通过零距离接触真实的客观世界去学习知识技能,而是变幻莫测、姿态纷纭的现实生活经过教师精心选择、加工、优化之后带进课堂教学,结合种种现代技术和设施,模拟出逼真的外部环境,以此促进学生对成人世界的认知和了解。模拟情境打破了校园与社会的壁垒,当学生置身其中时,他们是处在一个安全的、被保护和被鼓励的虚拟环境中,主观能动性会空前高涨,激发出探究这个陌生世界的好奇心,渴望亲身体验和多种尝试,他们的认知心理和情感活动都会在这个特定的情境中得到加速发展,而教师所期望的由被动学习向主动学习的迁移也将成为可能。

二是心理学依据。瑞士心理学家让·皮亚杰的建构主义学习理论认为,学习环境的四大要素是"情境""协作""会话"和"意义建构",也就是说学习者获得知识的渠道并非来自教师传授,而是借助教师、同伴和必要的学习资料,在一定的社会文化背景下(即情境)通过意义建构的方式而获得。学习的情境性、主动建构性与社会互动性是建构主义学习理论所强调的重点。情境认知理论则认为,实践与学习相互依存,意义是通过实践和情境的协商得以体现的。所谓知行相交,知识正是通过情境化的实践参与来获得知识的习得与理解。

建构主义与情境认知理论确立了情境在知识学习中的地位和作用,提醒教育者在传授书本知识和架构知识体系时,首当其冲要确立学习者的主体地位,进而把学习内容和活动安排与整个人类具体生动的实践活动关联起来,在组织教学时通过模拟人类现实社会生活的真实场景,把专业知识的习得、内涵素养的形成和社会身份的转变三重教育目标相融合,这正是建构主义与情境认知理论的存在意义和价值。

三是教育学理论依据。美国心理学家班杜拉的社会学习理论认为,人的学习活动主要有三种形式:一是体验学习,二是发现学习,三是接受学习。而情景模拟教学正是教育者努力打破接受学习的困境,为受教育者营造体验学习的场景,从而激起学生的研究意识和探索精神,把体验式学习发展成为发现式学习,最终能获得具体而深刻的学习成果。

美国教育家约翰·杜威认为,教育教学过程中没有设置能够引发学生直接思维经验的情境,是传统教育模式效率低的重要原因,因此把教学过程设置为创设情境、引起动机、确定目的、制订计划、实施计划和评价成果,提出了影响世界的"从做中学"的教学原则。苏联教育家苏霍姆林斯基也相当重视自然情境的教育作用,他说"学校的墙壁也说话",形象揭示了情境之教的无声力量;在中国现代教学思想中,情境教学理论与方法在特级教师李吉林的梳理和实践中得到了系统的反映,其语文审美教学模式已被学界奉为圭臬。

上述理论揭示了相同的教学原理,即如果能够发挥学生在情境中的主动性和参与性,激发学生的求知欲和创造力,就找到了教学成功的关键。情景模拟教学法在班杜拉和杜威的科学教育理论指导下,通过对教学情境方便快捷的模拟,最大限度地整合教学信息,降低教学资源的损耗,从而更加行之有效地提升教学效果。

总之,前人丰厚的理论为情景模拟教学法提供了明晰的理论指导和强大的理论支撑,在此土壤上,成长出了以学生为主体,以虚设情境为教本,以亲身体验与演练为手段的全新的教学方法,同时避免了实践运用中的盲目和随意,也使得这种教学方法更具有教育的深度和哲学的内涵。

(一)情景模拟法实施原则

语文教学原则是在总结教学实践经验的基础上制订出来的,它既指导教师的教学活动,也指导学生的学习过程。调查结果显示,大部分高中教师缺乏科学理论的指导,思维惯性和自身惰性都使得教师沿袭旧规,随意无序成为高中语文教学的通病。因此,教育者应该遵循高中语文教学的特点和规律,构建一套适合高中教育的情景模拟教学原则,指导陷入迷局的高中语文教学,也为推动和完善语文课程改革探寻新的方向和出路。

1.情境性与开放性相结合

在高中语文教学过程中,教师应该意识到模拟的情境始终只是模拟,就好像再聪明的机器人也只是一台设备,它与现实生活始终具有不可逾越的差距,因此学生的语文掌握和应用能力的提升还需有赖于真实世界的磨砺,这就要求语文情景模拟教学还应该具备开放性。教师要带领学生走出用教材和设备打造的小课堂,把学生的注意力导向社会现实生活的大课堂,将课内与课外、学习和生活联系起来,在开放的大环境中培养学生发现、感知、接受和应用语文文学知识的能力。情境性与开放性相结合,可以让高中语文教学获取源源不断的素材,可以使高中语文教育教学改革的深度和广度都得到无限的拓展,并且,高效的教学方法可以加速高中语文有效教学系统的构建。

2.主体性与互动性相结合

马克思关于人的主体性的哲学内涵是这样诠释的,在主客体关系中,活动主体与活动客体的区别就在于人的主体性。教育学和语用学提醒教育者,学生只有成为学习的主人,教学才能卓有成效。在高中语文情景模拟教学中,学生主体性的特质表现得尤为明显,教师是教学活动的组织者、引导者和点评者,学生才是整个活动所指向的目标对象。学生不是教师的提线木偶,不是教师开展教学过程的人形展示牌,而是具有足够的自主选择性和能动创造性的学习主体。教师营造模拟教学情境的最终目标是把平等和尊重、信任和鼓励的理念传达给学生,让学生在宽松民主的氛围中,能够积极主动地表达自我,积极掌握课本中的语文知识,并通过情境中的体验和感受,切身理解文学创作者的创作情感和文章中表达的情感。

再者,高中语文课堂教学不是"独角戏",而是"群戏"和"对手戏",双向或者多向的交流互动才具有存在的价值。双向互动指的是交际双方的交流信息是动态生成的,自始至终都是以语言为载体,承载并反馈着双方想要传递的信息。因此,在情景模拟教学过程中,教师应该努力搭建起师生互动和生生互动的桥梁,让每位参与者都能对发言者传递的信息做出准确迅速的反馈,同时根据发言者的话题指向做出及时的调控和应对。只有将主体性与互动性相结合,才能在模拟训练中充分发挥学生的主动参与性和能动创造性,提升学生听说应对的能力。

3.探究性和有效性相结合

当然,运用模拟教学法并不是把情境简单粗暴地复制到课堂,教师所创设的教学情境还需要具有一定的探究性,没有探究性就不能激发学生对知识刨根究底的欲望,也就不能有效实现让学生在探究中掌握相关知识的教学目标。查阅相关文献资料时笔者发现,很多教师所创设的教学情境并不能称之为教学情境,有的甚至可以说是哗众取宠,并没有体现出真正的情景模拟教学法的内涵——探究性。

如果教师所创设的教学模拟情境并没有融入探究性的内容,那么它就像仓促草率的观光旅游一样,走马观花,效率低下,无法吸引学生的课堂注意力,更难以激发他们主动学习的热情。追求教学的有效性也是语文教育情景模拟教学法在实施过程中必须要遵循的一条重要原则。情景模拟教学法的实施并不是随意而为之,它的实施具有一定的目的性。假如教师所创设的教学模拟情境与课堂教学内容的契合度不高,这样的情景模拟教学就是低效甚至无效的,也就丧失了实施的必要性。因此,教师在情景模拟之前必须要经过精心预设,在具体操作过程中也要严格把控课堂的全局和细节,从而保证情景模拟教学的实施效果。

(二)情景模拟法的实施意义

情景模拟教学通过全真模拟社会生活和课本描述的情境,把书本知识活化为现实,并让学生通过真实体验来获得真切的感受和人文收获。同时,这种教学方法还可以最大限度地调动学生的课堂参与度,使学生通过积极参与来获得语文知识的认同和理解。这种方式不仅可以提高学生的语文学习效率,还可以有效构建高中语文教学系统。

情境教学法要求教师在教学过程中注重整合各种渠道的信息,结合课内外各类教学资源,针对语文课本中的课程,把纷繁复杂的社会生活情境搬进课堂,通过逼真的情境演练去感知现实世界的精彩多变,在实践课堂活动中切实提高语文学习能力和知识感知能力。教师应重视根据教学目标里设置的单元教学要求,组织开展与情境相关的多种语文情境创设活动,把课堂模拟成与现实世界无限接近的现场,让学生在快乐和自信的氛围下积极表达自我,塑造自我,完善自我。

美国语言教学专家布莱尔认为,语言学习要给学生构造出丰富的习得环境和学习环境。情景模拟教学法的实施将成为一种备受欢迎的教学方法列入高中语文教师的首选,教师通过营造真实生动的语言交流环境,大力改变课堂教学中沉闷无趣的教学氛围,让学生从"不愿说,不会说"转变成为"又想说,又能说"的状态,轻松自如而又得体大方地进行自我表达,为高中语文课程的教学改革带来持久的动力。

应试教育最根深蒂固的影响之一就是"分数第一,能力第二",导致语文教学方法和内容都是为了实现卷面分数的最大化。高中语文虽然在教材的内容编排和教学设计上,开始有意识地向课堂活动和综合实践活动倾斜,但是高中教师绝大部分还是沿袭旧的"重读写,轻听说"的教学思路;语文课堂教学侧重理论讲解,忽视实例分析和演练。可喜的是,情景模拟教学法革新了教师的教学理念,使得教师在教学实施过程中,能够主动积极地阅读相关书籍和理论,拓展知识面,加深对语文情景模拟教学理论的认知程度。教师以新的教学理念为指导,在组织准备和课堂指导时,在学生群体中正确示范,周密部署,营造轻松和谐的语文课堂教学氛围,循序渐进,扎扎实实地训练学生的参与能力和语文感知能力;同时加强课后教学反思,构建新型语文情景模拟教学的评价体系,通过多层次、多角度的评价反馈,总结经验教训,及时重新调整教学思路和探讨教学途径,推动高中的语文教学改革与发展,既提高了教师自身的综合素质,也提高了高中语文教学质量和效果。

情景模拟教学法是教师通过创设教学情境,将社会性学习、参与性学习和体验性学习三者有机结合,互相促进,构建一个充满活力和生机的课堂发展系统,从而形成有情感的、创新的,具有人文价值趋向的课堂教学。正因如此,在前人理论研究的基础上,构建出具有高中语文教学特色的教学原则,将成为科学有效地实施情景模拟教学法的可靠保证和依据,同时也将在教学实践中充分体现实施情景模拟教学法的作用和意义。

三、问题教学方法

问题教学是以"问题"为中心的现代教学方式,打破了束缚学生思维发展的旧模式,遵循以人为本的理念,给学生发展提供最大的空间,培养学生的创新能力,转变学生的学习方式,提高他们发现问题、分析问题和解决问题的能力。本书采用文献研究法、调查研究法、经验总结法了解分析了目前高中语文"问题教学"的现状,主要表现为教师教学观念滞后、学生问题意识淡薄、课堂教学气氛沉闷。对此,在高中语文"问题教学"的研究实践中,一方面教师应创设问题情境,合理发挥教师的主导作用,另一方面学生积极主动参与,充分体现自身的主体地位,培养学生的精神品质,增强学生的问题意识,训练学生的创新思维,从而构建师生之间平等、民主、和谐的关系。通过"问题教学",教师和学生能够相互切磋、共同提高,获得更加全面的语文素养。

随着时代的发展和课程改革的不断推进,"问题教学"的价值和意义也越来越突出。在传统的教学形式中,教师的思维代替了学生的思维,并没有真正认识到学生自己提出问题、分析问题、解决问题的重要性。教师的过度干预不适应学生的心理需要,不利于学生思维品质的提高。高中阶段的语文课程仍然处于不可忽视的地位,因此,"问题教学"是高中语文教学改革实施的必然,能够进一步强化学生的问题意识,培养学生的创新精神和提高学生的思维能力,从而促进学生的全面发展。

对于"问题教学法"这一概念,人们在理论和实践的研究中不断赋予"问题教学"新的内涵。"问题教学"是让学生在寻求和探索解决问题的思维活动中,掌握知识,提高技能,进而培养学生自己发现问题、解决问题的能力。在"问题驱动教学"过程中,学生提高了自主学习的能力,不断增强自身的创造力,并在获得知识的过程中培养自身的精神品格。

(一)"问题教学"的起源

关于"问题教学"的起源可谓历史悠久、源远流长,可以追溯到古希腊雅典的哲学家、教育家苏格拉底提出的问答法中,强调通过诘问让对方自己发现真理。法国著名的思想家卢梭进一步体现了"问题教学"的思想,都强调了在实际教学过程中要注入"问题"的元素。18世纪末19世纪初的美国哲学家、教育家杜威最早提出了"问题教学"的概念,教育家马赫穆托夫对"问题教学"这一概念进行了更加深入的研究,对"问题教学"的理论方面和实践方面都做出了更为详尽的论述研究。

首先,问题教学起源于哲学家苏格拉底的"问答法"。苏格拉底的问答法又被称为精神助产术,这种方法主要分为四个步骤:一是讽刺,也就是说,通过不断地提问,对方变得自相矛盾,承认自己一无所知;二是助产,使他们放弃谬误,找到正确的共同点,换句话说,它有助于产生真理;三是总结,即从个体事物中寻找共性,通过对个别的善行分析比较,寻求一般的美德;四是定义,就是把单一的概念归纳为一般的事物。鉴于此,苏格拉底要求对方回答他的问题,他以谦卑的态度询问对方的答案,直到最后由于不断的询问,对方承认自己的无知,借助问答的形式去思考,使其自己发现真理。

在这一点上,"问题教学"和苏格拉底的问答法如出一辙,教师通过"问题教学"指导学生获取知识就好比助产婆帮助产妇生出孩子一样,教师通过问题引导学生去发现自身存在的问题,弥补自己的不足之处,更好地完善自己。

其次,卢梭的"问题教学"思想也对问题教学法的建立产生了重要影响。18 世纪,法国的著名思想家、教育家卢梭在一定程度上有了"问题教学"的思想。他强调,教学不是教给学生真理,而是教学生如何发现真理,即引导学生自己研究,他认为,问题不是告诉他真相,而是教会他如何发现真理,问题不是教他所有的知识,而是培养他学习的兴趣,教他学习知识的方法。

卢梭认为,要引导学生发现真理,就要设置问题,使学生能够解决问题从而得到发展。他说:"毫无疑问,亲自获得观念的人,当然比从别人那里学习有一个更清晰的理念,而不是自己形成迷信权威的习惯意识,自己要更加善于发现事物的关系,融合自己的思想。""问题教学"正体现了卢梭的这一思想,"授之以鱼,不如授之以渔",教师在高中语文教学中应当发挥的作用不是教授给学生掌握多少知识,而是教给学生掌握知识的方法,所以教师要通过"问题教学"让学生学会自己去发现问题,更准确地分析问题和解决问题,从中获得更加丰富的知识和能力。

最后,杜威的"五步教学法"为问题教学法提出了鲜明且系统化的教学使用指导。18世纪末出现的美国著名哲学家、教育家杜威提出了著名的"五步教学法",即情境、问题、假设、推理、验证,这种方法使得问题教学法成为一个以规则为基础的更适合推广应用的方法。一般来说,人们可以理解和解释它教学的五个步骤:第一,教师必须为学生设定一个情境,并给他一些提示使他对某个问题感兴趣;第二,在这种情况下,他会产生一些问题并清楚地表达出来;第三,学生可以从教师给出的材料和观察结果中产生关于这个问题的假设;第四,整理罗列出他认为可以解决问题的方法,并努力找出问题的结论;第五,学生在自己的实践过程中检验自己的想法,判断结论的正确性。但这样的研究只是问题教学研究的过渡时期,还没有形成一个系统而成熟的概念。

杜威的观点表明了"问题教学"是培养学生良好的学习习惯和思维品质的最好方式,教师创设问题情境,让学生产生兴趣提出疑问,通过解决问题获取理论方法,用理论指导实践,再通过实践检验理论的正确性。"问题教学"强调教师不是一味地把知识告知学生,教师应该引导学生自己成为学习的主人,应该积极主动而不是消极被动地去学习。

(二)高中语文当中的"问题教学"

列尔耐尔说:"问题教学的本质是学生由教师根据他们的引导,找到一个解决新问题的方案,让他们学会独立获取知识,使用先前学习和掌握的经验进行创造性活动。"马赫穆托夫认为,问题教学是一种发展性教学,学生在自主探究问题的思维活动中,往往与现成的科学结论结合起来,并对教学方法体系和建立问题的目的和原则进行思考。《中国大百科全书·教育》的定义是"根据反思性思维的逻辑理论实验,教师对学生在生活中遇到困难提出的问题,帮助他们分析问题,寻求假设,通过实验的方法来解决问题"。

在《教育的字典》里有关于"问题教学"的词条,提出问题教学法是"通过创设情境,提出问题和解决问题组织教学"。基于以上观点,结合语文学科的特点,笔者认为,语文"问题教学"是教师引导学生以自主学习语文为重点,以语文问题为主线,通过创设问题情境,使学生发现和提出问题,教师引导学生通过自主、合作、探究的方式分析问题,提出假设,尝试解决问题并且对解决的问题及时归纳总结,进一步得到拓展延伸的过程。学生在自主、合作、探究的学习过程中形成积极的学习态度,激发强烈的学习欲望,逐渐形成主动质疑和释疑的学习习惯,从而形成良好的思维品质。

"问题教学"以"解决问题"为基础,以有效地提高学生的思维能力为核心,以学生的发展为根本,在教师的合理引导下,在学生发现、分析和解决问题的过程中,在教师和学生之间的互动中,实现学生自我归纳和自我促进。因此,语文"问题教学"具有以下三个特征。

1.自主性

学生的发展应该是自主的,学生是学习的主体,积极倡导自主、合作、探究的学习方式,鼓励学生自读课本,自我理解,尊重学生的个人感受和独特的见解。因此,"问题教学"鼓励和引导学生自主发现问题,思考问题,解决问题,鼓励学生进行调查研究,搜集、分析数据,总结和形成自己的知识。学生的自主参与意识越强,自我实现的力量越大,他们的要求越高,其智力因素就发展得越多。相反,自主参与意识薄弱,主体性缺乏发展,智力因素的发展将大大滞后。因此,学生自主参与意识水平和主观能力的发展反映了学生学习活动的水平。例如,在文言文的教学中,教师传统的教学方式就是通篇逐字逐句串讲,学生一边听一边做笔记,然后再去强行记忆,这种教学方式的效果往往使教师学生都事倍功半。因此,"问题教学"中教师可以鼓励学生自主阅读文本,找出不理解的词句,通过查阅工具书和回顾旧知的方法自己解决一部分问题,剩下不能解决的问题可以通过小组合作学习的方式,取长补短。经过一段时间习惯的养成,学生学习文言文不再依赖教师的串讲,不再依赖现成的译文,学生提问的人数,学生提出的问题数量都增加了,提出的问题质量也大大提升了。与此同时,学生自己解决问题的能力也提高了,以往认为文言文晦涩难懂的学生再也没有畏难感,反而多了几分成就感。"问题教学"使学生的自主参与意识增强了,因而自主学习的水平也提高了。

2.创造性

在传统语文教学中,课堂主要包括教师导入、介绍背景、作者简介、文本分析等常规的环节,教师既是导演又是演员,学生只是生搬硬套地掌握知识,毫无创造地机械模仿。新课程理念下的语文"问题教学"突破了传统语文教学的俗套。首先,学生拥有了问题意识能够提出问题就是创造思考的体现。即使一时间不能独立发现问题,对于教师提出的问题能够独立思考,提出自己解决问题的方法也是一种创造性的学习。即便提出的问题或表达的见解缺乏深度和广度,只要是学生独立思考的都是个人创造性的成果。哪怕学生缺少新鲜的见解,但如果能从教师的引导和他人的成果中受到启发,使自己的学习效果得到改善都具有创造性的价值和意义。一成不变的传统语文教学方式会使学生形成思维的惰性,懒于发现问题和思考问题,所以"问题教学"一改传统的语文课堂的单调枯燥,变得灵活多变且富有创造性。

例如,在《寒风吹彻》的教学过程中,教师让学生阅读文本之后提出自己的疑问,学生提出这样一个问题"为什么以《寒风吹彻》为题?"看似简单的提问却是解读文本的关键所在,学生通过分析文中的母亲、姑妈、路人还有"我"所遇到的寒冷,意识到题目中的"寒"既是自然界的寒冷也是心境的寒冷,题目中的"彻"是说寒风吹遍了每一个地方的每一个人,也吹遍了每个人的一生。学生提出问题并且自己解决问题正是创造性学习的成果体现。

3.过程性

无论哪一门学科,学习注重的是学生参与获得知识的过程,而不是结果。传统的语文教学往往只关注教学的结果而忽略了学生获取知识的过程。因此,在语文"问题教学"中教师应该以"问题"为突破口,引导学生独立思考和研究。同时,"问题教学"的过程也是学生获得情感体验、形成人生感悟的过程,学生掌握具体的知识和技能并不是最终目标,对所学的知识有了自己的思考和感悟才是更重要的。因此,过程比结果更重要,学生通过"问题教学"能独立思考产生疑问,并且通过各种渠道解决疑问,无论结果如何,过程是最可贵的,这样的过程让学生形成质疑探索的精神品质,从而极大地增加了学习的自信,从这一点来看,过程性是语文"问题教学"重要的基本特征之一。

例如,在《乡土情结》的教学中,教师考虑这篇文章篇幅较长,可以引导学生采用评点的方法,在感知文本、研习文本的基础上对文章进行评点,学生独立思考,自主发现体现乡土情结的语句,并且把自己对文本的

感悟体会表达出来,然后课上师生之间、生生之间进行交流分享。这样的
"问题教学"注重学生情感体验的过程而不是结果,充分调动学生阅读、感
受、分析、鉴赏等各方面的能力,达到与文本、作者感情上的共鸣,能够进
一步培养学生自觉的审美意识和高尚的审美情趣,形成审美创造的能力。

(三)问题教学方法的现实意义

新一轮基础教育课程改革着重提出,要改变过于注重知识的传授的
情形,强调形成积极主动的学习态度,学习掌握基本知识和基本技能,而
且在这一过程中树立正确的价值观,改变课程实施过于强调接受学习、死
记硬背、机械训练的情况,鼓励学生主动参与、乐于探究和实践,培养学生
搜集和处理信息的能力、获取新知识的能力和解决问题的能力以及交流
与合作的能力。因此,高中语文"问题教学"具有积极的现实意义,主要体
现在以下四个方面。

1.培养学生的精神品质

高中语文教学不仅仅是知识的教授过程,也是学生良好的个性和健
全人格的培养过程。比如如何培养分享与合作、积极进取、开拓创新的精
神、科学态度和科学精神、高度的社会责任感和使命感。这是学生发展的
另一个重要方面。过去的教师,往往剥夺了学生的感受和体验,在语文"问
题教学"中,教师给予学生充分的体验,让他们提出自己的看法和意见,特
别提出了不同于所谓的"标准答案"的观点,敢于挑战权威。这样能够逐步
培养学生自觉参与、勇于挑战、开拓进取的品格。语文"问题教学"强调学
生的独立思考,也强调集体合作。学生的独立思考可以解决一些问题,有
些问题需要团队合作。教师要引导学生形成解决问题的能力,引导学生从
他人身上获得好的启发,与他人分享共同的成果,让学生充分感受到合作

分享带来的成功和喜悦。如果学生能够养成良好的精神品质,他们将受益终身。

2.增强学生的问题意识

创新源于问题,要保护和发展学生的创造力。首先,要保护和发展学生的问题意识,开展问题教学。问题意识和问题能力是创新意识和创新能力的基础。问题意识是指学生在学习过程中会遇到一些难以解决的疑难问题,并在个人积极思维的驱动下,提出这些问题并解决问题。教师在"问题教学"中要注重培养学生的问题意识,使学生能够摆脱过去对教科书的迷信,摆脱以教师为权威的盲目状态,使具有强烈批判精神的学生,能够从问题的多角度、多侧面思考,提出新的思路和解决问题的方法,充分展示学生的个性,使学生能够创造性地学习。教师引导学生从不同的角度分析问题,进而提出更多的问题,有利于培养学生思维的灵活性、创造性和求异性。问题教学能使学生在学习过程中大胆质疑、敢于提问,在问题的驱动下积极探索,解决思维上的疑惑,培养学生自主学习的能力。

3.训练学生的创新思维

新课程改革强调创新精神,倡导转变学习方式,培养学生的创新思维品质和自主探究能力。学生是课堂真正的主人,教师要充分体现学生的主体地位,让学生积极参与,不断提高学生的创新能力,培养学生的创新思维,提高学生的创新素质,提高学生对未来的社会适应能力和竞争能力,更好地使学生适应未来社会人才竞争的挑战。教师应鼓励学生不必循规蹈矩,一味地求同,而是敢于打破常规,各抒己见,表达出内心不同的声音。与此同时,通过"问题教学",教师还应鼓励学生突破原有的思维定式,用发展的、辩证的眼光看待问题和思考问题、大胆质疑,带着一种批判的精神去看待事物,这样才能有新的发现。"问题教学"培养学生的创造性思维,不同于传统教育关注的是提高学生的分数,创新思维可以激发学生的潜能,学生需要有机会在未来证明自己,以适应激烈的社会竞争,创新思维可以成为学生的宝贵财富,帮助他们实现自己的理想与价值。

4.构建和谐的师生关系

新课程理念下的"问题教学"正处于起步阶段,学生离开教师的指导就会找不到方向。关键不是学生完全脱离教师引导,而是如何避免教师主导作用与学生主体性之间的矛盾。问题教学可以很好地解决这一矛盾。布鲁纳指出:"教学过程是学生在教师指导下发现的过程。"教师不再是高高在上的权威,而是真正走到学生身边,走进学生心里。教师在教学过程中营造学习情境,激发学生的问题意识和学生的思维,进行提问指导和评价,使学生能够充分发挥主体作用。另外,问题教学着眼于学生思维能力的发展和自身的发展。学生自主参与和积极探究是问题教学的核心,没有学生的自主参与和主动探究,就没有语文的问题教学。笔者认为,"问题教学"既要发挥教师的主导作用,又要体现学生的主体意识,建立民主和谐的师生关系,使课堂充满活力,不再枯燥乏味,从而促进学生的自主发展。

"问题教学"的起源可谓历史悠久、源远流长,古今中外的教育家、哲学家对"问题教学"这一概念进行了深入细致地研究。结合语文学科的特点,语文"问题教学"是教师通过创设问题情境,使学生发现和提出问题,教师引导学生通过自主、合作、探究的方式分析问题,提出假设,尝试解决问题并且对解决的问题及时归纳总结,进一步得到拓展延伸的过程。高中语文"问题教学"的研究是建立在认识论、心理学和教育学的理论基础上,并且结合高中语文学科的性质和特点,使学生在自主、合作、探究的学习过程中明确积极的学习态度,激发学生的学习欲望,逐渐形成主动质疑和释疑的学习习惯,从而形成良好的思维品质。教师通过"问题教学"有利于培养学生良好的精神品格和健全的人格、科学的态度和精神、崇高的社会责任感和使命感等。

(四)问题教学方法现状分析

有许多当代教育学者使用"问题教学"指导各学科教学,但高中语文学科"问题教学"的实施才刚刚起步,还没有充分突出高中语文学科的个性特征,因此仍需不断完善。在当前高中语文"问题教学"的实施上,我们必须进行全面、细致地了解和深入地分析,了解高中语文"问题教学"的现状,对"问题教学"的现状及其原因进行进一步地分析,了解目前"问题教学"存在的问题。只有解决了这些问题,才可以理性地探讨科学的"问题教学"的方法。

在高中语文实施"问题教学"的过程中,当学生在语文学习中遇到疑惑时,只有少部分学生会主动向语文教师提问,大部分学生担心教师的指责和同伴的嘲笑,所以只是自己没有目标地寻求答案甚至有时候不了了之。而当语文教师提出问题后,也只有少部分学生能踊跃发言,大胆自信地表明自己的见解,大多数的学生很少主动发言。当然,这与高中阶段学生的身心发展有一定的关系,但更主要的原因还是学生的问题意识薄弱。此外,学生在预学过程中发现并提出问题,教师也未能及时地收集并分析学生提出的问题,依然按着教师自己的教学思路组织教学,没有能够围绕学生的问题展开。这样一来,教师不能解决学生的困惑,学生也会因为自己提出的问题得不到解决从而逐渐失去提问的积极性。

目前,有一部分高中语文教师已经意识到了"问题教学"的必要性和可行性,因此越来越关注学生提出的问题,教师在课堂上能够呈现学生提出的问题,但是在分析问题和解决问题的环节中又容易出现教师取代学生的角色分析问题,没有让学生自己去诊断矫正问题,没有真正地放手让学生尝试着去解决问题。同时,教师的点评取代了学生的自评,教师的归纳总结取代了学生的归纳总结。总之,虽然高中语文教师有了"问题教学"的意识并努力地实践,但是在很多环节中依然存在不少令人担忧的问题,可以说任重而道远。

第一,教学观念滞后,形式单一。教师是新课程的实施者,在学科教学中发挥着重要的作用,而课程的改革需要教师根本改变教育观念。教师的创新意识和创新素质,是促进教学改革和培养创新人才的关键。因此,新课程改革首先是教师教育观念的改变,教师要用全新的教学理念正确地给自己的角色定位。如果没有教师教学观念的变化,就不会有课堂生态的变化,也就不会有学生学习效果的变化,从而就不会有高中语文"问题教学"的真正落实。

教师在备课时,课堂上预设了要问学生的问题,这样的课堂可能是按照教师的想法进行的,容易出现教师主宰课堂的现象。问题是教师提出的,并不能代表学生心中真正的疑惑,学生不能独立思考自己的问题,只关注教师的问题,揣摩教师想要听到的答案。教师只是关注自己预设的问题,也不给学生提问的机会,或对学生的问题不理不睬,这是教师在课堂教学中的霸权主义,教师忽视培养学生的问题意识,严重打击了学生的学习积极性,即使有疑惑也不会提出问题。即使学生提出问题,如果缺乏教师的正确引导,会在很大程度上影响学生的学习效果。课堂表面看上去是以"问题"为中心,是学生自主解决问题,其实,这个问题是教师的问题而不是学生的问题,所以学生缺乏探究兴趣,为了回答教师的问题而思考。部分教师甚至为了追求热烈的课堂气氛而提问,都是学生可以很容易解决的问题。这种问题思维强度和深度不够,不利于培养学生的主动探究能力。教师的提问脱离了学生的实际,未能考虑学生现有的认知规律和知识水平,忽视了学生的"最近发展区"的原则,也不考虑学生思考问题的深度和广度,其结果往往是学生的思考停留在问题的表面和浅层次,从而影响了学生的学习态度和效果。

在当下高中语文的课堂上,虽然教师比以往重视学生的提问,但是在如何分析和解决学生的问题这一环节上仍然存在许多亟待解决的问题。例如,教师面对学生提出的问题,没有进行及时的整理和分析,导致所呈现的问题不具有典型性,也就不具备分析解决的价值。另外,教师在呈现学生的问题之后,为了在自己计划的时间内完成教学任务,总是希望学生能够在最短的时间里回答出理想答案,一旦学生短时间回答不出来,教师就会替代学生分析问题和解决问题,急于公布所谓的参考答案。然而课堂的时间是有限的,学生的认知水平也是有限的,学生对问题的思考需要一定的时间才能达到一定的深度和广度。如果教师因为有限的课堂时间忽略学生的思维过程甚至代替学生的思维,留给学生思考的时间过少,学生的主体地位也就得不到落实,学生的思维得不到训练,从而解决问题的能力得不到提高。

第二,学生的问题意识淡薄。无论是提出问题,还是解决问题的过程,都离不开学生的主动参与,但学生缺乏学习的主动性和积极性,主动发现问题、提出问题的意识不足,也缺乏自主分析和解决问题的能力,对教师存在过度的依赖,总是消极被动地接受知识,导致学生学习上缺少内驱力,缺乏探究的兴趣,整个课堂也缺少生机和活力。

学生在语文学习过程中会遇到一些难以解决的理论和实践问题,往往容易产生困惑、焦虑的心理。爱因斯坦说:"问一个问题比解决一个问题更重要。"提出新的问题需要创造性的思维能力,教师要注意启发学生,运用他们的思维能力去发现问题、探索问题,从而促进学生问题意识的发展。然而,高中学生在语文学习中往往很被动消极,只是等待教师提问,然后思考如何回答教师的问题。但每个学生都有自己的差异,学习中产生的问题也就因人而异。当许多学生进入高中,他们学习的积极性不高,不愿意去思考,不喜欢问问题,也不善于回答问题。在应试教育和传统教学方法的影响下,学生被动地接受知识,逐渐演变成不愿意提问,进而变成不会提问,问题意识越来越淡薄,学生不能发现自身学习中的问题就谈不上解决自己真正的问题,教师无法知晓学生的问题,也就无法引导学生解决问题。

长期以来,学生习惯于教师的讲授,并且总是不加思考地全盘接受,教师讲什么就是什么,所以学生逐渐形成思维的惰性,总是墨守成规,人云亦云。这种教育模式下培养出来的学生只会死记硬背,而不能举一反三地学以致用。当遇到实际问题时,学生首先想到的不是靠自己的力量去分析问题和解决问题,而是依赖于教师的引导帮助,对解决问题的活动缺乏好奇心和求知欲,就不能从现象中发现问题、提出问题。当遇到有难度的问题时,学生往往会有畏难的情绪而不愿去解决问题,所以也就缺少解决问题的成功体验,缺少克服困难的意志品质和实事求是的态度,从而无法提高解决问题的能力。当然,教师也有不可推脱的责任,没有给予学生足够的时间、空间,放手让学生尝试自己去解决问题,也没有积极引导学生寻求解决问题的方法。因此,离开了教师,学生遇到问题时就会无所适从,不知从何处、用何种方法解决问题,学生缺少解决问题的思维过程,就无法提高解决问题的能力,也无法促进学生创新意识和实践能力的发展。

第三,忽视课前和课后的问题教学。尽管越来越多的高中语文教师已经意识到"问题教学"的价值和意义,并且不断地付诸实践,但是对于"问题教学"还是缺少全面的理解,具体表现在教师更多地关注课堂上"问题教学"的实施,忽略了课前和课后的"问题教学"的实施。在课堂上,高中语文教师会尝试设置学生提问的环节,这样的出发点是好的,但往往会出现一些不尽如人意的现象。比如,由于课堂上教师给学生提问的时间很有限,提问总是集中在少数几个学生身上,学生很难在有限的时间内提出自己的问题,更不用说提出有质量的问题,这样的问题很多时候只是停留在学生思维的表层,缺少代表性也缺乏讨论分析的价值,反而占用了很多课堂的时间,而把真正的重难点问题给忽略了,这样的尝试无疑是失败的。教师没有在课前给予足够的时间引导学生预习,也没有收集和分析学生的问题,未能准确把握学情。因此,课堂上即便有提问环节也是形同虚设。很多高中语文教师在做过失败的尝试之后,往往又回归到教师提出问题,学生分析和解决教师提出的问题的传统教学方式中,这样的"问题教学"并不是我们所提倡的,也不是真正意义上的"问题教学"。

同样,很多高中语文教师忽略了课后的"问题教学"的实施,把关注点和时间放在课堂上如何引导学生去分析问题和解决问题,经常出现课堂前松后紧的情况,往往到了课堂最后重要的归纳总结环节,因为时间限制教师急于代替学生进行归纳总结。学生缺少自己提炼问题、归纳总结的环节,很难加深和强化对问题的理解和对知识点的掌握和灵活运用,更难通过对问题的反思使得知识构建更加系统化。另外,教师问题检测的形式也很单一,往往是课堂上以作业或者考试的形式检测学生的学习效果。在很多环节上,教师还是包办了学生本应自己可以完成的事情,忽略了课前和课后的"问题教学"。

(五)问题教学实践

全面了解高中语文"问题教学"的实施现状并且分析其中的原因之后,教师就要针对"问题教学"中存在的问题采取相应的解决措施。提高教学效率,保证教学质量,达到最佳教学效果,这是教学策略研究的重要目标之一。教学策略的选择是否恰当,对语文教学目标是否实现具有重要意义。高中语文"问题教学"的实施必须具备一定的条件,教师要合理发挥主导作用,学生要充分体现主体地位。"问题教学"要始终贯穿课前、课上、课后的整个教学环节中,并且做到环环相扣,才能在规定的时间内取得尽可能好的教学效果。

1.问题教学实施条件

要保证教学策略的顺利实施,教师就必须首先明确教学策略实施所要具备的具体条件。只有具备了一定的条件,"问题教学"才会有可行性和有效性。高中语文"问题教学"的实施条件主要是从教师和学生两个方面来谈,从教师的角度来说,创设问题情境是"问题教学"实施至关重要的条件,教师需要发挥的是自身的主导作用。从学生的角度来说,学生的主动参与,学生的主体地位的体现也是"问题教学"必须具备的条件。另外,教师还要注意"问题教学"的实施应该贯穿整个教学环节,这一实施条件同样必不可少。

(1)合理设置问题教学

教师不应简单枯燥地灌输理论知识,学生也不是随意地合作讨论来分析解决问题。教师引导的关键是如何帮助学生用理论指导实践,使理论与实践更好地相结合，使新课程的三维目标情感、态度和价值观得到升华。在课堂教学中，教师合理地创设问题情境，能够启发学生的思维，从而使学生更好地理解和掌握相关知识，形成良好的思维习惯。

教育家布鲁纳说："学习者在一定的问题情境下，积累学习材料和发展过程的经验，是学习者最有价值的事情。"特别是高中生具有独立思考问题的能力，引导学生学习是回归学习的内在规律。教师要有意识地创设各种情境，鼓励学生提问。创设问题情境，引导学生积极参与，激发学生学习的积极性，使每一个学生都有一个全面发展的教育环境。创设问题情境教学是激发学生学习兴趣，培养学生善于思考、善于学习的有益尝试。教师以教学内容为基础，创设一种新的、可行的、开放的教学情境，使学生在思维、探索和合作的环境中，养成主动学习的习惯，从而提高自己的思维能力。

在高中语文课堂教学中，教师要营造一种和谐轻松的学习氛围，这是提高课堂教学有效性的前提。传统的高中课堂气氛过于严肃，显得压抑枯燥，课堂如一潭死水，没有半点波澜。所以，"问题教学"强调教师要由知识的主宰者，课堂教学的操纵者，转变成教学过程的组织者、参与者、合作者。学生在这样和谐轻松的学习氛围里学习，更有利于师生之间情感的沟通、交流和融合，这样的课堂才是最富有生机与活力的课堂。在提出问题、分析问题和解决问题时，教师要学会该放手时就大胆放手，放手让学生去说，放手让学生去做。当学生对问题的理解出现偏差时，教师更要肯定学生提出问题的勇气，尊重学生对问题的不同见解，包容学生分析问题中的错误，善待学生提出的异议。教师只有相信学生、理解学生、包容学生，学生才会愿意让教师了解自己，更多地提出自己的疑问并更自信地自己去解决问题，这样才能更好地促进师生之间心与心的交流。在这样和谐的氛围当中,"问题教学"的实施使教师真正成为学生的良师益友,学生更愿意接受教师的引导和帮助,从而达到教学相长的效果。

教师要有意识地培养学生的科学思维方式,使他们更快地提高思维水平。在很大程度上,学生的思维能力是有限的。作为一名高中语文教师,要通过"问题教学"把握课堂教学中的每一个细节,促进学生思维的发展,在不断深入的活动中训练学生思维的深刻性,在表达和倾听中提升学生思维的严密性,在反思和质疑中增强学生思维的批判性,灵活地解决具体的实际问题,培养学生的创造性思维。同时,教师还应该关注学生的个体差异,不同的学生有不同的思维方式,教师要接受学生的多元化思维和不同层次的思维水平,引导学生打破以往的思维定式,用辩证的、批判的、发展的眼光看问题,培养学生科学的思维方式,使学生学会如何发现问题和解决问题。

(2)学生主动参与,凸显主体地位

为了使学生真正成为学习的主体,教师应在课堂教学中体现"让学生学会学习"的指导思想。也就是说,教师应关注学生学习的主动性和积极性,引导学生养成良好的学习习惯和形成科学的学习方法。课堂教学应注重提高学生在教学中的参与度,即给予学生更多参与的机会、独立思考的机会和表达独立见解的机会,给予学生充分思考的空间和时间,使学生的学习过程变被动为主动,更好地调动学生的学习积极性。

学起于思,思源于疑。如果只是由教师提出问题,学生解答教师问题,学生就会一直处于被动思考的状态,这样容易形成思维上的惰性,不利于学生的长期全面发展。学生的积极思维往往是从疑问开始的。有疑问才能促使学生不断去探索,去创新。心理学研究表明,疑,最易引起思维的不断深入。在教学过程中,教师想要提高学生的创造性思维,就必须积极鼓励学生大胆地提出问题,积极地思考问题。改变课程实施过程中学生被动接受学习、死记硬背、生搬硬套的现状,鼓励学生乐于探索未知领域和积极地参与实践活动,重视对学生搜集和处理信息能力的培养,从而更好地获得新的知识,增强学生分析问题和解决问题的能力以及交流合作的能力。高中语文"问题教学"中教师应该为学生创设良好的问题情境,帮助他们提高对问题的认识,根据自己的个性特点和心理需要,调整学习态度和学习策略,寻找自己的学习方法和手段。通过养成主动提问的习惯,学生由被动接受学习转变为主动学习。

"独学而无友,则孤陋而寡闻。"如果学生在学习过程中只顾自己单独学习,就必然会导致孤陋寡闻、眼光短浅。因此,在高中语文"问题教学"中,对于学生不能独立解决的问题,教师可以尝试让学生通过合作学习来解答疑难问题。高中语文教师要引导学生在分析和解决问题的过程中注重合作学习的作用,解决自己和对方的疑问并且乐于与他人交流自己的心得,在互相切磋中共同提高。同样,在"问题教学"中,学生通过合作学习,由被动转为主动参与,对获得结论的思维过程印象就会更加深刻,在这一过程中,学生还能培养合作精神和提高交往的能力。在合作学习中,学生与学生之间、教师和学生之间的讨论交流都会取人之长,补己之短,让思维活跃起来,并且不断地生成新的问题。可以肯定,合作学习是知识不断生成、不断建构、具有创造性的过程,所以学生积极参与合作学习来解决问题可以开阔视野,促进思维的发展,更好地优化学习方法,提高学习效率,增强人际交往的能力。

(3)问题教学贯穿整个语文课堂

高中语文"问题教学"不仅仅局限于课堂上如何组织教学,还包括课前教师如何引导学生充分地预学,以及课后对问题的及时归纳总结、巩固提升等重要环节。所以,问题教学应贯穿整个教学过程,并且环环相扣、缺一不可。前一个环节的完成质量决定了下一个环节完成的质量,就好比一场考试绝对不是仅靠考场上的临场发挥,必须要有考试之前的充分备考,还要有考试之后对所取得成绩的准确客观的分析和反思,这样才是一场完整的考试。事实上,许多教师只重视课堂上的问题教学而忽略问题教学在课前和课后环节的重要性,可以说,问题教学在课前、课上和课后的几个环节都是必不可少,也是密不可分的。

例如,在《怀念红狐》的教学中,首先,在课前教师预设问题"这篇散文写了哪些事?(用四字短语概括)",这样的一个问题引导学生预先学习,从而让学生能够理清文章的思路。学生通过预学发现并提出以下共性的问题,如"文章多次写红狐,意图是什么?""我们一家对红狐的感情为什么会发生变化?""这篇文章要表达的主旨是什么?"。这些问题都有一定的研究价值,教师在课前收集了学生的问题之后进行分析,确定课堂上重点探讨的两个问题为"我们一家对红狐的感情发生了怎样的变化?为什么会发生变化?""结合文中的具体句子,分析文章的主旨"。

这就是问题教学在课前的体现,学生能够在自主学习的过程中发现并提出自己的问题,教师能够通过收集和分析学生的问题从而准确全面地掌握学生的学情,然后更有针对性地组织教学,可以说,学生预先学习的质量会直接决定课堂的效果。然后,课堂上教师通过小组合作学习让学生自己得出结论,即人性的苏醒促使全家人对红狐的态度发生了根本的变化,作者呼吁人性的苏醒,对生命的尊重和对自然的终极关怀和期许。课后,学生自己总结归纳对这一问题的反思,即要有敬畏之心,要有悲悯情怀。因此,问题是课堂的核心,是教学的重点。

教师从学生存在的主要问题出发,让学生的问题真正进入课堂,课堂上教师让学生大胆发言,从而暴露学生思维中的问题,进一步纠正学生的思维,真正实现以学生的发展为根本的教学思想。

2.问题教学实践策略

高中语文"问题教学"贯穿于课前、课上、课后的整个教学过程,"问题教学"在课前的实施情况直接影响了课上、课后的"问题教学"的实施。因此,高中语文教师要重视"问题教学"在课前的实施,通过创设情境预设问题引导学生充分地预先学习,鼓励学生提出问题、发现问题,在此基础上及时收集学生提出的问题并且分析学生的问题,这样才能准确把握学情,做到先学后教、以学定教,能够保证"问题教学"在课上、课后的环节更加有效地进行。

(1)教师提问

学生是课堂的真正主体,所有的教学活动应该围绕主体的积极参与开展,但是教师的提问也处于至关重要的地位。教师在课前预设的问题要经过反复斟酌,具有针对性、启发性、层次性和开放性,以更好地引导学生的预习,让学生更好地发现问题和提出问题。教师应收集和分析学生存在的问题,全面和准确地掌握学生的学习情况。只有当教师充分了解学生的学情,才能有效地达到预期的目标。

课前教师根据学生已有的知识和认知水平,考虑学生的心理需求,构建并设计相应的学习计划,预设相关的问题,给学生充足的时间,引导学生充分地预学。预设的问题要有一定的探究价值,并且没有明确的解决方案。教师将学生的学习任务问题化,这有助于提高学生合作学习的水平,而且有助于考虑到学生不同层次的发展水平,解决后进生的学习障碍。教师在课前预设问题要注意以下六个方面:

一是针对性。教师预设的问题应与教学目标、教学重难点紧密结合,并贯穿教学的全过程。教师不应单纯基于教学过程设计,从教学目标、教学重难点、课程标准入手,形成学生思维的焦点和兴奋点。如果预设的问题缺少针对性,就会造成学生上课时间的浪费,使师生之间的问答脱离教学目标,忽略教学的重难点。例如,在《肖邦故园》的教学中,教师引导学生从三个角度去读文本,分别是进入文本,感悟故园景物美;欣赏品味,感受文章的意境美;整体把握,欣赏文章的结构美。这样预设的问题角度清晰又明确,学生有了方向的引领,不再无所适从,从而进一步理解故园的文化内涵,提升爱国主义情操。

二是启发性。教师要避免设置过于简单的问题,在教材中能够找到答案的简单问题,无法有效提高学生的思维能力,不能引导学生达到思维的深度和广度。教师设计问题应能激发学生的思维主动性和积极性,启发学生深入思考,引导思考的方向,即预设的问题不是将学生导向标准答案而应该是启发学生的思维,发现并解决相应的问题。例如,在《最后的常春藤叶》的教学中,教师可以预设问题"在这个故事里,最震撼人心的环节作者却没有实写,这样有什么好处?"教师逐渐引导学生进入深度思维,思考留白的手法在小说中的作用。教师还可以预设问题"欧·亨利短篇小说最大的特点就是小说的结局会让人感到既出乎意料,又在情理之中,同学们能找到文章结局在前文中的伏笔吗?"学生由这个问题回归文本找出文中的伏笔,并进一步思考这样结尾的好处和作用。

　　三是层次性。教师的问题设置应该显示出一定的梯度，面向不同的班级和学生，注意量的递进和质的逐步进展。教师应该考虑提出的问题要满足学生的知识、经验和认知水平，同时考虑具有探究性和发展性的问题，使学生的思维能够由浅入深、层层深入。教师要避免问题设置没有梯度，缺乏系统性，问题之间没有逻辑联系，做到问题设置形成"问题串"，问题之间有显性或隐性的关联。例如，在《归园田居》的教学过程中，教师从题目入手，"归"是题眼，设置以下问题串：一是从何而归？二是为何而归？三是归向何处？四是归去如何？这四个问题引导学生更好地读诗，读懂陶渊明的人格倾向和精神追求，这样有层次的问题具有明确的导向性，也考虑到学生的认知发展水平，因而有助于学生更好地走进文本，理解文本。

　　四是开放性。教师提出的问题还应具有一定的开放性，学生不必拘泥于唯一的答案，可以从不同的角度理解和发现其中的不同内涵。答案应该是丰富多彩的，教师预设带有开放性的问题，可以促进学生联系所学的知识和自身的阅读和思维的经验，对文章进行深入的多角度的理解，并且不被别人的理解干扰，提高自己对文本的敏感力，从而促进知识的迁移和运用。例如，在《品质》的教学中，教师预设这样的一个问题，"制鞋匠守着最好的手艺而饿死是明智之举吗，你是怎样看待这个结果的？"这个问题可以引导学生思考文中的制鞋匠宁可饿死也要守着最好手艺的原因，并在此基础上谈一谈自己的态度和观点，便于课堂上学生之间交流对这个问题的不同看法，这样可以激发学生的思维，让思维之花在课堂上绽放。

　　五是收集问题，掌握学情。在教师的引导下，学生课前对文本进行了充分的预学，必然会产生一些疑问和困惑。教师就要及时地收集学生在预学过程中的问题，第一时间准确把握学情。教师收集学生问题的形式可以多种多样，可以口头的形式也可以书面的形式，可以收集学生的个人问题，也可以收集小组的共性问题，但一定要全方位多角度地掌握每一个学生的学情。例如，在文言文《劝学》的教学过程中，教师引导学生充分地预学，考虑到这是学生进入高中以来学习的第一篇文言文，所以教师指导学生从通假字、古今异义、词类活用、特殊句式等一些特殊的文言现象入手，找到自己在预习过程中不能理解的词语和句子，并且写在纸条上交给教师。教师及时地收集学生提出的这些问题并进行汇总，准确了解学生学习中的疑难点，把握学生学习中的障碍点。

六是分析问题，有的放矢。教师要准确分析学生在预学过程中提出的问题，教师不能把自己认为的疑难点作为教学的重点，而要分析了解学生认为的疑难点，并围绕学生的问题展开教学。教师要全面而准确地分析学生的问题，对那些学生预学自己可以解决的问题，课堂上就没有必要花时间去讨论；对那些学生通过小组合作可以解决的问题，课堂上可以让学生讨论解决；对那些学生不能解决又具有典型代表性的问题，教师要在课堂上作为重难点引导学生逐个击破。教师在收集好学生的问题之后，必须对这些问题做全面而又具体的分析，找出学生的共性问题，发现学生思维的闪光点，从这些问题中了解学生的思维过程和学习过程中的困惑。

（2）学生提问

孔子说过："疑是思之始，学之端。"朱熹有言："学贵有疑。"爱因斯坦曾说过："提出问题比解决问题更重要。"也就是说，发现问题是思维的开始，是学生解决问题的内在动力，它能使学生的学习变为主动的求知欲望。对于疑和问，疑是条件，问是结果。因此，为了使学生在课堂上喜欢提问，教师应培养学生的质疑兴趣，教授学生提问的方法，使学生在课堂上有意识地提问。学生有了质疑的兴趣,问题意识就会越来越强烈,解决问题的能力就会越来越强。

　　高中语文课堂上学生担心自己提出的问题水平太低、毫无价值会遭到教师的指责,会受到同伴的嘲笑,所以,学生明明心中有困惑、有疑问却往往三缄其口,不敢表达,不敢提出自己的问题。因此,教师要使学生消除心理障碍,敢于在课堂上提出问题,就要鼓励学生大胆质疑,不要有任何顾虑。教师一方面鼓励学生在课堂上大胆提问,另一方面也鼓励学生可以在课后继续提问。提问的形式可以是口头的也可以是书面的,这样的做法会让性格各异的学生都能消除思想顾虑,大胆质疑。

　　教师要让学生勤于提问,就要通过拓展途径的方式让学生多说多做。因此,在教学中,教师应该确保学生有说话的机会,通过多说的训练,培养学生提出问题的习惯。在课堂上,教师引导学生运用已有的知识对他们所面临的问题进行更深层次的思考,通过比较分析,提出新的问题。同时,教师还要让学生多做,启发提问。实践活动是学生形成问题的基础。通过实践活动,可以激活学生的思维从而提出更多的问题。

　　学生无法提问很大程度上是由于缺少基本的提问方法,所以为了提高学生的提问能力,教师要教授相应的提问方法,使学生善于提问。有了提问的方法,学生学会抓住角度提出相对有质量、有价值的问题,从而进一步揭示问题的本质。如果学生没有掌握基础的提问方法,提出的问题没有价值也就浪费了大量的学习时间。因此,教师可以根据高中语文学科的特点对问题进行分类和指导。比如,学习文言文教师可以指导学生从文言实词虚词、特殊句式、词类活用等角度提问;现代文中的小说可以从人物、情节、环境、主题四个方面提问等。

高中语文"问题教学"在课前的实施,为其在课上的实施提供了基础和前提条件,教师根据课前学生提出的问题进行整理和分析之后,了解学生在预学中的疑难点和困惑点,就能够在课上呈现出这些典型的问题,让学生自己去思考分析从而解决问题。同时,教师要关注课堂上学生生成的问题,拓展学生的思维。对于学生不能独立思考解决的问题,教师要发挥学生小组合作学习的作用,在合作交流中探究疑难问题,从而更好地达成学习目标。

　　综上所述,无论是哪种语文课堂教学方法的尝试,其最终目的都是提高语文课堂教学效率,帮助学生更快、更好地收获知识。同时,有效的语文课堂教学方法并不局限于上文提到的这几种,一线教师还可以通过课堂实践来不断尝试和扩充有效的语文课堂教学方法。相信经过教师的不断改进和完善,语文课堂当中的有效教学系统将得以构建和不断完善,而学生的语文学习能力也将得到不断提高。

第六章　有效的教学评价

　　张华先生曾经指出,当人们提到"评价"时,大多数都将它与"价值"和"判断"等概念联系起来。而评价在大多数情况下,也都是针对学生的学习,尤其是针对学生的学习结果所进行的。我国直至目前仍处于这种状态,而国外直到 20 世纪 60 年代中期,也极少有针对其他问题的评价。我们认识到,课堂评价其中的一个功能就是判断学生是否在朝着教师所预期的教学目标迈进。如果所有学生的进展都很理想,那么教学也就不需要做其他的调整。如果大多数学生都理解了,只有少部分的学生落在后面,那么在这时就应该提供个别辅导。如果大多数学生都不够理想,那么就一定要大幅度地调整教学方式,因为这种情况显然证明了目前所使用的教学方法是行不通的,因此这种进步监控是课堂评价的一种历史悠久的、合理的应用,而教师只有经常通过课堂评价来监控学生才能使其进步。

　　同时,笔者发现,尽管与语文课堂评价相关的研究开展得如火如荼,但在语文课堂教学中,教学实践与教学理论脱节的情况却常常发生,在这种情况下,评价只强调了其选拔的功能,却忽视了其他的激励以及发展功能。同时,课堂评价作为一种有效的教学策略在语文教学的高中阶段被严重地忽视。在知网中搜索关键字"课堂评价"时可以发现,目前大多数研究者与学者所关注的都是小学阶段,而对中学阶段或者高中阶段语文课堂评价的研究少之又少。那么在高中语文课堂上,教师课堂评价的情况是怎样的? 具体的实施情况又是如何?这些问题都需要对语文课堂进行深入观察、研究,才能发现在课堂评价中存在的主要问题,而对这些问题的进一步分析则可以结合课堂评价的理论与实践进行。

第一节　有效教学评价的概述

有效的语文课堂教师评价语,不仅可以增强学生的课堂参与度,而且能够提高语文课堂教学质量。经国内外学者研究发现,在课堂教学过程中,教师在评价语的运用方面还存在很多问题,如教师评价语过于单一,教师过度使用表扬,教师忽视学生的差异性等,这些问题的存在大大降低了教师评价语的效用。这些问题的根源大多数来自教师自身,一方面是教师的重视程度不够。广大教师团队必须重视教师评价语,认真思考如何才能合理有效地运用教师评价语。另一方面是教师运用评价语技能的欠缺。高中语文课堂教师评价语存在低效现象就是因为教师评价技能的欠缺,如课前预设不到位,课中评价语不及时,课后反思不深入,教师评价语缺乏艺术性等。教师可以从评价语的预设、调控和反思三个方面来寻求有效的措施。

新课改要求课堂教师评价语要做到立足学生发展,倡导多元化的评价,将目的评价与过程评价相结合。在以往的研究成果中对语文课堂教师评价语的有效运用提出的建议很少,而且缺乏针对性,也没有提出一些切实可行的办法,对如何有效运用课堂教师评价语,许多学者仍没有任何突破性的建议。在课堂教学中,语文教师应该如何看待、如何设计、如何有效运用教师评价语,这一系列的问题都迫切需要解决,以便为一线教师提供切实有效的评价策略,形成个性化的评价风格,更好地服务于学生,服务于课堂。

一、国内外相关研究

目前,就国内外的研究对比来看,国外对教师评价语的研究,数量上比国内要多,时间上比国内要长,而且研究也更为科学。从 1960 年之后,国外的研究者逐步开始关注教师评价语的运用,并产生了一些研究。贝拉克的研究发现,当学生回答问题后,教师会对大部分学生进行及时评价,并且会选择适合的评价方式和评价语来纠正学生回答错误的问题,或者用具有启发性的评价语点拨学生难以理解的内容。伯利纳·盖奇的研究认为,在课堂教学中,为了激励学生学习,教师应使用有声评价或无声评价的方式给予学生肯定性评价,但是教师肯定性的评价语要结合学生实际,这种基于事实而实施的肯定评价语可以增强学生的自信心,激励学生进行思考,积极地参与课堂学习。

1980 年之后,美国学者威根斯提出了真实评价,是指教师的评价语不是提前预设的,而是在教学过程中,通过与学生之间的互动,自然而然产生的。后来,又有不少研究者对教师评价语进行了深入研究,例如,《教室言谈:教与学的语言》中的"启动—回应—评价"模式认为,课堂教师评价语,是指教师在学生回答完问题后,对学生参与课堂的学习行为及时做出评价,教师与学生之间的交流是关键因素。巴特勒和萨德勒还在实践中对课堂教师评价语的反馈方面进行了系统的研究。1990 年之后,更多的国外研究者参与到课堂教师评价语的研究中,沃尔特·哈尼在《有效的学生评价》中研究发现,课堂教师评价语具有时效性,从评价契机来看,即时评价的效果优于延时评价。英国评价专家保罗·布莱特和迪伦·威廉研究了大量的文献与资料,发现教师对学生的课堂参与行为做出具体而有针对性的评价后,学生的努力方向更加明确,学习也更有动力。

首先,从国内的研究状况来看,国内相关研究深受国外相关研究的影响,继国外研究以来,国内研究也有了一些成就。这些研究一方面是来自高等院校、研究所人员在研究教育教学评价理论时进行的一些探讨,另一方面是来自奋战在教学一线的广大高中语文教师从课堂实践中得出的经验与反思。

其次,从高等院校、研究所的研究探讨来看,覃兵是对课堂教师评价语进行理论研究的代表,他在《课堂评价策略》中,重点探讨了怎样有效合理地运用教师评价语。在他的研究中,通过对教师评价语进行概念研究、类型分析、特点介绍及功能探究等,对教师评价语的内涵做了详细的论述,并与实践相结合,从评价观念、评价主体和评价技术等三个层面,对当前我国课堂教师评价语存在的问题进行了分析和探讨。杨艳从矛盾、依赖、亲近、回避四个角度研究教师评价语,并通过这四个角度研究了师生关系,同时通过学生得到评价后的情感态度去探讨研究教师评价语是怎样激发学生兴趣的。此研究发现,恰当有效的教师评价语不仅可以改善教师与学生之间的关系,而且能激发学生的学习动力。韩平平对比研究了刚从事教学工作的新教师和富有教学经验的老教师在评价观念、评价态度,以及评价语的运用和反思等方面的差异,发现欠缺经验的新教师与经验丰富的老教师相比,在评价观念、能力和技术等方面都有欠缺,导致新教师在课堂教学中运用评价语不能驾轻就熟。

最后,从教学实践经验的总结方面来看,一线教师陈虹认为,在课堂教学中,语文教师应当根据课堂实际情况和学生实际情况,选择恰当的评价语内容和评价方式来实现课堂对话,让学生在即时评价中提高认知能力和感悟能力。一线教师认为,教师要从评价内容、评价方法、评价主体和评价实际四个方面对学生的学习状况进行判断和反馈,教师所做出的评价语要有利于学生的长远发展。一线教师黄浩然从实际案例中总结出一些有关课堂教师评价语的运用策略,认为教师评价的对象应当是全体学生,教师既要照顾到学生个人,还要兼顾学生集体,采用多元的评价方法,引导和启发学生思考,鼓励学生敢于接受错误并改正,他还提倡教师要在课后对评价语的效果进行及时的反思,以便更好地服务于学生与课堂。

综上所述,国内外关于教师评价语的研究总体来说取得了一定的进步,越来越多的研究者和一线教师逐渐认识到了教师评价语的重要性,为高中语文教师的教学实践提供了一些理论指导,从而为实践操作提出一些可行性的建议。但是,其中也存在不足之处,比如,研究的程度较浅,没有体现出具体的学科性,大多数研究者侧重于一般课堂教师评价语的研究,并没有分学科具体研究;研究的系统性不强,从国内外研究结果来看,大多数学者只是针对教师评价语的某一方面、某一特点来研究,并没有建构科学的、合理的研究体系,研究结果还停留在较浅的层面。

二、研究的目的和意义

课堂评价具有评判学生是否朝着预期的教学目标迈进的功能。在课堂教学中,教师随时都在评价,而课堂评价也就是教师在课堂中针对所观察到的学生的学习状态,进而构建知识、引导学生学习的过程,最终促使学生能够自己主动地去理解与感悟。因此,评价作为一门艺术,应该充分发挥其诊断功能、反馈调节功能、导向功能以及激励功能,只有充分发挥了课堂评价的功能,才能矫正、完善学生的认识,为学生指明发展进步的方向,同时激发学生的学习热情。课堂评价的几种功能相辅相成,只有在课堂中综合运用,才能获得良好的学习效果,使学习评价成为学生学习的指挥棒和内驱力。

首先,研究目的有两个:一是结合国内外的研究现状和理论基础,分析出高中语文课堂教师评价语低效的表现;二是结合高中语文课堂的具体教学情况,探索出提高高中语文课堂教师评价语有效性的策略,为一线教师提供切实可行的帮助。

其次,研究意义体现在以下两个方面:一是理论意义。本研究在相关理论和国内外研究的支撑下,把握现行高中语文课堂教师评价语存在的问题,为高中语文课堂教师评价语的有效实施寻找根本性的指导要求,并提供一些切实可行的实施策略。新课程改革提倡教师使用具有启发、诊断、激励作用的教师评价语,提高教师评价语的有效性,有利于充分发挥教师评价语的作用,促进学生发展;有利于提升教师自身的专业成长,提高教学技能;有利于打造良好的课堂氛围,促进课堂教学的有序进行。

二是实践意义。本研究通过课堂案例分析和教师访谈,从一线教学中搜集相关信息,探究提高高中语文课堂教师评价语有效运用的策略,希望通过此研究,为广大一线教师提供一些参考意见,提高目前高中语文课堂教师评价语的运用效果,提高高中语文课堂教学的质量。

评价不仅能够帮助教师厘清教学中存在的问题,而且能为学生提出一些有用的反馈信息,从而促进学生的发展。从语文教学的计划到教学的真正实施,再到后续的教学反馈和跟踪都需要评价的参与。教学评价目标的确立要以学生现实的起点为依据,也要考虑教材内容以及相应可利用的教学设施等。也就是说从课堂教学的开始,教师就开始了评价。在教学实践过程中,教师对学生的任何提问和反馈都是对学生表现的一种评价。

在获得与学生相关的评价信息后，使用该评价信息改进教学或者告知学生以促进其发展，便是对评价信息的有效利用。课堂评价活动贯穿于教学过程的始终，其实施的情况关系到教师教学进一步的决策，影响着学生的学习态度、动机，对学生的进一步发展有着重要的作用。

三、教学评价理论基础

从方法论意义来看，评价语作为教师的一种教学操作技能，必然是客观规律与人的主观能动性的具体统一。在展开教学评价有效性的探究之前，有选择性地、有目标地研究一些教育理论有助于高中语文教师更加科学、规范地运用评价语。

（一）全面的人生教育观

教育是有目的地培养人的社会活动，教育工作者必须了解人的发展的含义、特点和规律，明确教育对人的发展的重要作用，依据人的身心发展规律，正确理解教育与人的发展关系，按照科学规律做好教育工作，提高教育的质量。高中生正处于人生发展阶段的青年期，青年期是人的身心发生重要变化的时期，心理学家将人的青年期比作"第二诞生期""第二危险期"和"人生改造期"。青年期由于身心的急剧变化，容易造成青年心理的复杂多变，青年问题不仅仅是个人的身心问题，还是社会问题最集中的反映，因此，青年教育就显得尤为必要。杨贤江认为，青年问题的产生是正常现象，只要加以正确的教育引导，就完全可以将青年引上正途，因此针对青年提出了全人生指导观。这一理论启示高中语文教师在运用评价语时要依据人的发展规律，要对青少年进行全面关心、教育和引导，不仅要关心学生的文化知识方面，还要对学生生活中的实际问题加以正确指引和疏导，使他们在德、智、体、美、劳等各个方面都能健康成长，成为一个全面健康发展的人。

1.评价要遵循阶段性

人的发展变化是量的积累和质的飞越。人生的每一个发展阶段,不仅具有本阶段的意义,还有全人生的意义,从人的发展阶段性变化来说,教师要根据学生的实际情况,遵循不同年级学生的特点,并根据这些特点提出不同的教育对策,采用不同的评价内容和评价方法,进行有针对性的教育。高中生正处于人生观与价值观的形成阶段,高中阶段形成的价值观与人生观,关乎一生的自我认识发展,并影响着个人身心健康和社会行为。教师是人类灵魂的工程师,高中语文教师更是青少年人生道路上的引路者,因此高中语文教师在评价时要顺应学生人生发展的阶段性,做好引路人的工作,帮助学生实现质的飞越。

2.评价要遵循差异性

处于追求个性独立阶段的高中生,尽管每个人的发展需要经历一些共同的阶段,但个别差异性还是非常明显的,在同一阶段,每个人的发展潜能、发展速度和高度往往是千差万别的。例如,在同一个班集体中,有的学生观察能力强,记忆力好;有的学生思维活跃,喜动;有的学生善于理性思维,有的则长于形象思维,正是这些差异性,才形成了课堂的多元化。高中语文教师必须遵循学生发展的个别差异性,针对学生的不同发展水平以及不同的兴趣、爱好给予不同的评价语,引导学生扬长避短、发展个性,促使学生自由、健康、快乐地成长。

3.评价要遵循整体性

人是具有生物性和社会性的,在课堂教学中,语文教师面对的是整体的人,高中阶段的学生有着强烈的独立愿望,无论是在生理还是心理方面都表现突出。人的发展与社会活动是密切相连的，学校也是一个社会团体，在学校中学生的发展表现出明显的整体性，尽管学生的生理、学生的心理、社会等各个方面都有着独特的发展规律，但这并不能完全代替人的发展的整体性。杨贤江先生认为，青少年的生活包括多个方面，主要包括健康生活、劳动生活、公民生活和文化生活这四个方面，青少年在人生最美好的时期，就应当有强健的体魄和精神，有过硬的知识和技能，有务实的理想和才干，有良好的品质和习惯。高中语文教师不仅要教会学生基本的文化知识，还要通过评价语这一小细节关心学生的身体、生活、心理等各个方面，增加学生的生活情趣，促进社会发展。

（二）评价有效性的核心概念界定

"有效"在《辞海》中的意思是指"有效果和有作用"，在《现代汉语词典》中又可以释义为"能实现预期目的，有效果"。有效性是指在某一活动结束之后，能反映出这一活动预期结果的实现程度，如果活动实施之后达到了预期的结果和目的，就可以说此活动是有效的；如果活动实施之后没有达到预期的结果和目的，此活动就是无效的。

学者在各自的领域对有效性的定义有各自的看法。从经济学视角来解释有效性，是从产出与产能的效果、效益、效率的概念来解释的。在课堂教学中，有效果就是指教学活动是否促进了学生的发展；有效率就是教师在课堂中少劳多得，以求产生好的教学效果；有效益是指教学效果是否符合学生的需要以及学生的接受程度，即是否被学生吸收。

从经济学的角度来说，高中语文课堂中的有效是语文教师以尽可能少的投入，获得尽可能好的教学效果，实现特定的教学目标，并符合学生的需求，能被学生所接受。有学者认为，教学中的有效是关注学生的进步与发展,学生能否在学习上取得效果是判断有效性的标准,并且认为教学中有效的核心是关注学生具体的进步和发展,但是,真正的有效不仅是促进学生的发展,还应当促进教师自身的发展。在实际课堂教学中,教师评价语的有效性具有三方面的含义,首先,教师要有对象意识。教师的教是为学生的学服务的,教师要确立学生的主体地位,有效促进学生的进步与发展,有效促进三维目标的实现。其次,教师要有时间与效益的观念。教师不能将有效性的概念片面地理解为少劳多得或者花最少的时间教授最多的内容,教学效益取决于教师与学生互动生成的结果。最后,教师要有长远发展的眼光,有效发展还包括教师教学技能的发展,促进学生进步的同时也促进了教师的专业成长。

评价在《辞海》中是指衡量人物或事物的价值。评价通常是指对事物的价值高低的判断,将评价运用到教学课堂中,便产生了教学评价。教学评价是对教学工作的质量进行测量、分析和评定,它通常评价的是参与课堂教学的学生、教师、教学目标、教学内容和教学方法等因素。在教学活动中,教师必须不断地测定教学之舟的方向、位置和速度,才能从中发现问题,以便有所改进,这种对课堂教学情境、教学质量、教学问题进行的测评也就是教学评价。自古以来,课堂评价一直在学校教育中受到重用,随着社会的不断发展与进步,学校中的教学评价也在不断地发展与改进。我国最早在西周时期就建立了教育评价制度,《学记》中记载:"一年视离经辨志;三年视敬业乐群;五年视博习亲师;七年视论学取友;谓之小成。九年知类通达,强立而不反,谓之大成。"这是世界上最早出现的教育评价形式。自19世纪末起,欧美的一些教育学家与心理学家为了适应人才增长的变化,培养出优秀的人才,在教育科学的推动与帮助下,借助教育学和心理学、统计学方面的知识进行科学实验,对学校传统的教学评价方式进行了改进。可见,教学评价制度对古今中外的影响之大。教学评价可以分为诊断性评价、形成性评价和总结性评价。诊断性评价,是指在学期开始或者单元开始之前,在学生最近发展区的基础上对学生现有的知识水平和能力水平进行的评价测验;形成性评价,是指在教学过程中对学生的知识掌握程度和运用能力进行的评价;总结性评价,是指在一个大的学习阶段之后,对学生的学习成果进行的较为正规的、大规模的考查与评价。

(三)语文课堂的教学评价

在语文教学过程中,教师评价语不同于教学评价,在教学活动中,教师对学生做出及时有效的评价时所使用的语言就是教师评价语。教师评价语有以下三点意义:一是教师评价语多以有声语言为主,无声语言为辅;二是教师评价语具有多元性,在课堂教学中,教师要根据学生不同的年级和性格特征使用不同的评价语,从而达到教学效果;三是教师评价语具有互动性,教师评价语只是教师与学生交流互动的语言媒介。对于教师评价语的认识和界定,每个人都会有不同的理解,可谓是仁者见仁,智者见智。

董雷教师提出:"教师评价语是教师在课堂教学中,以口头的形式,判断学生学习发展的程度,为学生改进学习提供依据。"汪晓滟教师提出:"一般认为,教师评价学生的学习和能力时使用的语言称为评价语,主要指在课堂教学中教师对学生在课堂上的学习行为做出的评价,特别指对问题的回应。"华东师范大学课程与教学系的陈志敏在《教师课堂教学评价语言分析》一文中指出,"在课堂教学中,有一种较为细小的评价,就是教师对学生课堂行为表现的评价,这种评价大多以教师的言语性评价为主"。安徽师范大学文学院的陆昌萍在《教师课堂评价言语行为的语用特征》中指出,"教师课堂评价语,是指教师在课堂教学中根据学生的提问或者回答,及时有效地给予学生回应的评价行为"。

高中阶段的学生正处于人生观、价值观的形成期,他们的智力水平相对初中阶段有了进一步的发展。一方面,高中生的观察力、记忆力、逻辑思维能力增强,思维变得活跃,能够独立进行思考;另一方面,高中生的独立意识逐渐增强,但又缺乏相对规范的指导。因此,高中语文课堂需要教师启发学生思维,帮助学生树立良好的学习习惯,找到正确的学习方法,培养学生独立解决问题的能力。高中阶段的语文课堂教学有别于其他学科,尤其是自身的特点,高中语文教师应充分把握语文学科的特点,指导学生运用科学的学习方法掌握基础知识,提升学习能力,不断提高自身的人文素养,与素质教育要求相适应。

高中语文课堂应有四个特征,其一,高中语文课堂应注重对学生的情感教育。在高中语文课堂中,语文教师讲授的每一篇文学作品都饱含作者丰富的情感,且伴随着文章篇幅加长,作者的情感往往也会表达得更为深切。高中语文教师通过讲解优秀的文学作品,不仅让学生掌握了知识,还要潜移默化地感染、熏陶学生的情感。其二,高中语文课堂应注重学生想象力的培养。相对于初中阶段,高中生的想象力和创造力逐步提升,随着抽象逻辑思维的发展,想象由具体化、虚构化变得抽象化、现实化。但是,高中生意志薄弱,想象容易脱离实际,这就需要教师在课堂中加以引导。其三,高中语文课堂应结合学生的认知发展特点。高中生的认知发展水平已趋近于成人的水平,他们思维敏捷,语言组织能力逐步完善,但毕竟还未完全成熟,和成人还有一定的差距,因此教师要在高中语文课堂中结合学生的认知发展特点,全面辩证地启发学生,尊重学生的独立性,引导学生正确看待自己。其四,高中语文课堂应结合时代特点。高中语文教材具有鲜明的时代性,这也决定了高中语文课堂应结合时代特点,根据未来社会和学生发展的需要,反映当代社会风貌,体现人文内涵,适时地引进时代的"活水"。

第二节 教学评价分类及有效性研究

在高中语文教学过程中,教师的评价贯穿着整个语文学习过程。可以说,教师的评价内容会直接影响学生的学习状态,也会直接作用于课堂教学系统有效性的构建。因此,教师应该注重教学评价,系统化地完善和学习教学评价系统,帮助学生凭借有效的教学评价来建立学习自信,进而积极投身于语文学习过程中。

高中语文课堂教师评价语,就是在高中语文课堂教学过程中,教师与学生互动生成的评价语,是教师开展语文教学活动,提升学生语文素养,促进学生有效参与课堂的手段之一,通常对学生起着启发、诊断、激励作用。教师不能将学生的学习成绩作为衡量学生的唯一标尺,高中语文课堂中,教师的评价语要起到启发诱导的作用。在新课程改革的推动下,高中语文课堂越来越注重学生的自主性和探究性,在语文课堂教学过程中,教师应结合不同年级学生的学习水平和学习特征进行评价,教师合理适度的评价语能够启发学生的思维,给予学生学习的自信心,从而提高学生的课堂参与度,不断激发他们的思维活力,营造出活跃的课堂氛围。反之,教师在语文课堂中不合理的评价会使课堂沉闷乏味,缺乏生气,从而挫伤学生的积极性,降低了语文课堂教学效果。

莎士比亚说:"赞赏是照在人心灵上的阳光。"可见,教师对学生恰当的赞赏,就像一缕和煦的阳光,温暖着学生的心灵,让他们体验到被人欣赏和认可的满足感,激发出学生对学习的欲望,从而增强学习的积极性。高中学生正处于人生观、价值观的形成期,他们的智力水平相对于初中阶段有了进一步的发展,一方面他们的观察力、记忆力、想象力增强,思维开始变得活跃,好奇心强,喜欢新奇的事物,在学习方面有巨大的潜力;另一方面,他们的独立意识逐渐增强,但是又缺乏相对规范的指导与帮助。高中生在这一阶段形成的人生观和价值观,会伴随着他们一生,将对他们的生活产生重大影响,因此,高中语文课堂教师评价语不仅能促进学生学习知识,还能帮助学生树立正确的人生观与价值观。

在现行的高中语文课堂中,有些教师依旧照本宣科,面对学生提出的一些有创意性的提问和回答,不是答非所问就是无言以对,对学生的课堂参与行为敷衍了事,缺乏教学机制和应变能力。教师这样的行为会使学生对教师的印象大打折扣,影响学生在课堂上的积极性,降低了课堂教学效率,这不得不引起重视。高中语文新课程改革针对教师评价语提出了许多新要求,但一些教师未能深入理解新的教师评价观,误解了新教师评价观,甚至忽略了教师评价语的重要性而落入了一些误区,有的缺乏针对性和准确性,只是一味地用"好""很好"等一些单调乏味的口头语或鼓掌、点头等体态语来回应学生;有的只是对学生的参与行为一味地表扬,脱离了学生实际,导致学生对教师的评价不屑一顾;有的评价延迟,导致学生分不清对错,没有一个衡量标准,对学习缺乏积极性。

高中语文课上的教师评价语相对于其他课程是比较灵活的,正是这种灵活多变的性质,容易导致有些学生对自己的观点难以形成明确的判断,也很难对自己的学习状况形成客观的认识。那么,高中语文教师在课堂上该如何运用好评价语,给予学生及时有效的反馈,使学生形成正确的认识,帮助他们进行自我判断,这正是笔者所探寻的,希望能借助这部分内容的教学分析和探究,结合理论与实践,总结出造成目前高中语文课堂教师评价语低效的原因,并从中找到一些切实有效的解决办法。

一、高中语文课堂教学评价的分类

按照课堂评价的方式,课堂教师评价语可以分为言语性评价语和非言语性评价语;按照课堂评价的性质,课堂教师评价语可以分为肯定性评价语和否定性评价语;按照课堂评价的表达形式,课堂教师评价语可以分为直接性评价语和间接性评价语。

(一)言语性评价与非言语性评价

言语性评价语,指在课堂教学中教师通过自己的口头语言对学生的学习行为或表现给予的评价,言语性评价语在课堂评价中占有重要地位,在课堂教学中使用得最为频繁。德国哲学家海德格尔认为,语言是人类存在的基础,教师在评价时通过语言影响着学生的情感态度与价值观,因此用言语形式对学生评价时不仅要做到准确清晰、生动有趣,而且要彰显语言的艺术魅力,使评价达到最佳的效果,使学生受到德的熏陶、智的启迪、美的洗礼,促成学生形成良好的学习方法和正确的情感态度价值观。

非言语性评价语,也指体态评价语和无声评价语,通常是在人与人的交流中,依靠眼神、表情、手势等动作传递信息、交流思想感情的一种方式,是除了言语行为之外传递信息的另一种重要的渠道。在课堂教学中,教师的非言语性评价语,指教师以身体的不同动作,如手势、目光接触、面部表情等,传达给学生鼓励或批评的信息。非言语性评价语也是教师评价语的重要组成部分,即使教师不说话,学生也能通过教师的动作与神情感受到教师的情感态度,从而达到评价效果,非言语性评价语与言语性评价语相辅相成,共同发挥着教师评价语的效用。

(二)肯定性评价和否定性评价

肯定性评价语在课堂教学中具有特殊意义,其中最常见的肯定性评价语方式是表扬和鼓励。教师的肯定性评价语有助于学生形成浓厚的学习兴趣和健康开朗的性格。在课堂教学过程中,有些学生可以准确无误地回答出教师提出的问题,而且部分学生的回答很有创造性,针对这一部分学生,教师往往给予他们肯定性的评价。对于回答有创造性的学生,教师还应在肯定的基础上表扬其创新能力,例如,在诗歌鉴赏课中,有一位学生回答得新颖独特时,教师可以这样评价,"听完你的描述,我的眼前仿佛也出现了一幅精美的山水图""看来你对语言有着敏锐的洞察力""理解十分到位,连老师也没有想到",教师这样的评价不仅当场肯定了这一学生的回答,同时对其他具有创新性回答的学生也起到了一定的激励作用。

在课堂提问中,因学生学习知识的能力与水平有所差异,回答也是五花八门,当学生回答错误时,教师通常会采用一些否定性的评价语帮助学生纠正错误。通过课堂观察与调查发现,在高中语文课堂教学中,教师的否定性评价语使用情况有以下三种方式:一是使用反问质疑,如"这样回答对吗? 你觉得这样合理吗?";二是追问质疑,如"你是如何想的? 请把你这样回答的思路说一下";三是转问质疑,如"谁还有不同意见? 跟大家分享一下"或"有哪位同学愿意帮帮他？"当学生回答错误时,教师要用委婉的否定性评价语去暗示学生回答得不准确,给予学生足够的耐心与尊重,而不是直接使用"错""不对"等否定性评价语去打击学生的积极性。因此,在教师运用否定性评价语时,要讲究评价语的表达方式与艺术性,教师评价时不要过于苛责,而是用启发诱导的方式帮助学生认识到错误的存在并加以改正。在课堂教学中,肯定性评价与否定性评价是相辅相成的关系,教师在做出评价时,选用肯定性的评价语,能够给予学生足够的自信和力量;选用否定性的评价语,能够指出学生的不足,为学生营造一个提升的空间。因此,教师评价时要将肯定性评价语和否定性评价语有效结合起来运用。

（三）直接性评价和间接性评价

首先,直接性评价语,是指在课堂教学过程中,教师对学生的学习行为和表现直接地给予评价的行为,学生能从教师直接性评价语中感受到教师的情感与态度。直接性评价语言的表述比较简单直接,对就是对,错就是错,其优点是能让学生准确地认识到自己的错误并加以改正;缺点是过于直截了当,容易挫伤学生的自尊心与自信心,如以下教学案例：

师:孔子的两位学生有问题为什么不问季氏的管理者,而是跑来问孔子？

生:因为孔子是他们的老师,他们对老师很尊敬。

师:错了。因为这是大事,属军事机密。比如说,你以后当了大官,国家的军事机密也要来征求我的意见吗？（哄堂大笑）

生:老师,我们不会。

生:他们跑来是向孔子请教该怎么打。

师：孔子是伟大的思想家、政治家、教育家，但不是军事家。

在这一案例中，教师在学生做出回答之后，直接用"错了"这样的直接性评价语予以否定，对于性格活泼的学生来说，教师直接性的评价语能够使其清楚地意识到自身存在的不足并加以改正；对于性格内敛的学生，教师这样直接性的评价语反而会挫伤学生的自信心。

其次，间接性评价语，指在课堂教学活动中，教师对学生的学习行为或表现所做出的委婉评价。间接评价相对复杂一点，教师要对学生的性格特征与能力水平有一个清楚的认识，在做出评价时要分析学生回答的思路，尤其是在学生回答错误时要委婉评价，例如，一位性格内敛的学生回答错误时，教师为了不挫伤学生的积极性，就说："勇气可嘉，你的回答距离正确答案仅一步之遥，下次你只要再向前迈一小步就成功了。"教师间接性的评价语不仅鼓励了学生的勇气，还挽回了学生的自信心。

在课堂教学中存在着许多不确定因素，教师要有效地使用课堂评价语，把直接性评价语与间接性评价语相结合，以便更好地调控课堂教学。例如，在翻译"纵我不往，子宁不嗣音"时，情况如下：

生：即使我没去找你，你也应该寄个音讯给我。

师：你再带着感情翻译一下。

生：她的情人没有给她写信，她就不高兴了。

师：没有写信给她，没发电子邮件？（学生笑）

生：没有给她音讯。

师：我是说她得有点情绪嘛，你把情绪翻译出来。

生：设问更能表达自己的情感！

师：什么情感？

生:愤怒。

师:愤怒,勉强可以,不过如果一个女孩子,见他男朋友只是愤怒,我要是她男朋友,下次就不见她了。

在这一课堂案例中,教师先采用直接性评价语告诉学生具体应该怎样翻译,当学生回答错误时,教师运用间接评价语,委婉幽默地否定了学生的答案,并启发学生给出更为合理的答案,以此激发学生进行深入思考。这样的教师评价语,将直接评价与间接评价相结合,肯定学生的同时又指出了学生的不足,进一步启发学生思考,提升了学习效率。

二、教学评价的作用

一是启发作用。高中语文课堂教师评价语应对学生有启发作用。在课堂教学中,语文教师要运用恰当的评价语对学生的学习行为进行评价,启发学生思维,让学生进行自主、合作、探究性学习。孔子是世界上最早提出启发诱导的教育家,他主张对学生的教学应该做到"不愤不启,不悱不发。举一隅不以三隅反,则不复也"。孔子认为,在教学时必须让学生开动脑筋认真思考,学生经过思考后还是不求甚解时,教师再去启发学生思维;当学生有所领会又不能用恰当的语言表达时,教师再用恰当的评价语去开导学生。在古希腊教育家苏格拉底的"产婆术"教育中,教师经常通过反诘式评价语对学生进行追问,使学生陷入自相矛盾的思维困境,从而承认自己的不足,进而获得较为全面的认识。这启示我们在课堂教学中,教师要针对学生的回答进行启发式评价,引导学生自己得出结论,而不是直接告诉学生正确答案,这样的教师评价语有助于学生对知识进行探求、思考、判断与发现,有助于学生思维的拓展。

高中阶段的学生已经完全意识到自己是一个独立的个体,不论是在生活上还是学习上，他们对独立有着非常强烈的愿望，教师要帮助学生养成独立思考、独立学习的良好习惯。叶圣陶先生提出，"教师的任务不在于全部教授，而是相机引导"，教师若是把全部的知识点咀嚼碎了直接给学生，这样学生就缺少了独立思考的过程，不仅学不牢知识，也体会不到学习的乐趣，培养出来的学生也只是一个没有思想的工具。

二是诊断作用。高中语文课堂教师评价语具有诊断作用。诊断作用是课堂教师评价语的基本功能，它是为了查明学生学习准备状况和影响学习效率的因素而使用的评价语。通过教师评价语，学生不仅可以了解自己在学习中的进步，而且还可以发现自己在课堂学习中存在的问题，从而促使学生不断完善自己。在课堂教学中，每个学生都是一个独立的个体，学生与学生之间具有差异性，教师要了解学生的学习状态和情绪状态，及时发现学生在学习中存在的问题，从而形成一套适合每个学生特点和需要的教学方案，帮助学生制订适合自己的学习目标。教师要在课堂上获取学生情况，就得依靠教师评价语的诊断作用，通过学生在课堂中的种种表现，了解学生对知识的掌握程度和运用能力，及时掌握造成学生学习困难的原因。教师只有对学生的学习情况了然于心，才能对每一位学生做出正确有效的评价，才能使学生知道自己的不足之处并加以改正。

在回答问题和参与学习过程后，学生十分渴望教师的评价，而课堂教师评价语的反馈作用能让学生迅速知道自己的回答正确与否，知道自己的课堂表现的好与坏，这将使学生明白自己对在什么地方和错在什么地方。再者学生自我反思能力尚有欠缺，需要教师给予针对性的评价语帮助学生不断反思、不断进步。

三是激励作用。每个人都希望得到别人的赏识与鼓励，正如美国一位心理学家所说:"人性最本质的特点,就是希望得到别人的赞赏。"可见他人的表扬评价语会产生巨大的效果。高中阶段的学生也希望得到教师和同伴的重视,渴望获得他人的赏识与鼓励,教师充满激励性的评价语带给学生自信与快乐,能让他们不断获得前进的动力。在学生眼中,教师的一句表扬甚至一个鼓励的眼神就是他们前进的动力,教师如果能用敏锐的眼光发现学生在课堂中的闪光点,用表扬的评价语激励学生,就会使优秀的学生表现得更好,就会使表现一般的学生奋发进取,就会使潜能有待开发的学生重新燃起希望之光。教师评价学生的目的是提高教学效果,促进学生发展,根据课堂教学的目的与情境的不同,它发挥的功能也就不同,但是教师的评价语始终要保持激励作用,只有让学生体会到成功的乐趣,才能激发出学生潜在的学习能力。不是每一句激励性的评价语都会发挥积极作用,高中语文教师要想充分利用评价语的激励作用,还需要注意以下三个方面:第一,教师要及时准确地给予学生表扬,教师不仅要在课堂上表扬学生已经表现出来的优点,还要善于发现学生潜在的优点,并给予学生及时恰当的肯定,激发学生发挥出潜在的优势;第二,教师要鼓励并强化学生的优点,当学生显现出优点后,教师应及时进行强化与巩固,慢慢地学生就会知道自己的优点在哪,并长期坚持自己的优点;第三,教师表扬要符合学生实际,在课堂教学中,教师切实有效的表扬能让学生切身体会到教师是在真心实意地表扬自己,使学生信心倍增,激发出学习兴趣。教师假大空的表扬只能起到蜻蜓点水的作用,时间长了,学生也就厌倦了。教师要深入课堂,结合具体的教学情境和学生的实际情况,做到真心实意地表扬学生,实事求是地给予表扬,否则起不到激励的作用,反而会引发学生的反感。

三、有效教学评价的判断依据

追寻理想课堂的前提是追求课堂的有效性，什么样的教师评价语是有效的，教师怎样运用有效的评价语，学者也已有了很多研究成果和实践经验。总的来说，有效的教师评价语是在语文课堂教学中，经过教师的评价，学生的知识与能力、过程与方法、情感态度与价值观都得到了明显的变化与提升的评价过程；也是教师教育思想、课程理念、业务技能与专业素养不断提升的一个评价过程；更是教师启发学生思维，逐步引导学生进步与发展的评价过程。有效的教师评价语是课堂教学不断改革、深化、细化的产物，判断教师评价语的有效性，将从以下三个维度进行：

（一）教学评价实效性

"有效"从字面意思来看，是指管用，有作用。在实际教学中，大多数人认为，只要教师的评价语对学生学习知识和形成学习能力有帮助，那么这样的教师评价语就是有效的。但是，这个有效性的判断不仅仅是教师说了算，还要征求学生的意见。教师的评价语不仅要有效，还应当落在实处，要追求评价语的实效性。"实效"指的是实际存在的效果，教师的评价语有无实际效果，还得看学生的学习效果。在课堂教学中，教师的教都是为学生的学服务的，如果教师把评价的着眼点放在教师的教上，而忽视了学生的学，那这样的教师评价语只能促进教师的教学，而不能促进学生的学习。教师评价语的实效性包含以下三个层面的意思：

其一，教师的评价语要符合学生实际。教师的评价语要遵循学生认知发展的规律，对学生的认知结构和认知水平要有足够的把握，要对每一个学生的学习情况做到心中有数。教师只有先了解了学情，评价时才能切中要害、对症下药，教师的评价语只有符合学生的实际与需要，才能取得实际的效果。

其二,教师的评价语要适应学生需要。教师要了解学生的需要和心理期待,根据罗森塔尔效应,教师的期望与学生的努力程度是成正比的,教师要顺应学生的心理期待与需要,适当地给予学生期望,让学生通过自己的努力得到有效的学习成果。

其三,教师的评价语要适应时代发展的需要。语文课堂教学的目的是培养适应社会生活的人,因此,教师评价语的内容一定要与社会生活紧密联系,教师的评价语要引导学生去关心社会、关注生活,努力使自己变成一个对社会、对国家有用的人。教师还可以用一些正面积极的评价语去启发学生思维,让学生去思考社会现象,使学生融入社会、融入生活,最终依靠自己的力量去解决问题。

(二)教学评价的能效性

在高中语文课堂教学中,经常可以发现,教师的评价目标很明确,为学生准备的评价语内容也很丰富,评价语形式也是多种多样的,但实际的评价效果有时并不是很理想。事实上,在这样大容量、多形式的课堂内,教师的评价语看上去内容丰富、形式多样,学生好像也在教师的评价语中得到满足,但如此注重形式的课堂教师评价语,学生是不可能完全吸收的,这就涉及教师评价语的能效问题。"能效"是一个物理名词,指的是物质的能量效益。在实际语文课堂教学中,应该指的是教师对评价语内容的精准把握,对评价方式的熟练运用。在多变的、大容量的语文课堂教学中,教师应该考虑评价语的效能,而不是一味地追求数量与新颖度,教师应用能效的评价语引导学生主动参与课堂,并留给学生一个整理、消化、吸收知识的过程和一个自我提升的空间。

在课堂教学中，经常可以看到，在一些公开课上，一些教师为了形式在课前准备了大量的课堂评价语，当学生回答对问题后，教师用一些夸张的言语性评价语来表扬学生，甚至采用一些过于浮夸的肢体语言给予学生回应；当学生回答错误后，教师为了不损害学生的积极性，不会指出学生的错误，只是为了完美地完成教学目标一味地鼓励学生。整堂课下来，教师认为自己遵从了课标，上了一堂自认为满意的课，但是，学生对于教师过量、不切实际的评价语没有感觉，这样没有能效性的教师评价语对学生的发展没有意义。笔者认为，对语文课堂教师评价语的能效性，可以从以下三点来认识：其一，教师评价语的目标要明确，教师评价时要分清评价的对象，达到评价的目的；其二，教师评价语的内容要精要，在评价时，教师要选择符合学生实际，与学生学习内容相同或相近的评价内容，要时时以学生为主，这样才能保持教师评价语内容的能效性；其三，教师的评价方式与手段要优化，教学有法，教无定法，贵在得法，教师在评价时，要选择最适合学生发展的评价语，而不是搭花架子。

(三)教学评价的长效性

在实际教学课堂中，经常会遇到这样的情况，语文教师在某一个教学时段里或某一节课中对学生的评价是有作用的，例如，在一堂诗歌朗读课中，教师只是针对这一课对学生进行朗读指导的点评，学生在这堂课中得到了教师的指导评价，掌握了朗读本课诗歌的技巧，但过一段时间后，或者进行下一堂诗歌朗读课时，大多数学生已经忘了前面所学的朗读技巧，甚至有学生不知道该如何朗读新的一课。教师只是在一堂课或一个阶段内对学生的学习方法进行了评价，教师的评价语没有达到推此即彼的效果，导致学生在很长一段时期后，面对新课不能联想到上节课所学的技巧,降低了学习效果。"长效",顾名思义,是指可以长时间地发挥效力。在实际课堂教学中,"长效"应指的是对教师运用评价语的要求,要让学生得到内化,真正使学生形成学习能力,养成独立自主的品格。

在课堂教学中,学生的自我体验与领悟能力非常重要,对于知识的建构、规律的总结、方法的选择,其主体都应该是学生,俗话说:"师傅领进门,关键靠个人",教师只是起辅助作用,不能代替学生包办一切。教师评价语是否具有长效性,关键取决于教师的教学能力和教学思维。一方面,一些教师急功近利,只是一味地评价学生知识与能力方面,而忽视了学生终身发展的教学理念;另一方面,教师的教学能力不高,在课堂教学中囫囵吞枣,对学生的评价不能举一反三,不能实行知识与能力的迁移,不懂得用发展的眼光来引导、启发学生。这就导致教师的课堂评价语只能停留在一个相对较浅的层面,难以深入和延伸,更别谈升华和长久了。

第三节　高中语文教学评价现状

在现阶段的高中语文教学过程中,教学评价并不完善,往往还存在各种各样的问题。同时,因为教学评价的欠缺,导致语文课堂教学的有效性大打折扣。因此,教师应该积极建立语文教学过程中教学评价的作用和效果,并切实将教学评价加入教学过程中,使学生从中受益,也使教师根据教学评价不断完善课堂教学过程。

通过课堂观察可以了解到,在课堂中,教师采用了多样化的回答方式,但是也采取了趋于单一化的引发方式。同时通过课堂观察的数据也可以发现,在课堂中,教师采用最多的是口头形式。通过分析可以发现,口头形式相较于书面、非言语形式更节省时间。课堂上短短的上课时间对于教师来说,每一秒都是珍贵的,在四十五分钟内不仅要复习以往的知识,还要讲授大量的新知识,而口头形式的引发与回答方式也就当之无愧地成为最便捷的了。其中,口头引发方式以问题引发最为常见,与其相对应的则是以回答问题为主的方式最为常见。而使用书面、非言语引发方式需要更多的课堂时间,教师可能会因此而没有办法完成预设的课堂教学任务。

与此同时,通过数据还可以发现一个有趣的现象,相比较而言,熟手教师对于非口头方式的运用频次要比新手教师多一些。而当教师使用非口头方式时,课堂的互动状况确实比使用口头方式时要显得更加热切,学生也很愿意参与到课堂活动当中来。

笔者通过教学实践和对比发现,与口头方式相比,尽管非言语方式可以提供给学生更充足的时间去思考,可以调动课堂气氛,并且使学生进行头脑风暴,使学生的思维进行碰撞,开拓思维,但根据课堂观察发现,教师在课堂中所使用的非言语引发方式和回答方式较少。由于高中阶段学生所面临的高考使课上的每一分钟都很宝贵,教师也就总是倾向于选择比较容易把握的言语引发和回答方式,而能够调动课堂气氛的非言语启发方式需要教师对课堂的预设和生成有很大的把握,因此非言语引发和回答方式也就逐渐被教师所忽视。

一、教学评价内容的欠缺

一是知识评价为主,能力评价欠缺。高中语文课堂中,教师为语文知识和语文能力这两方面设计了比较多的课堂任务,在语文知识上侧重于陈述性知识中的语言知识，而在语文能力上则偏向于读书与开口说这两方面。其中，新手教师针对策略性知识设置了零课堂任务，并未将其体现在课堂中，而对其他内容，新手与熟手教师在评价内容上并无太大的差异，都是更侧重于基础语文知识和语文能力。经过分析，首先，在母语学习中，语文知识是最基础的学习内容，教师在课堂中必须让学生掌握的就是这些学生平时并不在意的语音、文字、词汇等基础知识，而语法、修辞以及文章这几部分则并不系统地讲授，而是将这些枯燥的知识融入每一篇课文中去分析，最后进行阶段性的总结。语文学习在于平时的积累，而这些基础的语文知识则需要每天学习记忆、积累总结，虽然短时间内看不到巨大的效果，但通过平时上课时学生对教师所设置的课堂任务的参与，教师是能够清晰地感受到学生的学习效果的。因此，在语文课堂中评价内容多侧重于语文知识。其次，语文课作为母语课，相较于英语和数学课来说，在高中时期并不被重视，甚至可以说是被忽视的科目，在高中课堂上，笔者发现语文教师会让学生尽量开口，而开口的方式以读书和回答问题为主。学生在课堂上被动的读与主动的说结合起来，也就是教师在设置课堂任务时偏向于以说和读为主的语文能力这一评价内容。

　　二是教学评价中缺乏对学习方法和价值观的评价。高中语文学习的核心素养包含在语文教学中的各个方面，而其中当然也包括了比较难在课堂中融入的学习方法和情感、态度、价值观这两方面。但是，尽管教师或多或少都会在课堂中涉及这两方面的内容，但从本次调查当中还是可以看出对其重视程度的不足。笔者发现，语文知识、语文能力这两方面可以通过题海战术让学生在一定时间内得到很大进步，而相较于具体的、可测量的语文知识和语文能力这两个课堂评价的内容来说，学习方法与情感、态度、价值观显得更加抽象。而由于学习方法与情感、态度、价值观的不可测量性，即没有简单的测试可以拿来衡量学生是否掌握了学习方法，以及是否有正确向上的情感、态度、价值观。因此，在课堂中，教师对学习方法以及情感态度、价值观这两方面进行评价时显得心有余而力不足。

在语文教学中，很多学者提出了将德育、美育等方面渗透进语文课中，而正是这样的观念使语文课越来越难上，语文到底是工具性的还是人文性的，抑或是工具性与人文性的统一，直到今天还是争论不休。但是，不论怎样，教师还是要在语文课堂中，尽量多地从各个方面提升学生的语文素养，使学生真正地涵泳于语文课堂中。

二、教学评价中的学生参与情况

通过调查笔者发现，在现在的高中语文课堂中，评价主体仍然是教师，其模式则是教师设置以问题为主的课堂任务，学生集体或个人进行回答，教师随之对此进行评价。而这期间如果是以小组为单位的讨论，教师也是针对小组中回答者个人来进行评价。针对这两种情况进行分析，首先，教师对集体评价大多会导致评价无效，其次，教师对个人评价则会导致对其他学生的忽略，而在小组为单位的讨论中，教师对回答者个人进行评价也是忽略了小组中的其他学生，这样无疑也是不公平的。如今的课堂评价仍然是受应试理念观控制的，这从之前对课堂评价内容的分析也能看出。在研究课堂评价时，我国学者认为，课堂评价就是课堂教学评价，没有对两者做出合理的区分，而当教师想要将课堂评价作为专门研究的领域时，却因为传统课堂教学评价的影响而显得愈加苍白。其中，我国课堂教学评价是在众多国际上的教学理论，主要是凯洛夫教学理论的基础上建立的，而早在20世纪50年代末，教育界就已彻底超越凯洛夫的教育学理论，但我国教育学界某些人至今依然沉醉于凯洛夫教育学情结不能自拔，以教师、书本为中心的教学理念，以考试为主要手段的评价体系一直占据课堂教学评价的统治地位，教师在课堂中的作用被无限夸大，而这就造成了如今教师为评价主体，学生为评价客体的错误评价情况。

同时，笔者发现，学生并没有参与评价学生和教师的意愿，而课堂中学生评价学生和学生评价教师两种情况也大多是由教师主导的被动评价。

三、高中课堂教学评价存在的问题

一是教学评价方式单调。通过课堂观察，有些教师在课堂中对课堂任务所使用的引发方式与回答方式相比显得较为单一，虽然口头、书面及非言语引发方式都有所涉及，但相比较而言还是以口头引发方式为主，另外，口头引发方式中指导语和问题这两种方式所占比例较高。

从评价信息的搜集方式的频率来看，引发方式使用频率较高的是指导语、问题和句子引发，回答方式以回答问题、朗诵和辨别使用频率较高，而这些信息搜集方式都是倾向搜集学生较低的认知水平知识，而这种搜集方式对于了解学生整体能力都收效甚微，其他角色扮演等能够评价学生综合能力的评价信息搜集方式没有得到教师的充分利用。

二是教学评价内容偏窄、片面。要深入了解通过各种各样的课内任务而组织起来的课堂，就需要甄别教师对每节课的课内任务安排的主要目的。调查显示，在课堂中教师对语文知识、语文能力关注很多，而对于学习方法及情感、态度、价值观这两方面的设计虽然也有，但较之语文知识、语文能力这两方面却明显不足，课堂评价内容具有明显的偏向性。另外，有些教师对于课堂评价的内容选择上几乎没有差异，其中对于语文知识的评价内容以陈述性知识为主，其次为程序性知识，对于策略性知识的评价内容较少。对于语文能力的评价内容来说,教师均非常重视听、说、读这三方面的能力,而写作这方面有专门的连堂课来进行巩固。

三是学生参与教学评价欠缺。确立评价主体并有效发挥其职能对教育评价具有重要的作用。笔者在教学实践中发现,高中语文课堂仍然以教师为主体,此外虽然学生评价学生和学生评价教师这两种情况也有发生,但所占比例较小,而且学生为主体的参与评价情况大多为教师要求了,学生才被动地去评价自己、同伴、小组成员以及教师。大多数学生认为课堂评价就是教师评价学生,就算教师要求学生主动地去评价,学生也是显得很羞涩,难以开口。

四是教师忽略评价反馈。通过观察发现,教师在课堂中通常都会对学生的回答及反应给予及时的反馈,基本没有无视学生回答及反映的情况。在反馈时,教师更多针对的是答案本身,而针对过程的反馈则寥寥无几,这种反馈方式没有对学生的思维方式进行纠正,只会使学生在今后思考相似问题时更加迷惑,不能明确到底解题的思路是什么。另外,从教师反馈的具体内容来说,高中语文教师倾向于较为具体的反馈,在学生回答及反应之后会随即进行引申讲解以及追问,但是对于描述性反馈教师的重视明显不足;对于学生没有说出正确答案有批评责备的现象,对于描述性肯定、否定以及描述性评论的使用比例很低。在大多数状况下,教师只是对学生的回答及反应给予简单的对错判断及赞扬,而这样学生无法了解自己的回答及反应对在哪里、错在哪里。

第四节　提高教学评价有效性的策略

一、教师教学评价的观念

高中语文课堂教师的评价语不应仅仅局限于口头语言,评价形式、内容、对象也应该是多元的。首先,从评价语形式方面来说,教师的评价语按照课堂评价的方式可以分为言语性评价语和非言语性评价语,美国心理学家曾经从实验中得出结论, 人们得到的信息百分之七来自书本,百分之三十八来自口头语,百分之五十五来自表情动作。可见,教师一个热情鼓励的眼神,能让学生树立自信心;教师一个温暖亲切的动作,能激起学生学习的热情。高中语文课堂中,教师要将言语性评价语和非言语性评价语结合起来使用,才能发挥教师评价语的最大效用。其次,从评价语内容方面来说,根据调查,有 49.1%的高中语文教师的评价语内容关注的只是学生的知识与能力方面,36.9%的教师关注的是学生的学习方法和过程方面, 只有 14.0%的教师关注的是学生情感态度与价值观方面的内容。由此可知,高中语文课堂教师评价语的内容过于单一,语文教师应当有效结合教学的三维目标,使评价内容多元化,不仅要关注学生知识与能力方面,还要准确指导学生的学习方法与过程,更要兼顾学生的情感方面,引导学生树立正确的人生观与价值观。最后,从评价对象方面来说,有 66.4%的高中语文教师经常评价的对象是成绩优异者。由此可知,高中语文课堂教师评价语评价的对象过于单一,教师的评价语不仅要照顾到学习好的学生,还要照顾到那些潜能有待开发的学生,以免在课堂中出现不公平现象。

因此,在高中语文课堂中,教师的评价语要从形式、内容、对象三方面由单一评价观转向多元评价观,最终能够提高语文教师评价语的效用。

高中语文课堂教师评价语不仅要关注学生的知识掌握程度、学习方法与学习过程等静态变化,而且要关注学生学习能力的提升和情感的发展趋势等动态变化,更要关注学生持续发展和终身发展的能力。据调查显示,40.8%的学生希望教师多评价他们情感态度与价值观方面,帮助他们解决成长期内心的困惑,49.1%的语文教师为了尽快完成教学目标,评价语内容关注于学生知识与能力方面,而忽视了学生学习的过程与情感态度方面。杨贤江的全人生指导教育观指出,学生是不断发展的人,教师的评价语要遵循学生的发展性原则。因此,高中语文教师的评价语要从静态转向动态,静态的评价观念使教师局限于学生是否在课堂中给出正确的答案,是否违反纪律,是否能完成学习任务等静态结果,这是不科学的;动态的评价观念使教师首先关注的是学生学习语文的过程与学习的方法,其次关注的是学生身心健康的发展,教师要用发展的、全面的眼光看待学生的学习活动,关注学生在语文学习发展过程中取得的进步,帮助学生在学习的同时树立自信与正确的人生观与价值观,使学生成长为一个有知识、有创造力的现代社会建造者。这样,教师的评价语才能有价值,才能体现出教师评价语的实效性与长效性。

纵向评价观,是指教师评价语在课堂中过多关注的是学生个体,而对学生个体之外的部分学生代表和整体予以忽略。这种纵向评价观导致高中语文教师的课堂评价对象过于单一,出现不公平现象。调查结果显示,

54.4%的高中语文教师课堂评价的对象为学生个体,14.1%的教师会评价部分具有代表性的学生,31.5%的教师会评价学生集体。由此可知,高中语文教师的纵向评价观念较强,对学生个体的评价过多,而对于部分学生和学生集体评价过少。高中语文教师在课堂评价时不仅要照顾到学生个体,帮助学生个体纵向发展,还要适当地评价部分学生和集体,形成横向评价,使学生在教师的横向评价中有一个对比与提升空间。教师在评价部分学生代表时产生的辐射作用能更有效地发挥教学作用,例如,在一堂作文讲评课中,语文教师挑出了一部分立意较新的作文和一部分立意落于俗套的作文进行对比讲评,在教师对比评价的同时,学生都能清楚地认识到自己写作的长处与短处。因此,在高中语文课堂中,教师的评价语要从纵向评价观向横向评价观转变,提高高中语文教师评价语的效用。

二、教师语文教学专业素养的提升

一是教师的语言修养。苏霍姆林斯基认为,学生在课堂上的学习效果往往和教师个人的语言修养有很大的关系,并认为教师的语言修养是有效支配课堂时间的重要因素,因而苏霍姆林斯基主张教师要加强自身的语言修养。

在课堂教学中,教师和学生之间的沟通和交流是靠语言来完成的。提高高中语文课堂教师评价语的有效性,要做到以下四点:首先,高中语文教师的评价语要有科学性和语文学科性,教师要针对不同的学生运用不同的教学评价语,而且要体现语文学科的人文性,遵循学生认知发展的规律性;其次,语文教师应当结合高中生身心发展特点,运用一些富有哲理、意味深长的评价语才能很好地对学生进行启发诱导;再次,高中语文教师的评价语要做到精练、准确,高中语文课堂教师的评价语要经过反复思考与推敲,确保评价语的准确性,还要从中提炼出精确的评价语精华,这样准确精练的评价语才能更加有效地调控语文课堂;最后,高中语文教师的评价语要有启发性,高中生正处在思维发展的阶段,对一些问题的认识还不到位,教师要利用评价语去启发学生思维,帮助学生建立自己的思维模式。

例如,教师在讲《林黛玉进贾府》一课时提问:"'两弯似蹙非蹙罥烟眉,一双似喜非喜含情目'说明林黛玉的形象是怎样的?"有学生回答"美貌",教师又问:"仅仅是美貌吗?从'罥烟眉'能想到什么?"学生恍然大悟说:"清新脱俗。"在这个案例中,教师要在耐心倾听完学生的发言之后不断将学生引向思维的深处,最终找到正确答案。只有这样的课堂教学评价语言才能促进学生的学习,因此语文教师要不断学习,加强自身的语言修养。

二是提升教师评价的专业性。教师的专业成长,是指教师在其职业生涯中,依靠专业组织,通过专业训练,学习教育专业知识和技能,不断增长自身专业能力的过程。也可以说是教师个人通过专业训练,在教学领域中趋于成熟的一个发展过程。教师通过不断地学习提升自身的专业修养;通过不断的借鉴,增长其专业能力,从而达到熟能生巧的地步。教师只有通过专业成长,才能不断促进教育的发展,从而提高教师的社会地位。

将教师评价语的训练纳入教师专业化的范畴,训练教师形成熟练的、有特色的、有教育实效性的教学评价语,让教师通过专业成长,在实际教学环境中感受到自身的价值,才能更好地教授学生。加强高中语文教师的专业化指导,需要做到以下三点,第一,训练教师评价语科学性和艺术性的统一。在高中语文课堂中,教师的评价语具有严格的科学性,语文教师的评价语必须要遵循语文学科规律,只有这样,教师才能用具有逻辑性的语言表达评价学生,保证学生能够正确地理解知识点。但是这样的教师评价语在语文课堂上过于规范、生硬,容易引起学生的厌烦情绪,使学生注意力不集中、缺乏兴趣等。教师要运用生动的、优美的评价语吸引学生的注意力,唤起学生的求知欲和学习热情。当学生回答较难理解的问题时,教师要善于把抽象的概念具体化,逐步引导学生向正确的思维靠拢,以唤起学生丰富的联想。所以,教师的评价语要达到科学性与艺术性的统一,用准确优美的语言提高教师评价语的效率。第二,训练教师评价语教育性与审美性的统一。在教学中,教师应运用恰当的评价语评价学生的学习行为,达到对学生的教育目的。但是,教师评价语在兼顾教育性的同时,也要兼顾教师评价语的审美性。高中阶段的学生处在心理发展阶段,教师在课堂评价时应当用心呵护学生心灵,避免使用简单粗暴的评价语,做到教育性与审美性的统一,提高教师评价语的效率。第三,训练教师评价语声、情、义的统一。在课堂教学中,语文教师评价时声音和情感的表达应该与评价的意义共同体现。比如,当学生激情澎湃地朗读完课文时,教师想要表扬该学生,可以通过提高语音语调、调节声音大小来表现自己的满意程度,从而达到表扬这一学生的目的。

要想提高教师评价语的效率,就得加强教师的专业性指导,一方面要开展教师培训,另一方面要将教师评价语的考核纳入教师考核的内容当中。教师评价语加入考核就一定要有相关的指标量表,目前,国内并没有公认的、专业性的教师评价语量表,还有待教育工作者和教育研究者去实践研究,早日形成完整的教师评价语考核指标体系。将教师评价语加入教师考核量表,能促使语文教师重新审视教师评价语,引起一线教师的足够重视,让评价语在课堂教学中发挥更大的效用。

(一)评价用语的艺术性

高中生的自我意识相对于初中阶段进一步增强,希望别人了解、尊重自己,自我评价也比较客观,但是,高中阶段的学生自尊心过强,容易产生自卑感。高中语文教师在课堂上要结合学生身心发展特点和具体情境选择准确得体的评价语,否则教师的评价语就会显得苍白无力,无论使用多么华丽、优美的评价语,都会失去其应有的效用。根据之前的调查,一些语文教师的评价语缺乏针对性,无论学生回答什么,教师总是以"很好""太好了""对的""你真棒"等简单的评价语一带而过;还有一些语文教师的课堂评价语笼统而又模糊,对学生的回答只是用"好""不好"等笼统性的评价语轻轻带过,可是到底好在哪儿,问题在哪儿,学生从教师的评价中很难找到答案。准确而又得体的教师评价语就是学生进行自我判断的风向标,是引导学生积极参与学习的最好方法。

但是,准确得体的教师评价语不是只对学生一味地进行表扬,而且要对他们的错误予以纠正,从而帮助学生及时找到自身存在的问题并改正。当学生的回答差强人意时,教师应当及时给予学生指正性的建议,但不是运用直接性的评价语给予学生否定,而是运用间接性的评价语,比如,在学生朗读之后,教师可评价"感情把握得很到位,如果再注意一下读音就更加完美了""读得特别流畅,让人听了很舒心,可以将语速放慢一些,这样感情就出来了"等;有的学生见解偏颇时可评价"你的想法很独特,看来你是个爱动脑的学生,再精准一些就更好了"等。此类教师评价语,既肯定了学生的长处,又委婉地指出了学生的不足之处,避免了对学生进取心的伤害。因此,准确得体的教师评价语不仅仅是对学生的赞扬,还应包括对学生的批评指正。高中语文教师要善于抓住评价时机,在该表扬的时候对学生提出表扬,该批评指正的时候对学生予以纠正,只有这样的评价语才能让学生心悦诚服,而且能树立教师的威信,赢得学生的尊重,更好地发挥教师评价语的效用。

(二)评价用语的多样性

教师应该注重评价用语的多样性。在高中语文课堂中,学生的思维由具体思维向抽象思维过度,开始理智、客观地思考问题,但也需要直观的、感性的经验支持,这就需要高中语文教师运用生动丰富的评价语给予学生支持,激发学生的学习兴趣,使整个课堂都充满活力。当学生朗读课文后,一方面,教师可以借助一些生动丰富的言语性评价语去鼓励学生,学生在听到"你读得真好啊,请你为大家再范读一次吧!""大家听了都佩服你读得好!""老师觉得,你有当播音员的潜质!"等极具感染力的评价语后,会变得更加兴奋,增加其对语文学习的热情,把课堂气氛推向一个又一个高潮。高中语文教师也可以运用一些幽默性的语言增加评价语的生动性,例如,在讲《陈情表》时,教师让学生有感情地朗读课文,当学生读完"实为狼狈"这一段后,语文教师是这样评价的,"你读得着实狼狈,我们听得也很狼狈啊!"这样具有幽默性的评价语不仅指明了学生的缺点与不足,还活跃了课堂气氛。由此看来,生动丰富的评价语能让学生很好地融入语文课堂,调动学生主动参与课堂的积极性。另一方面,教师也可以借助一些生动丰富的非言语性评价语去鼓励学生,当学生看到教师投来一瞥信任和鼓励的目光时,当学生感受到教师手掌的温度和力度时,一种不用言说的温暖与关爱已经深入学生心底。在课堂中,教师完全可以利用生动丰富的言语性评价语和非言语性评价语去启发学生思维,并引导每一个学生融入课堂之中。

在高中语文课堂中，并不是所有的学生都能像教师所期望的那样表现突出，学生在回答问题时难免会出错，当他们回答错误时，一些教师便以"错了，请坐""不对，谁来帮他回答"等直接性评价语来否定学生的回答，并向其他学生寻求正确答案，这样的教师评价语不仅乏味，而且缺乏激励性。反之，教师如果运用机智、巧妙的间接性评价语来纠正学生的回答，不仅能保护学生的自尊心，而且能够激发学生学习的动力。例如，在讲授《荷塘月色》时，笔者曾进行过以下教学评价：

师：朱自清笔下的荷塘月色是如此美丽，哪些景物能体现出它的美？

生1：煤屑小路、荷花、荷叶……

生2：我去过清华大学，可是那里没有煤屑小路，荷塘也很一般，根本不是课本中描述的样子。

师：你看到的不假。你的问题太及时了，看来你是个敢于质疑的学生，大家给她掌声。

师：王国维曾说过，一切景语皆情语，朱自清先生那时正处于苦闷与彷徨之中，他眼中的荷塘夜景自然与大家不同。

生2：我明白了，文中的景物都寄托了作者的思想感情。

在这一案例中，当学生提出出乎意料的问题时，笔者先是不动声色地表扬了学生的大胆质疑行为，接着利用王国维先生的"一切景语皆情语"巧妙地解答了学生的疑问，在笔者的启发诱导下，学生走出了思维困境，还找出了文章的情感线索。也就是说，教师机智巧妙的评价语不仅能呵护学生敏感脆弱的心灵，还能纠正学生的错误，帮助学生走出思维困境，找到适合自己的思维方式与学习方法。

另外，在语文教学过程中，教师的评价用语切不可一成不变。高中语文教师在课堂中评价的对象是处在个性发展阶段的高中生，语文教师千篇一律的评价语自然会让学生产生不以为然的态度。教师评价语不应拘泥于一方面内容或一种形式，要遵循学生认知发展的规律性，尊重学生的差异性，选择恰当的教师评价语内容和方式。语文教师应当全身心投入课堂之中，创新评价的形式和内容，提高学生的学习兴趣。当学生迅速、准确地解决完问题后，教师可以用鼓励性的言语或坚定的目光给予学生表扬；当学生经过不断努力最终找到答案时，教师应当对他们竖起大拇指表示鼓励；当教师和学生合力解决一个问题时，教师可以和学生握手并予以激励。独特创新的教师评价语，能促使学生处于一种积极的状态，从而主动地参与到课堂学习中。

高中语文课堂教师评价语的创新性，大多指对评价内容和形式的创新。评价内容创新，主要是指教师能根据具体的教学环境选用恰当的评价语，找到一个较为新颖的评价语切入点，例如，一位教师在雷雨天表扬学生发言声音响亮时说："你的声音如同窗外的雷声一般响亮。"教师在讲《秋兴八首》时，评价一个学生的发言，说："如果你身处唐朝，一定是杜甫的知己。"评价形式创新，主要是指教师评价语的形式多元化，可采用言语性评价语，如真诚的话语、鼓励的言辞、激动的语调等；还可以采用亲切的非言语性评价语，如鼓掌、竖大拇指、握手、拍拍肩膀、友好的微笑、信任的目光等。

例如，在一节语文公开课上，学生的思维活跃，表现积极，在教师的引导下不时闪现出思维的火花，语文教师不时微笑着走到学生中间，对表现突出的学生竖起大拇指，还向这些学生投去肯定的目光，同时，该教师也会与那些回答错误的学生握手以鼓励他们继续努力。在这堂课中，教师运用新颖、多元的教师评价语，让回答正确的学生备受鼓舞；让回答错误的学生心里也愉悦,在潜意识里暗示自己继续努力。因此,教师独特创新的评价语不仅能启发学生思维,培养学生独特的思维方式,达到教师评价语的长效性,而且能激发学生的学习兴趣,达到教师评价语的实效性。

三、合理把握教学评价的时机

一是超前评价。超前评价,主要是指教师对学生的课堂学习行为做出略高于学生实际的表扬性评价,即拔高性评价。高中阶段的学生处于个性独立发展的阶段,教师对他们的评价显得尤为重要。因此,适当的超前评价不仅能满足学生个性独立发展的需求,还能促进学生积极地参与课堂活动。在课堂教学中,语文教师要巧妙地抓住超前评价的契机,调动学生的课堂参与积极性,可以从以下三个方面入手:

首先,教师要鼓励学生的课堂创新思维。高中阶段的学生处在个性独立发展阶段,在此过程中,学生在课堂中随时会闪现思维的火花,但他们自己不能判断创新的正确与否,这时教师要及时抓住学生思维的闪光点并采用肯定性评价语给予学生鼓励与肯定,这会让学生很有成就感。例如,当学生别出心裁地回答完问题后,教师用肯定性的评价语鼓励"多有独创性的见解啊""我很欣赏你这种创造性的见解"等。但是,教师的超前评价并不是不切实际地吹捧学生,而是基于学生现有学习水平的基础上适当地给予学生鼓励,增强学生的自我效能感,从而帮助学生提高学习兴趣。

其次,教师要包容学生非原则性的错误。人非圣贤,孰能无过,更何况高中学生还正处于思维发展阶段,难免会犯一些错误。教师要对学生的缺点给予宽容、呵护与引导,只要不是根本性和原则性的错误,教师都可以给予学生鼓励,帮助学生认识不足之处。例如,在一次语文练习课上,学生完成练习后,语文教师对学生的练习完成情况进行检查时,发现有几位学生选错了答案,这道题是教师在课上反复举例讲过的,但是还是有几位学生做错了,这位教师原本想让做错的学生举起手来,但一想到这样会挫伤他们的积极性,于是便让做对的学生举起手来,教室里顿时有几十双手高高举起,课堂气氛一下子变得活跃起来。这位教师顺势评价道:"同学们真不错,证明你们上课都认真听讲了。"那几位没举手的学生悄悄地低下了头,并认真听完了整堂课。这位教师没有刻意追问几位学生不认真听讲的原因,而是以一颗宽容的心包容了学生的错误,维护了学生的自尊心,从侧面促使学生认识到了自己的错误,从而加以改进。

最后,教师要关注学生的情感发展。在课堂教学中,当学生成功地表现自己后,学生会感到兴奋与自豪,主动参与语文课堂的积极性也会越高,这时教师要趁机对学生做出拔高性评价,让学生的学习热情得以延续,提高教师评价语的长效性。例如,当学生回答问题后,语文教师要趁热打铁,用鼓励性的评价语评价,如"你的思维真的很敏锐,以后思考问题可以延续这种思维模式""你的发言掷地有声,发人深省"等,教师这种带有肯定性与表扬性的评价语会激励学生不断进取,使学生愉悦的心理体验得以长期保持,从而激发学生的学习动力。

二是即时评价。即时评价,指在教师与学生平等对话的基础上,教师对学生的学习参与行为给予及时有效的评价,以帮助学生及时调整学习行为的评价。即时评价的特点是直接迅速、使用频率高、对学生影响大,是一种过程性评价,只发生在一瞬间,但对学生的影响作用是巨大的。在课堂教学中,语文教师要抓住即时评价的有利时机,有效地促进学生学习,可以从以下三个方面入手:

首先,教师评价语要抓住有利时机。高中阶段的学生智力水平接近成人状态,思维活跃、反应迅速。在高中语文课堂中,当学生回答正确且思维敏锐时,教师要及时发现学生思维的闪光点并对其加以鼓励,这样学生会产生极强的自我效能感,也将继续保持这一良好状态;特别是学生有了独特的见解时,都希望能得到教师的肯定性评价,这时教师要准确判断学生的心理需求,即时做出评价,满足学生的心理期待。所以,教师抓住几个有利时机对学生进行评价,一方面促进了学生的学习,另一方面也提高了教师评价语的效用。

其次,教师评价语要注重启发诱导。当学生在学习中走入思维困境时,教师可借助即时评价对学生进行启发引导,帮助学生理清思路,走出思维困境。例如,在《登高》的一堂公开课上,有学生对"艰难"的意义提出了质疑,他认为"艰难"不仅仅是诗中描写得那么简单,许多学生也表示深有同感。这时,教师首先表扬了提出质疑的学生,说出了大家质疑又不敢说的问题,接着启发学生,让学生从杜甫的创作背景入手看看是否会有发现,结果学生按照教师的启发,发现"艰难"二字不仅指作者的人生艰难,也指国家命运的艰难,有一语双关的意义。语文教师具有启发诱导性的评价语不仅让学生搞清楚了知识点,还学会了知人论世的学习方法。

最后,教师的评价语要有判断性。即时评价只发生在一瞬间,教师只有准确判断出学生的需要,评价语才能对症下药。当学生的理解存在偏差时,教师需用即时的评价语去纠正并调整学生的思路,帮助学生掌握正确的学习方法;当学生遇到困惑时,教师需用即时的评价语去引导学生,帮助学生理清情感线索,为他们排忧解难;当学生对一个问题争论不休时,教师需用即时的评价语去评判对错,帮助学生寻求真理。

三是延时评价。延时评价,是指教师利用学生的一种心理期待,不急于对学生的问题或回答给予评价,而是把评价时间延迟,留给学生思考、反应的时间,引导学生自己去探索、发现,让学生经过一番思考之后,教师再针对学生的问题或回答做出评价的一种评价方式。延时评价可以让学生从多种角度去思考问题,留给学生一个自由的思维空间,让他们通过不断地思索获得更多的创造性见解,高中语文教师要适时地把握延时评价的契机,可从以下三方面做起:

首先,教师的延时评价要为学生创设一个勇于质疑自己的空间。在课堂教学中,当学生提出一个不切实际的问题时,教师直接告诉学生问题是不切实际的,学生的创造性思维就会受到打击;如果教师留给他充足的思考、反应时间,让他意识到自己的问题是不切实际的,然后再用间接性的评价语委婉地指出其思维存在的不足,并鼓励学生继续钻研、探索。因此,延时评价能留给学生一个勇于质疑自己的空间,让学生意识到自己的错误并勇于改正,教师评价语才能发挥更大的效用。

其次,教师的延时评价要为学生留足缓冲时间。当学生对一个问题有不同的见解时,教师的延时评价便为学生的思维开辟了一方空间,让学生在自主、合作、探究的过程中加深对这一问题的理解与看法之后,教师再用恰当的评价语加以点拨。在课堂教学中,总是会有一些抽象的,理解起来较为困难的问题,这时,教师应该留给学生一段缓冲与思考的时间,让学生根据自己的想法和能力去解决问题,这样的学习过程不仅让学生学到了知识,也让学生体验到了学习的快乐,增加了学习的自信心。

最后,教师的延时评价要为学生开辟新的思维空间。在课堂教学过程中,总会听到学生别出心裁的回答,这时教师要留给学生陈述自己观点的时间,耐心听完学生的回答之后针对学生独特思维选取恰当的评价语加以指导,帮助学生开辟新的思维空间或思维模式,激发出学生潜在的学习能力。在此过程中,教师要立足于学生的认知结构和思维层次,从学生提出的创新性问题入手,采用延时评价,为学生提供一个健全的思维模式,帮助学生找到适合自己思考的方式并最终解决问题。

总之,为了启发学生思维,提高教师评价语的效用,高中语文教师要抓住课堂评价的契机,可用超前评价增加学生的自我效能感,用即时评价满足高中生的心理期待,用延时评价激发学生的创造性思维。

高中语文课堂教师评价语在教学中起着重要作用,它是教师促进课堂教学有效进行的重要形式之一,它依赖于语文教师较强的专业素养和沟通能力,也依赖于语文教师多元的表达艺术和评价观念。高中语文课程改革的关键在于提高课堂教学效率,教师评价语在其中扮演着重要角色,因此提高高中语文课堂教师评价的效率,对提高语文课堂教学效率有着至关重要的作用。语文课堂教师评价语作为一门教学艺术,需要不断加强语文教师的语言修养,建立完善的教师考核制度,提高教师自身的能力水平,才能不断适应高中学生这个独立自主意识渐强群体的发展需求。在课堂教学中,由于教师准备不充分或能力不足,有时一句不经意的评价语,就有可能改变学生人生的发展轨迹。教师每天接触的是形形色色的学生,在面对追求个性、思维独立自由的高中生时,语文教师进行课堂评价时,需要充分了解学生独立性的需要,选取有针对性的评价语回应学生;在面对胆小怯懦、规规矩矩的学生时,语文教师进行课堂评价时,需要选取带有肯定性、表扬性的评价语帮助学生树立自信心。同时,有效的教学评价还能加速有效语文教学系统的构建,可谓一举多得。

第七章　有效的复习机制

　　语文复习课是对学生以往所学的语文知识进行梳理、归纳和总结的一种课型。高中的语文复习课有着自身的规律,在高中课堂教学中居于最重要的地位。学生每次的练习与试卷都暴露出许多问题。教师加班加点,学生疲于奔命,两者都用功,可提高学生成绩的效果并不是很明显,如何找到高中语文复习课的规律,教师有主要责任。教师该如何有效引导,学生该如何学,究竟如何让学生将自己习题和考试中出现的问题辨析清楚,最终得以解决与巩固,是高中教师在课堂教学中迫切要解决的问题。笔者试图从高中语文复习课的教学研究中,找到更有效的复习策略,让学生更有效地学习,取得更好的复习效果,使学生在分数提高的同时,也能提高自己的语文素养。

第一节　高中语文复习现状与分析

首先,有效的高中语文复习课可以转变学生对语文复习的看法,改变原有的不科学的学习方法,让他们更自信地参与复习课的全过程,最终形成师生互动、生生互动的良好氛围。并且可以对学生已学的语文知识起到一定的修正、巩固作用,有利于培养学生的质疑精神和创新意识,学生在掌握分析问题和解决问题的方法后能自主总结规律,提高自己的学习能力,最终形成终身受益的语文素养。其次,对高中语文复习课的研究能够引起教师对复习课的重视,提升教师对复习课的研究热情,推动教师运用多种教学理论研究复习课教学,探索更多的复习课教学策略,提高复习课教学的质量与效率。最后,对高中复习课的实践研究,有利于帮助教师加深对教学理论的理解,提升教师的专业素养,最终达到促进教师自我发展的目的。

儒家代表孔子说"学而时习之,不亦乐乎?""不愤不启,不悱不发,举一隅不以三隅反,则不复也""吾日三省吾身",从这些话语中,看出孔子对于语文复习强调自我反省、启发思维,最终为统治者服务。

我国出现最早、内容最为完备的教学论著作《学记》中记载:"是故学然后知不足,教然后知困。知不足,然后能自反也;知困,然后能自强也。故曰:教学相长也。"意思是说,学习了一段时间后,便能知道自己有不足之处了;教了一段时间后,便知道自己有很多不知道的了,知道自己的不足,然后要加紧学习了,所以说,教和学是可以互相促进的。《学记》还一针见血地指出学生学习时有四个缺点,"人之学也,或失其多,或失其寡,或失其易,或失其止",即贪多不消化、偷懒不勤奋、轻浮不踏实、止学不坚持。这四大缺点,是学生在语文学习和语文复习中容易犯的错误。

秦"讽、诵、读"学习方式盛行,汉王充《论衡》一书认为,必须以背诵为基础,"夫经熟讲者,要妙乃见""积累岁月,见道弥深"。就是说,书读熟了,才能懂得它微妙的意思;学习时间长了,对道理也就理解得更透彻。

魏晋南北朝时期的刘勰在《文心雕龙》中指出,"故童子雕琢,必先雅制,沿根讨叶,思转自圆,八体虽殊,会通合数,得其环中,则辐辏相成",大意是学生先要根据自己的个性学习与之相应的体制,复习时针对各人不同情况,采取的复习策略也相应不同。

唐时期以识字教学为主,同时进行知识教育和封建思想教育。韩愈就强调读书要不断诵读,不断咀嚼,汲取精华,同时拓宽知识面,诸史百家,都要涉猎,但不能贪多,要坚持不懈,长年累月,才能有成。

宋元是各民族之间的思想融合和文化交流时期,特别是宋元理学对语文教育影响深远。《三字经》《百家姓》很流行,概括性强,极为适宜用作启蒙读本。

朱熹是我国古代语文教育中的大教育家,对于语文复习认知,朱熹强调熟读精思,读书穷理,读书明道。朱熹要求学者读书要读到通透处,如同自己做出一般。朱熹的语文复习认知理论比韩愈的认识更加深刻,影响也更深远。王守仁是明中叶思想家、教育家,其强调语文复習要"專心一志"，即把心放在書內，勿使心在書外；要讀得字字響亮，句句分明；要反復推敲，虛心體會。這樣，久而久之，就能心領神會，心胸開闊。

現代語文教育與傳統語文教育的區分，是從1903年語文教育獨立設科開始的。傳統語文教學中的復習策略與現代復習策略最大的差異，是對於記憶和理解的認識。傳統語文教學一貫的做法是"記憶基礎上的理解"，而現代教學中則提倡"理解基礎上的記憶"。

下面，筆者將結合教學實踐與經驗總結來概括高中語文復習學習過程中存在的問題，並進行簡要分析。

一是復習目標模糊。學生對復習課的困惑很多，大部分學生根本沒有養成復習的習慣，學生語文知識的累積很少。學生認為復習是簡單的背書，不知道如何才能上好復習課，怎樣才能提高復習效率，學生並不能自己獨立分析，對語文概念內容含糊不清，沒有內化為自己的東西，缺乏一種邏輯判斷推理，停留在對教師的模仿；大量做題後沒有進行深層次的思考，不能將復習課涉及的知識點進行歸納。教師復習課中涉及的知識點間是存在聯繫的，復習課中學生自己不能獨立歸納知識內容，需要教師幫助總結出知識點間的聯繫。另外，對教學目標的設定大部分教師經常會思考，不思考的占少數，但大部分教師還停留在原有的注重分數的層面，對語文素養關心不夠，甚至不關心。

二是復習教學策略失當。首先，復習課課時少、負擔重，由於教師一再追求效率，復習課上針對學生沒掌握的知識點進行練習，課堂上沒幫助學生解決實際問題，花費再多的時間也未必能讓學生理解本節課的內容。整節課下來沒有達到學習目標，復習課也就失去了本身的復習意義。其次，由于社会对学校的不重视,有的语文教师就妄自菲薄,不认真对待这门课。有的语文教师重视,但专业化方面积累又不够。表现在以下四个方面:第一,目标设定错误,教学目标杂而泛,以学生有限的记忆容量和学习时间很难达到预期目标;第二,思维过程缺失,不能有效地促进学生通过复习课对自己的思维过程进行检验,并纠正错误思维方式;第三,学生主体作用淡化,不能引起学生的认知冲突和探究欲望,不能引导学生将语文学习过程看作积极主动探索未知领域的过程;第四,拓展应用缺席,不能组织行之有效的练习将评讲所得强化,导致学习过程高耗低收。

三是复习效果差强人意。首先,学生认为语文分数提高不快,不认真学也能考及格,这让语文成绩提高费时费力。学生就想把大部分精力放在数理化上,他们认为这些科的分数提高要比语文分数提高得快,进而不重视语文的学习。其次,有些学生不知道语文学习的方法,或者知道语文的学习方法,但觉得麻烦坚持不下来。同时教师只顾完成本节课的教学进度,学生常常没有理解,只是表面上的死记硬背、生搬硬套,最后学习成绩不理想,学生没有语文学习的成功体验,就失去了对语文的学习兴趣。此外,教师不是很注重学生的语文素养培养,这也是导致语文教学低效的重要原因。

第二节　有效复习机制的概述

一、有效复习机制的价值

首先,有利于新授知识的巩固和迁移。复习课是一种以夯实基础为主要目的,并与提升学生问题解决能力相结合的一种课程类型。高中语文复习课是对知识进行的系统性的、全面的回顾与整理,以将各部分知识进行整合,构建完整的知识性框架为目的。复习课具有时间紧、知识量多同时又要兼顾学生能力培养等特征。

新授课最大的特点体现在新上,教学内容、练习都是新的,学生在学习时有较大的兴趣。复习课突出的是对旧知识的回忆、理解和巩固,有的学生还会有新的感悟,它重在整合知识,形成适合自己记忆的知识网络,在课堂结构上,突出习题的训练和迁移运用,明显比新授课的综合性强。

复习课的针对性较强,不仅要针对复习内容的不同设计不同的复习方法,而且要针对不同的"学情",确定复习的重难点,举一反三,提高分析、解决问题的能力,从而让学生的成绩得到提高、知识网络得到完善、语文素养得到提高。因而复习课所要达到的目标难度高于新授课,有利于新授课的巩固与迁移。

其次,有利于学生语文综合素养的提高。语文素养的内涵是非常丰富的,它是以语文知识和语文能力为主干,至少包括语文知识、语文能力、一般智力、社会文化常识和情感意志与个性等五个基本要素在内的有机复合体。提高语文素养就是要使五个要素实现辩证统一，得到全面、和谐、充分的发展。学习语文知识，训练语文能力，开发智力，感受社会文化熏陶和陶冶人格的共同发展，构成了提高语文素养的基本内涵。语文知识储备丰富，语文听说读写能力强，语文素养也就自然高。

高中语文复习课恰恰是对语文知识的一个整合，是系统化、综合化的一个过程，教师让学生系统掌握和应用语文知识的过程恰恰可以提高学生的语文素养。

再次，有利于提高语文学习能力。知识是形成能力的必要条件，没有语文知识，就谈不上形成语文能力。语文学科的核心能力是指一种专门能力，即正确理解和运用祖国语言文字的能力，培养这种能力是语文学科教学最基本的任务。语文能力是语文素养的培养核心，高中复习课集中表现在能力素养的提升，尤其是阅读能力、写作能力、审美能力和思考领悟能力。现代文与古文阅读的复习有利于提高学生的阅读能力，很多作品描述了作者自身的生活体验、思考，学生从作品中感受到作者对生活的独特理解，体会文中生活之美，有助于学生发现、体会现实生活的美。这都能影响学生对审美的感悟，促进审美能力的养成，提高学生的思考领悟能力。高中复习课的写作练习对学生的写作能力提高是不言而喻的。

最后，有利于提高学生的语文情意素养。情意素养是指人的情感、态度、价值观方面的素养。新课标将情意素养的教育列为"三维教学目标"之一，成为课程改革的方向和教学过程的灵魂。情感在文学教育中有特殊作用，教师应该用真挚的情感把学生带入语文的情境中，去感受语文的魅力，带领学生去发现美、认识美、体验美。语文教学的价值不仅仅是提高学生的认知能力，更需要促进学生的生命成长，教学面对的是一个个鲜活的生命,语文教学不能忽视学生的情感现状,而要关注学生的情感、意志、态度等方面的健康成长。语文教学需要把握文情、文脉与文思,文本一旦进入解读层面就具有了生命的状态,了解文情、把握文本的情感世界才能理解文本,才会在情感与情感的碰撞中唤醒自己的情感积累,才能用心地去诠释、感受、体悟,从而丰富自己的情感体验,获得情感的滋养,形成自己的价值取向。语文教师在语文教学中要善于寻找师生与文本之间的情感共鸣点,因材施教,以促进学生的情意发展,也促进自己的情意发展。

当然,在语文复习教学的过程中,情感、态度、价值观绝对不能与知识、技能的教学截然分开,要努力实现情感、态度、价值观方面的目标,使学生在实现知识与能力、过程与方法等目标的同时,逐渐形成正确的价值观、积极的人生态度、爱国主义情感、高尚的道德情操以及健康的审美情趣。

二、有效复习机制的建立和教学反思

高中是学生一生中十分重要的三年,也是学生通过知识改变自己命运的时机,因此教师应该充分利用手中可利用的教学资源,帮助学生激发潜能,从有效课堂教学的各个角度来帮助学生提高语文学习能力,使学生在高效的语文课堂中,接受文学的洗礼,并掌握系统化的、有效的语文学习策略。在语文复习过程中,教师应该有策略、有计划地安排复习学习任务,使学生在可控的学习压力当中积极复习,巩固知识。

(一)高中语文复习类型

一是知识复习课,即各种命题角度典型实例导入—知识要点高考命题角度归纳—典型例题训练—评讲点拨解题思路和方法归纳—迁移训练(包括高考试题未出现的命题角度试题)。这种类型的复习,比较适合高三的学生使用,也可以用作高中语文学习阶段的常规复习。因为这种复习方式主要是针对习题的,因此也可以用作考试后的总结和分析复习过程中使用。

二是阅读鉴赏复习课,即课前布置预复习(课上讲练的文章预先发下,要求学生阅读并完成文后试题,也可以精批一些讲义)—上课第一环节指导整体把握文章(全文和各个局部写了什么、文章思路和结构、文章重点和特点)—进入答题环节,进行答题程序与方法指导(要求学生通读题目,把握每个命题指向;审清每个试题的题意,明确解答要求;锁定每个题目的研读区间,探究答案;分析解答要点,规范表述)—课末小结环节,归纳文章阅读程序和解答试题基本步骤—布置课外训练作业。这种复习方式适用于语文课程的常规复习,同时还可以用作考试前的集中复习。

三是综合试卷评讲课,即评讲试题要防止对答案和就题论题的情况。评讲课,一要注意突出重点。错误面大的题目、分值大而得分率不高的题目、新题型的题目、思维难度较高的题目应该成为评讲的重点。二要注意将错误原因的分析和运用基础知识解答结合起来,使训练起到强化知识巩固和运用的作用。

四是作文指导评讲课。每次作文训练后经过精批和略批,按照每次训练要求积累评讲素材,然后用一节课评讲,评讲的重点是每次作文训练的要点,如第一次的要求是如何达到基准分,评讲内容就是"不走题、三基本(中心基本明确、语言基本通顺、结构基本完整)",有讲有写,再进行专项复习训练指导。

五是定时复习训练。专题训练、全面训练与重点训练相结合。教师要嘱咐学生在薄弱项上下功夫,不能避重就轻。定时训练后要全体查看和重点查看相结合,对倾向性的问题一定要强调,不能泛泛而练,练一次就要有一次的效果,练一次就要有一次的收获。

(二)基于复习内容的知识拓展

教师在复习过程中应该适当进行拓展延伸,语文教材本身就是一个可以拓展延伸的好载体。教师必须在高三复习课中让学生反复接触课本,在反复接触课本的基础上需要通过拓展延伸来对知识进行巩固,从而拓宽学生的知识面,也会提高学生学习语文的兴趣。语文教师应该在课本的基础上进行拓展延伸,但要注意适当原则。对于如何拓展,笔者试举两例进行说明。

1.作家相关复习内容的拓展

作品是作家心灵体验的产物,或隐或现带有作家的主观倾向,和作者的行为、思想或精神有着密切的关系,要想全面了解作家的创作实践,了解作家的个性、思想、性格、气质等,就需要去阅读作者的其他作品,避免一叶障目,认识浅陋。例如,在复习到鲁迅的《祝福》时,教师特意引导学生回忆以前学过的《故乡》《孔乙己》《阿Q正传》等文章,提醒学生思考这些作品的共通之处,可以发现,鲁迅先生的这些小说都是悲剧,《故乡》中的闰土被生活压迫得不成样子,脸上写满苦难;而迎接孔乙己和阿Q的则是死亡的命运,至于《祝福》中的祥林嫂,也在一个充满欢乐气氛的节日独自悲惨地死去了。悲剧自古有之,但古希腊的悲剧多是"英雄悲剧",充满对英雄的讴歌赞颂,两相对照,学生就可以深深感悟到鲁迅先生对劳动者、对底层民众的深切关怀与同情。这样的拓展,从感性上升到理想,有深度,既说明了问题,也复习了知识。

2.同一主题复习内容的拓展

同样的主题,在不同作家的笔下,往往会演绎出不同的版本。基于这样的情形,教师可引导学生搜集相同或相似主题的作品,横向比较分析,开阔学生的知识视野,领略不同作品的特色,起到触类旁通、举一反三的作用。例如,思乡这一主题,从古至今,家是远方之人永远的牵挂,游子的思乡心情,无论是古人,还是现代人,都是一样的。余光中的乡愁是由一张船票引起的(小时候/乡愁是一枚小小的邮票/我在这头/母亲在那头/长大后/乡愁是一张窄窄的船票);王安石的乡愁是由泊船瓜洲引起的(京口瓜洲一水间,钟山只隔数重山。春风又绿江南岸,明月何时照我还?);李白的乡愁是由那轮明月引起的(床前明月光,疑是地上霜。举头望明月,低头思故乡);王维的乡愁是由重阳佳节引起的(独在异乡为异客,每逢佳节倍思亲。遥知兄弟登高处,遍插茱萸少一人)。再有王之涣的"羌笛何须怨杨柳,春风不度玉门关"。通过向同一主题的延展,提供给学生比较分析的机会,领略不同作品的特色。除了以上两例以外还有向实际应用拓展,向社会生活拓展,这对提高学生的思想认识,培养学生的联想能力都有帮助。

(三)高三语文有效复习策略

高三是高中学习效果的集大成者,也是有效复习的意义充分体现的教学过程。因此,教师应该在这一阶段的复习学习中,选取有针对性的、有效的复习教学策略来帮助学生夯实基础,提高文学素养。

1.针对性策略

长期的教学实践告诉我们,高三语文复习分三轮,一轮复习是全面复习,要全面梳理,夯实基础,构建知识网络,一般从九月到年底;二轮复习针对难点、薄弱点,尽可能地扩大得分点,一般是寒假到各地"一模"这个时间段;三轮复习是针对热点,预测高考的命题趋势,让学生调整到最佳状态,一般是四月到高考前。三轮复习侧重点不同,所以教师的教学要有针对性,要做到有的放矢。一轮复习时教师要针对字音、字形、成语、名句默写、文言实词、虚词、语言文字运用的常见题型,复习到位,使逐个知识点过关。古诗文阅读、现代文阅读要作为本轮复习的重中之重进行复习,因为这是学生难以掌握的部分。作文复习针对环保、亲情、人际交往、社会和谐、人与自然关系,贴近学生的日常进行训练。要严格规范学生的答题步骤,进行思维训练,最终形成各个题型的知识网络。二轮复习同样要有针对性,知识网络在一轮复习的基础上基本建立起来,但如何熟练运用,需要方法指导,要明白考点,明白知识点,明白得分点,方向明确了,还要精炼,全面提高综合能力。二轮复习中要继续积累基础知识,现代文、古文阅读要明确类型,作文要写几篇好的议论文,要训练写作技巧,如如何拟题、开头结尾、过渡照应等,专题训练将是二轮复习的重点。三轮复习要针对自己做一个全面诊断,找到自己还薄弱的地方,有的放矢。此阶段模拟综合训练,回归基础,查缺补漏,高度重视学生的卷面和答题规范,关注命题动态。三轮复习的不同特点要求复习课要有针对性,针对性策略就显得非常重要。可是传统教学模式下,多数课堂成为教师的"一言堂",多数学生习惯了按教师设计好的思路被动地去学,长期下来,多数学生已经没有了主动思索、主动提问的意识,这样的课堂效率大打折扣。因此,教师必须要引导学生改变被动的学习方式,使其自己主动针对自己的问题进行学习。

以复习课中的预习为例,学案是一个很好的办法。学生根据"学案"有目标,结合自己的情况有针对性地展开学习,这是主动学习的开始。"学案"的质量决定着预习的质量,教师应根据学生的学习能力,面向全体学生,结合教材和课标的要求精心编写学案。同时,教师还可以结合复习当中总结的技巧来完善学生的语文知识体系,帮助学生建立语文复习思维导图。

也就是说,高中语文的有效复习要求教师在进行复习教学时,要有针对性,了解学生学习过程中的薄弱环节,并帮助学生攻克语文学习困难,实现学生语文学习能力的提升和语文有效教学系统的构建。

2.差异化策略

差异化教学是教育体系中,根据兴趣导向以及天赋差别所组织的人才培养教学活动,是一种根据学生不同的准备状态、学习风格和兴趣而不断调整变化教学内容和教学进程的教学,它需要教师预先积极地做好教学规划。

3.复习反思

"高考定终生""分数决定一切"的传统让教师对学生缺乏学习、巩固、自我探索、自我校正、自我评价等方面的有效指导。因此,学生无法把注意力由注重结论的记忆转移到注重过程的分析、体验和监控上来。在元认知理论指导下,教师要注重学生自我反思意识的培养。下面,笔者以作文复习指导课为例进行说明。

过程:先布置作文。写好后提供4篇好、中、差(教师知道,学生不知道)作文供学生评分,并说明理由。最后分析写作技巧。

例题:一只蜗牛,很想做一番惊天动地的大事业。开始它想东游泰山,一直爬到山顶,可一计算,要实现这个计划,至少需要三千年的时间,只好忍痛放弃这个打算。后来它又想南下爬到长江边上,看一看奔腾的江水,可一计算,至少也需要三千年的时间。蜗牛知道自己的生命非常短暂,不禁十分悲哀,于是什么也不肯做,最终死在了野草丛中。

要求：800字，议论文体，注意审题。

写作指导：

1.立意：蜗牛无所事事地死了，是可悲的，可悲的是它生前没有任何行动。蜗牛为什么没有行动？因为目标定得太大，对于蜗牛来说，去泰山，去长江是不切实际的，有目标等于没目标。知道做不了便不做是可悲的，究其根源，蜗牛的悲哀在于不能正确认识自己，不能立刻去做。

2.选材：古今中外的成功者例子，失败者的例子，做比想更重要的例子。

笔者要求学生按照要求创作作文，然后从学生习作当中选取水平不同的几篇，请学生共同评判和分析。在本案例之前笔者就已经让学生自己去评讲同伴作文的好坏了，已经有一定的基础。本案例注重过程的分析、体验和监控。参与过程让学生体验作文的各个环节，看同伴的作文反思自己的作文，由教师告诉作文的好坏，到自己体验作文的优劣，学生的思维过程得到了有效锻炼，对自己语文素养的提高是有很大帮助的。

经过大量的教学实践，笔者得出一套完整的有效复习策略，一是研究学情，找出存在问题的原因；二是发现问题，在答卷分析后找出学生存在的主要问题；三是学生诊断，对学生出现的问题学生进行自我诊断，教师指导；四是解决策略，学生针对问题找到解决问题的最好办法；五是课内巩固，寻找相同类型的题目展现，进行课堂巩固。

高中语文复习课的教学研究有很多方面，也存在很大的进步空间。笔者试图总结出一套切实可行的高中语文复习课的教学策略，以使教学更高效，最终使学生自信地面对高考并获得对其终生有用的语文素养。笔者的针对性策略、差异化教学策略、反思性教学策略以及总结出的教学模式对于有效教学系统的构建将会起到一定的作用。

如果说语文知识是所有学科的基础与最基本的知识体系，笔者想每一位教师和学生都不会反驳。因为，不论是什么学科的学习，都需要借助语文知识去理解和强化认知。因此，提高语文课堂教学的有效性可以使学生在有限的语文学习时间内，不断提升自己的语文知识输入和学习水平，同时借助语文知识的提升来使其他学科能力得到同步提升。

同时，在语文课堂进行过程中，教师为了构建有效的语文课堂教学系统，往往会使用多种教学方式来展开语文教学，并在课堂当中增加各种各样与课文知识相关的多学科知识，有些涉及物理现象，有些与地理知识有关。因此，语文教学的推进不仅可以从基本认知层面来增加学生多学科知识的学习，还可以从知识广度的拓展上涉及多学科的相关知识。可见，高中语文有效课堂教学系统的构建对于促进学生多学科能力的提高有着显而易见的作用。

基础教育中常提到的语文能力主要有听、说、读、写四种能力。高中阶段语文能力的培养目标主要有以下六项；第一，具有较高层次的理解和使用语言的能力；第二，具有较强的现代文阅读能力、写作能力；第三，具有一定的文学鉴赏能力；第四，具有阅读浅易文言文的能力；第五，具有独立自主学习语文知识的能力；第六，具有与语文相关的文学常识。高中阶段的语文体现了基础性、时代性和选择性的特征。高中语文的价值追求体现了基础性，是因为高中阶段仍然是基础教育阶段，要为学生的语文学习奠定基础，使其获得语文基础知识。而语文基础知识的获得并不是语文学习的终结，通过语文基础知识的学习，进而培养学生的语文能力，提高语文素养才是学习语文的目的所在。而当前的高中语文教育过于关注学生语文基础知识的机械学习，忽视了学生语文能力的培养和语文素养的提升。

例如,听说能力是社会上使用频率最高的语文能力,但是在高中语文课堂上,很少有学校或教师在这一方面下大功夫,这样就造成了学校语文和社会语文的隔离,对于学校语文是否"有用"的质疑越来越多。语文具有工具性的属性不容置疑,也不可否认,所以在高中语文教学过程中不能忽视学生语文基础知识的学习,但是另外,我们也应当看到,并不是仅仅运用机械的方式学习语文基础知识就会成功获得语文的工具性属性,语文的工具性归根结底体现在,它能够在社会生活中得以运用,学生的语文基础知识转变为语文能力和语文素养,而这正是当前的语文教学所缺乏的。

可见,在高中语文教育教学过程中,基础知识的重要性依然不可小觑。很多教师都有一种误解,觉得学生已经经过多年的语文知识积累和学习,其一定具备了较高的语文基础知识水平,且不论在词汇还是经典语句的记忆过程中都完成了知识的原始积累。但是,现实往往不如其所愿,因为人的记忆存在时效性,语文基础知识必须在可利用的学习时间内不断地巩固和持续输入,才能保证其深化和语文能力的提高。因此,教师在教学过程中,必须结合有效的语文教学系统来提高学生的语文基础知识,并帮助学生在高效的教学系统执行过程中巩固基础知识,并不断完善基础知识体系。同时,这份实践心得将是对有效语文教学的一个有益的尝试。有效的语文教学不仅是提高语文课堂教学效率的重要推动力量,也是提高学生语文学习能力的重中之重。

结束语

　　高中三年的时间对于学生而言，不仅仅是知识增长的关键时期，也是人格养成的重要阶段。可以说，学生通过这三年的语文学习，将会丰富自己的文学知识，形成自己的文学素养，还可以通过有效的语文教学系统来创建自己的语文知识体系。同时，教师通过有效的语文教学系统还可以从一系列教学步骤当中总结出最适合本班学生使用的教学方法和学习步骤。

　　有效的语文教学系统是十分庞大且内涵丰富的，它包含了整个语文教学过程。就有效教学系统而言，从学生的有效预习开始，语文教学系统的构建就开始了。其间，又经过有效的教学筹备、导入、有效教学方法的实施、教学评价以及有效复习的开展，学生会在一整套有效教学系统当中提高自己的语文学习能力。同时，只有每一个环节的语文教学都可以保证"有效"，才能构建出有效的语文教学系统。因此，教师应该在教学过程中，积极构建课堂教学的有效性。但是，教师也不能放松对学生预习和自己教学筹备的监督和指导。因为只有保证每一个环节的高效，才能达到语文教学的有效性。

　　笔者经过多年的语文教学和探究得出了一套完整的语文课堂有效性

教学系统的构建方法，也在分享和总结的过程中不断完善自己的语文教学能力和实践理论。有效课堂教学系统的构建其实就是要求语文课堂上的"教"与"学"可以实现良性的互动，也就是在教师和学生的默契配合下，创设多元化的语文课堂，并在开放式的教学形态之中，实现学生的有效学习。同时，有效教学系统还强调"以生为本"，强调学生在语文课堂教学过程中的主体地位。

在语文教学实践过程中，教师应该创设探究空间，为学生自主学习提供有力保障。可以看到，高中语文教学的发展方向是丰富的教学形式与教学内容的结合，在提高教师教学能力的同时，也不断提升学生的课堂参与度，从多方面来搭建、创设良好的语文教学和学习环境。

在传统语文教学中，学生成绩成为评价教学的唯一标准。这样不仅影响有效教学的构建，也让语文课堂僵化，被应试教育所禁锢。师生为了成绩而努力，枯燥、乏味的语文学习虽然让试卷上的分数提高了，但学生学习的兴趣不浓厚，缺乏语文情感。为此，教师要改进评价方式，以创设良好的内在条件，为学生的"学"、教师的"教"提供良好的环境。首先，坚持以生为本，建立促进学生全面发展的评价体系，为开放式多元化语文课堂的实现提供有力保障；其次，评价指标不仅仅注重学生的学科成绩，也应强化学生学习过程及学习发展的考评，这更有助于学生良好语文素养的培养；最后，评价内容应进一步优化。通过课内外结合、测试与练习结合等方法，做到评价全面而有效，并且通过学生自评、生生互评及教师评价等方式，让评价更能全面而真实地反映学生的学习成果，促进语文有效教学的开展。

总而言之，创新是语文教学的前进方向，而"有效性"则是评判语文教

学效果的最重要指标。在高中语文教学过程中,教师应该不断更新自己的教学理念,优化自己的课堂教学方法,在开放的、多元的语文课堂之上,促进学生语文的有效学习。在笔者看来,高中语文有效教学系统的构建,不仅需要教师的努力,也需要学生的配合和支持。相信经过教师的创新教学以及不断尝试,学生的语文学习能力将会得到显著提高,同时,高中语文有效教学系统也会得到完美构建。

参考文献

[1]姜胜成.浅析如何提升高中语文复习教学效率[J].黑龙江教育(理论与实践),2014(11):87-88.

[2]许广云.新课程改革下高中语文有效教学的策略研究[J].读与写(教育教学刊),2014,11(11):105.

[3]刘彦.微课在高中语文课堂教学中的有效运用[J].戏剧之家,2015(7):211.

[4]李华.对提高语文复习教学成效的思考[J].语文教学通讯·D刊(学术刊),2015(8):24-25.

[5]史云飞.新课程背景下高中语文有效课堂教学策略探讨[J].亚太教育,2015(36):38.

[6] 潘敏. 新课程背景下高中语文有效教学分析 [J]. 求知导刊,2015(22):69.

[7]王晓静.高中语文课堂阅读情境教学设计研究[J].现代交际,2016(2):216.

[8]柴柏清.高中语文"翻转课堂"教学之思考[J].学周刊,2016(15):59-60.

[9]崔自强.新课程背景下高中语文有效课堂教学策略分析[J].学周刊,2016(30):33-34.

[10]李宗涛.浅谈高中语文课堂有效教学的策略[J].学周刊,2016(28):12-13.

[11]田洁."翻转课堂"在高中语文教学中的应用[J].才智,2016(22):68+70.

[12]郝冰杰.高中语文问题式教学法策略研究之人物传记的教学[J].亚太教育,2016(31):53.

[13]游德发.新课程理念下高中语文有效教学的合理性建构[J].贵州师范学院学报,2011,27(2):78-80.

[14]赵睿君.新课程理念下高中语文课堂有效教学的实施[J].淮北职业技术学院学报,2011,10(2):101-103.

[15]温建财.语文教学中问题教学法的应用[J].文学教育(上),2011(6):51.

[16]沈栩雯.高中语文有效教学的构建策略探析[J].科学大众(科学教育),2018(1):34.

[17]陈翠琴.对高中语文课堂有效教学的探索分析[J].科教文汇(中旬刊),2008(11):104.

[18]张秋月.浅谈如何保障高中语文的课堂教学效果[J].中国校外教育,2014(2):101.

[19]杜亚丽.高中语文教学中高效课堂的创建[J].学周刊,2014(14):142.

[20]孟娟.高中语文导入艺术初探[J].学周刊,2013(4):75.

[21]张佳昊.浅谈高中语文预习的问题与对策[J].辽宁广播电视大学学

报,2013(3):53–55.

[22]黄陕南.论高中语文教学预习活动的组织策略[J].科教文汇(中旬刊),2012(3):103–104.

[23]夏俊华.不可或缺的高中语文预习[J].语文教学通讯·D刊(学术刊),2012(10):61–62.

[24]许跃.有效提升高中语文复习教学成效[J].文学教育(中),2012(10):118.

[25]吴潇潇.高中语文课堂高效导入的四种办法[J].现代语文(学术综合版),2017(6):99–100.